MOIS BENARROCH

En Las Puertas de Tánger

Editorial MOBEN

ISBN:9798397733359
En Las Puertas de Tánger
Mois Benarroch

En Las Puertas de Tánger

Piensa en mí, pero no te angusties, ni sufras, ni quieras alterar caminos ni destinos.

ESTHER BENDAHAN
La Vaca De Nadie

Primera parte

EL VIAJE A CASA

You cannot count the miles until you feel them.

Townes Van Zandt

—¡Qué hijo de puta! —exclamó, sorprendida de haber pronunciado esas palabras.

Un silencio absoluto cayó en la oficina del abogado Ilan Oz en la calle Ben Yehuda 7 en Jerusalén. Silencio parecido al producido después de un atentado terrorista. Los presentes, sentados alrededor de una larga mesa, parecían estar en estado de shock. Cinco adultos intentando entender de qué se trataba, qué les cayó sobre la cabeza.

—Así, sin más ni más, nos envió esta bomba —continuó diciendo Estrella, la madre— después de su muerte.

—¿Y si no lo buscamos?, ¿qué pasaría si no lo buscáramos?

—Según el testamento, el dinero se quedará en una cuenta cerrada durante cinco años, trascurrido este tiempo podrán ustedes disponer de él. Lo que dice el testamento es que debéis hacer todo lo posible por encontrarlo.

El más joven de los hijos, Israel, dio vueltas a la kipá negra que tenía en su cabeza una y otra vez.

—Es que no lo entiendo, de verdad quiere que nos vayamos a buscar a su hijo…

—A ese bastardo —dijo el primogénito, Messod—. ¿Qué quiere decir todo esto?, ¿nunca habló de esto con nadie?

La madre, mirando al abogado, preguntó:

—¿Y es que no podía morirse con su secreto guardado?

—El abogado empezaba a impacientarse.

—No tengo otras noticias, es lo que está escrito en el testamento, lo único que les puedo explicar es la parte jurídica del problema, nada más.Y creo que a estas alturas las disposiciones están bastante claras. Pueden intentar anular el testamento, pero no me parece tan simple.

—Debemos hacer todo lo posible por encontrar a su hijo —dijo David.

—¿Quién debe? ¿Todos? ¿O es suficiente uno de nosotros? ¿Es que ahora cinco personas tienen que detener sus vidas y buscar al hijo…?

—Yo no voy, seguro que yo no voy a ir a Marruecos para buscar al hijo bastardo de mi marido; es, no…

—Bueno —dijo Silvia—, no creo que sentados en esta oficina vayamos a solucionar el problema. Creo que debemos volver a casa y pensar en todo esto, y si tenemos preguntas le telefonearemos, señor Oz… Muchas gracias. —E hizo señas a los otros para que se dieran cuenta que había que irse.

—Una pregunta más —dijo Alberto—, una pregunta importante, ¿de cuánto dinero estamos hablando?

—Tengo aquí números de cuentas —dijo el abogado— y no sé cuánto dinero hay en ellas. Hay una cuenta en Suiza.

—No queda mucho —dijo la madre—; unos seiscientos mil dólares, un poco menos, eso es lo que queda.

—Eso es todo, eso es lo que queda de la gran fortuna legendaria de la familia Benzimra, es menos de cien mil dólares para cada uno, ¿eso es lo que queda de la fortuna que podía comprar príncipes, ministros y reyes, y sacar a cualquier judío de la cárcel?

—Así es —dijo Israel—, los ashkenazim se enriquecen aquí y nosotros nos hacemos pobres, una generación más y no quedará ya nada.

—Ya empezamos con eso —dijo Alberto—. Ya empezamos...

—Bueno, no es el momento; muchas gracias, señor Oz, le llamaremos si le necesitamos.

✳

—¿Adónde vas hijo?

—Voy solo.

—¿Ves a alguien?

—Os veo a todos pero estáis muy lejos.

—¿Y cuándo vuelves?

—Ya he vuelto, siempre vuelvo.

—¿Adónde vuelves?

—Al mar.

—¿Te gusta?

—Las olas no dejan huellas.

—Una roca siempre espera.

—Yo soy la roca.

Madrid

FORTU/MESSOD

Siempre espero que pase algo, siempre espero algo. Y cuando algo pasa, espero algo más. Treinta años pasé lejos de Tetuán, sin ir allí. Siempre estaba allí, un allí eterno, un allí que no se acaba, una palabra del pasado, una palabra del olvido, una palabra de la memoria. Treinta años huí este viaje. Alberto me contó que estuvo allí, dijo que se lo pasó muy bien, que cada minuto fue una maravilla. Pero otros, muchos otros, hablaron de la basura, y lo sucio que estaba todo, que toda la ciudad es una porquería, y que está llena de moros, como si nunca hubieran vivido moros allí. Y tal vez no estaban, tal vez no fueron parte de nuestra vida, a pesar de que vivían con nosotros, a nuestro lado, siempre fueron círculos tangentes que no penetraban nuestras vidas, eran universos paralelos, que nos aportaban nuestras necesidades, la *Fátima* que hacía los trabajos de casa, compraba naranjas o pescados. Y nosotros éramos lo mismo para ellos, los que mueven la economía, los que dan trabajo. Nos añoran, preguntan por qué nos fuimos, si nos sentíamos mal, y creo que no. No todos se sentían mal, pero algunos sí, como mamá y la abuela; las mujeres se sentían incomodas en la ciudad, hablaban de Israel como algo obligatorio, siempre las mujeres, las mujeres son las que decidieron irse a Israel, los hombres, como yo, preferimos algo más conocido, Madrid, París. ¿Quién tuvo razón?, no sé, pero cuando llegué de visita a Israel en 1977 sentí que era demasiado tarde para mí, demasiado tarde para cambiar mi vida y dejar Madrid, dejar el olor de los calamares, las charlas alrededor de las tapas, era demasiado tarde, dije a mi padre, dije a mi madre, él lo entendió, ella no. Me quería a su lado, él hubiese preferido estar en otro sitio, en Palma de Mallorca, donde mi primo quería que fuese a dirigir o a comprar un hotel, o en Canadá.

—Esto no es para nosotros —me dijo mil veces.

—Te entiendo, a lo mejor es para la próxima generación.

—Los nietos, sí, a lo mejor para ellos será mejor, pero veo a tus hermanos, y a tu hermana, y ninguno de ellos se siente de verdad en su casa, a ninguno le va verdaderamente bien, ni tu hermano Isaque, que nunca fue muy convencional, está mejor en Nueva York.

—No creo que hubiéramos estado mejor en Nueva York, creo que estamos mejor en Madrid, o en París, o en Jerusalén, pero Nueva York, ¿no está eso muy lejos? Tal vez no, el sitio más lejano para alguien nacido en Marruecos es Jerusalén, ¿te lo puedes creer?

—Y esto lo dije en voz alta, sentado al lado de mi querida hermana Silvia.

—¿Qué? —dijo—, ¿qué me puedo creer?

—No sé, no dejo de pensar, no dejo de pensar qué quiere decir todo este viaje, qué sentido tiene, y qué buscamos, un hermano, un hermano del que no sabemos nada, a lo mejor buscamos un hermano muerto, a lo mejor ya se murió, la gente se muere joven como tú ya sabes. Treinta años son muchos años. Y en Marruecos, con todas las drogas, vete a saber a cuántos matan.

—Yo también pienso sin parar.

Pedí un whisky a la azafata, una botella entera, vasos y hielo. Invité a todos. A pesar de que J&B no es el güisqui que más me gusta, a todos nos gusta el güisqui, y era una buena excusa para calmar la tensión.

1974. La familia se dispersó: unos fueron a Jerusalén, y yo me quedé en Madrid para acabar los estudios de medicina. Después el sueño fue alejándose, la distancia entre nosotros se ensanchó, el lenguaje empezó a cambiar, su lenguaje, el mío, el lenguaje de mis hermanos. Hablaban de cosas que no entendía, que no podía entender, que no quería entender, discriminación, racismo, opresión, pero mi madre no quería ni oír hablar de emigrar a otro país, a ningún sitio fuera de Jerusalén, muchas veces propuse que se vinieran a Madrid.

—Aquí os las arreglareis bien, el dinero no es un problema.

Pero pasó un año y después otro, una excusa y

otra, los hermanos más pequeños tendrían más problemas en adaptarse a Madrid que si hubiesen llegado directamente de Tetuán.

—Tienen nuevos amigos —decía mi madre—, y hablan hebreo, y eso es lo importante, lo importante es que hablemos hebreo.

Tal vez en eso sí tenga razón, pero muchos amigos no tenían, eso sí que lo sé, siempre lo supe. Muchos de los amigos están aquí en Madrid… no sé por qué sigo pensando en todo esto. Tal vez para escaparme de mí mismo, de la situación en la que estoy, de la muerte de mi padre, del testamento extraño que nos dejó, corro en mis pensamientos, y cada vez vuelvo a este hermano extraño, mi medio hermano. ¿Qué le diré cuando lo encuentre? ¿Qué? Tal vez, simplemente nada. Soy yo el que debe hablar, el hijo mayor, tengo que empezar yo.

—Aquí estás, Yosef, tú, hijo de mi padre, no sabía que mi padre tenía otro hijo, pero él sí se acordó de ti y te nombró en esa herencia, aquí, ves, firma, y recibirás cien mil dólares, tal vez un poco más, y eso es todo, somos hermanos, muchas gracias, estamos contentísimos de haberte encontrado pero no nos veremos nunca más. Recibirás un cheque de nuestro abogado, dentro de un mes o dos, hasta que arreglemos todos los formularios jurídicos, eso es todo…

Tal vez eso es lo que pase, y tal vez… ¿Qué? Me pondré a llorar, le diré que es el sustituto de Israel, el que nació en medio de la guerra de los seis días y murió en la guerra del Líbano. Fue el único israelí de la familia, amó la tierra y su lengua, el único, y se murió en el Líbano, y ahora, tú, tú, Yosef, tú, Yosef, eres mi hermano, lo entiendes, eres mi hermano, y ya está.

Así pasará todo, o tal vez no, tal vez encontraremos su dirección y le enviaremos una carta, las cartas son más simples, es más fácil, quién soy, tengo cuarenta y siete años, para qué necesito un hermano ahora, tengo ya un hijo, ¿para qué necesito un hermano?

—Eso es lo que todos nos preguntamos —dijo Silvia.

—Y entonces qué, y si buscáramos su dirección y le mandáramos una carta, si está de acuerdo nos enviará una carta de su abogado, si no, hemos hecho lo que nos pidió en el testamento, ¿no?...

—No has pensado que tal vez papá quería que lo encontrásemos, que lo viéramos. ¿No has pensado en eso?

—Yo no sé lo que él quería. Papá está muerto y no podemos preguntarle nada. O tal vez hablaste con él y te dijo algo sobre todo esto, estaba más cerca de ti que de todos nosotros, y de Ruth, no de mí, no tanto de mí. ¿Habló de esto contigo?

—No. Nunca. Nunca de una forma precisa, pero hay algunas frases que me dijo que tal vez tengan que ver con todo esto, o ahora tienen un significado nuevo, tal vez, tal vez lo imagino. Hace un año me dijo que si se moría antes que mamá, que nos ocupáramos de ella, e insistió en que no hablaba de dinero, a veces me decía que dejó en Marruecos mucho más que dinero. Tenía frases raras que tal vez ahora toman un significado diferente.

Llega la comida, Silvia pregunta si la comida es kasher y la azafata de Iberia dice que en este vuelo todas las raciones son kasher. Hay algo que hacer durante el vuelo. La comida en los aviones es más una ocupación que una alimentación. Vienen a llenar las largas horas sentados y sin nada que hacer. Pero los pensamientos no me dejan mientras intento con mis mejores cualidades abrir el paquete con la comida sin dejar caer nada en mi ropa o en la de mi hermana, todavía queda un poco de güisqui, pero la comida carece de sabor, no son como los almuerzos en Air France a Nueva York, aquí nos llega de Nueva Cork. Isaque, nuestro homeópata, seguro que empezará a discutir conmigo otra vez sobre cómo enveneno a mis pacientes, pero la verdad es que cada vez doy menos antibióticos a mis enfermos, y menos medicamentos; descubrí que el noventa por ciento de ellos lo que quieren es compartir conmigo sus problemas, más que curarse de sus enfermedades, a ellos tampoco les gustan mucho los medicamentos y más de la mitad de éstos llegan a la basura: ser médico de familia es bastante agradable, hay más tiempo para hablar con el paciente, y a veces se pueden conocer los problemas de toda una familia, y en muchos casos eso es interesante. Él es el único que viajó a Tetuán desde que nos fuimos de allí, y dijo que el dinero no le es nada urgente, pero quería venir con nosotros, vernos de nuevo en nuestra ciudad. Y tiene razón, todos estos años nos escapamos de la ciudad, todos nos escapamos como si fuésemos la mujer de Lot y si nos atreviésemos a mirar hacia atrás nos convertiríamos en una estatua de sal; de qué teníamos tanto miedo, de Madrid o de París, es sólo un vuelo de un par de horas, podía haber ido un fin de semana, eso es lo que me pedía siempre mi mujer. En aquel entonces, en los días que me amaba, muchas veces me pidió que viajásemos un fin de semana, y mi respuesta siempre fue «qué tengo yo que buscar allí, podemos ir a París, a Nueva York, a Madeira, a Sri Lanka, a la India, a Madrás, a Teherán, a cualquier sitio, a cualquier sitio y no a Marruecos». Y no era sólo yo el que respondía así, era la respuesta de mi padre, de mi madre, de todos los hermanos. ¿Qué se nos perdió allí? Todo, digo yo, todo se nos perdió allí.

—¿Te emociona volver a Tetuán?

—No son las mejores condiciones. No sé, toda la vida he evitado este momento, pero sabía que un día tenía que volver, cerrar un círculo, acabar ese capítulo. No pensé que pasaría así, que volvería a buscar un medio hermano del que no sé nada, no sé si es el momento más adecuado, pero por lo visto lo es, porque estamos viajando hacia allí, Tel Aviv Madrid Málaga, Tel Aviv Madrid Málaga.... El trayecto opuesto al de 1974, yo en esa época ya estaba en Madrid pero leí mil veces en los libros de Alberto sobre esa mañana que se despierta en Restinga y viaja a Ceuta. Como si hubiese estado allí. ¿Cómo lo recuerdas tú?

—Yo estaba contenta. No olvides que fue después del golpe de Estado fracasado de Ofkir, en esa época hubo muchos intentos de matar al rey, y nosotros temíamos que eso ocurriera porque habría sido muy negativo para nosotros. Fue un alivio. Recuerdo que desperté a Israel y le llevé en mis manos, medio echado, al coche; mamá llevaba a Ruth, mientras papá hablaba con el chófer, justo cuando el sol se levantaba sobre el mar. Era impresionante. En la frontera estábamos un poco asustados de que pasara algo, papá sobornó a un policía, todos dijimos que íbamos de vacaciones a Palma de Mallorca, al final llegamos a Palma de Mallorca hace dos años, papá, mamá, mi marido y yo, y también vino Ruth y su marido, lo pasamos bien, lástima que no viniste tú, fueron unas vacaciones fabulosas.

De pronto se calló, justo cuando pensaba que iba a darme muchos detalles, frases, recuerdos del viaje familiar, se calló. En su cabeza las cosas están muy claras, la casa, el marido, los tres hijos, estabilidad francesa típica, todo es seguridad, las cremas dan seguridad, París, la *securité sociale*, la casa, los dos coches, el marido y su seguro de vida, los niños que irán a estudiar en una *école* de buena categoría, todo está bien arreglado, y yo lo que soy es un lío enorme, mi matrimonio es una locura. Nadie sabe nada de eso, nadie sabe lo que me pasa, y tal vez piensan que vivo un gran amor, un gran amor que no tiene fin. Y tal vez piensan que no necesito la herencia, que me basta con el dinero de mi mujer, y de mi trabajo de doctor. ¿Me basta para qué? Para pagar la hipoteca de mi casa en la calle Pedro Teixera, el coche grande, el ordenador de la niña, quién sabe para qué es suficiente qué, no es suficiente para crear felicidad, no es suficiente para recrear la sensación de calor de un día de Pascua, cuando volvíamos de la sinagoga y sentíamos el olor de los platos pascuales, la casa limpia, las mujeres vestidas con sus mejores galas, tal vez en ese entonces la vida tenía significado, tal vez sólo en ese momento, pero qué sé yo lo que pensaban mis padres, sobre qué soñaban, tal vez ellos tampoco sabían de dónde iban a sacar dinero para llegar a fin de mes, o pensaban que no saldrían de la ciudad a tiempo y matarían al rey y todo se derrumbaría. Para mí, con mis diez años, eso me parecía lo más seguro del mundo, lo más claro, nunca oí a mi madre preocuparse por dinero, como mi mujer, y tenemos más que lo que tenían ellos en esa época, y tenemos medicina social y médicos privados, y todos los seguros del mundo, y no nos basta, no estamos contentos, tiene que ir a la peluquería más cara, a las tiendas más caras, no sé a dónde, sólo veo como cada mes pagamos más a las cartas de crédito y no puedo decir nada, es también su dinero.

La casa no es un sitio seguro, no es segura como parecía antes, era el símbolo de la seguridad, como el símbolo de la libertad, el sitio al que siempre se puede volver cuando los cielos se llenan de truenos, más dinero igual a menos seguridad, más facilidades, más servicios evidentes, agrandan el miedo de perderlos. A lo mejor me abraza, quiero que mi hermana me abrace, ¿por qué no la abrazo yo, por qué no?, simplemente poner mis manos alrededor de ella, seguramente sonreirá, se pondrá contenta, pero no puedo, no puedo abrazar, no puedo dar amor. Sonrío a mi hermana. ¿Dónde está el amor que amamos cuando éramos niños, los abrazos que nos abrazamos, las discusiones que discutimos, los paseos que paseamos, dónde estamos, por qué estamos tan lejos, Jerusalén, París, Madrid, Nueva York, dispersos en medio globo? Durante quinientos años nuestra familia vivió en el mismo sitio, en dos kilómetros cuadrados, íbamos de casa en casa, pero en el mismo sitio durante quinientos años, y ahora estamos a cinco mil kilómetros de distancia, el mundo tal vez se ha hecho más chico, se puede visitar pero estamos lejos, quiero venir a ti a llorar y hablar de mi mujer, contarte lo difícil que es, pero no puedo subir en un avión para eso. Allí también cuando todos estaban cerca no se podía hablar de los dolores, tanto se convirtió en olvido, la gente no hablaba en esos tiempos, olvidaban y se acabó.

Nos encontramos en bodas y en entierros, en circuncisiones, unas vacaciones de unos cuantos días, y todos intentamos estar contentos, intentamos no hablar de los problemas, las vidas separadas, las distancias, las distancias que se acentúan cada vez que volvemos a vernos, porque entonces, entonces, vemos cómo cada uno ha tomado un camino diferente, cada uno ha ido a una lengua diferente, a una cultura diferente: Alberto empezará a hablarme de los problemas con los ashkenazim, seguramente tendrá razón pero ¡qué sabré yo de eso!; tú me hablarás de tu perro enfermo, Isaque de homeopatía, y Ruth, ¿de qué puedo hablar con ella?, de su próximo hijo, treinta años, seis hijos, qué hace todo el tiempo, niños, niños, nada más que niños y su marido estudia en una *yeshiva* de Shas y hace niños. Viven un poco del dinero de la familia, subvenciones sociales, y hacen más y más niños, de qué puedo hablar con ella, sobre qué, sobre las faldas de mi mujer que cada una de ellas cuesta como todo lo que gasta en un mes, un mundo al revés, un mundo extraño, la vi antes del entierro, hace cinco años, y ahora no puede venir con nosotros, claro, está en el octavo mes, no puede subir en un avión, ella necesita el dinero más que nosotros y con más urgencia que todos, e Israel que se murió, se murió del todo, sin tener hijos, se murió y se fue.

Con él puedo hablar, para eso no necesito palabras, ni siquiera pensamientos. Morir para la patria, muerte con sentido, es una muerte que tiene sentido.

Se acabó la comida, devuelvo los cubiertos, veo a los que tienen miedo de los vuelos, algunos de ellos se sentaban antes en la zona de fumadores y fumaban durante todo el vuelo, ahora sólo pueden moverse, ir de un lado al otro, sudar...

La azafata nos da una sonrisa forzada, símbolo comercial de Iberia; nunca he podido entender cómo puede ser que el pueblo que mejor sabe reírse naturalmente haya dado al mundo azafatas que sólo pueden forzarse a reír, de vuelo en vuelo me sorprende más, y lo peor son los vuelos interiores. Sería interesante saber quién las elige.

ISAQUE

Cuando vuelva se lo voy a decir, por fin se lo diré, se acabó, Sandy, esto se acabó, no podemos seguir así, no podemos seguir juntos, no depende ya de nada, no estoy amenazándote, ni siquiera quiero cabrearme, no estoy enfadado, simplemente se acabó, no puedo seguir viviendo contigo, tal vez puedo ser amigo tuyo, amante tuyo, pero no podemos ser marido y mujer, no podemos seguir alargando esto, no puedo hacer nada, no, no espero que cambies, ni puedes dejar de gritar sobre nuestro hijo Sam, no espero de ti que te calles, no tengo ninguna solución, ni ningún remedio para esto, ni en 8CH ni en 200M, la dilución no va a cambiar nada. Y no puedo tratarte, soy tu marido, necesitas otro médico, si es que tienes algún problema, pero no es seguro que lo tengas, a lo mejor no padeces ninguna enfermedad, simplemente que esto se acabó. Lachesis, te acuerdas, ese remedio para los que hablan sin parar, lo intentamos una vez, te acuerdas, y me acuerdo de esa vez, y me pongo a reír, y todo se me pasa como un oleaje en el Mediterráneo, después vuelve el silencio, el sol, las olas pequeñas que son una caricia más que un dolor, y entonces yo ya te añoro, pero esto no puede seguir así, está ese hombrecito en mi cabeza, y me dice que esto no puede seguir así, me divorcio todos los días, y vuelvo, con el retorno de las memorias, pero y el presente, ¿dónde está el presente? ¿Dónde está nuestro presente? Me acuerdo de ese verso de Jackson Browne que dice que los mejores tiempos fueron cuando no nos esforzábamos, el esfuerzo hace de todo una goma de falta de comunicación, la incomunicación entre un hombre y una mujer, entre los hombres, todo vuelve y vuelve otra vez y no puedo decidirme, qué puedo tomar, tal vez Silica, o algún Natrum, Natrum Muriaticum, Natrum Sulfuricum, Natrum, sal, me va bien la sal, la sal de mesa, sal de mar, sal en todos lados, sal y más sal, un hombre salado, me siento afín a la sal, no puedo nadar en piscinas, no tienen sal, sólo puedo nadar en el mar, mar, más mar, tocar el mar, ver el mar, sentir el mar y ya soy otro, y por eso no he salido en diez años de esta isla, Manhattan. Cuando las cosas se ponen difíciles lo mejor es ir al mar, a ver las aguas saladas, sentir que el mar llega a un sitio lejano, a otro sitio con vida, otras personas, y las aguas nos unen hasta el final de los días, islas perdidas, personas que nunca hablarán conmigo, están ligadas a mí por la sal del mar, por la memoria del agua del mar, la memoria de la sal, la memoria del agua, los minerales, toda la historia del mundo está en él, en sus aguas, los piratas y mis antepasados que salieron de Sefarad, de Israel, que salieron en busca de un nuevo mundo aquí, porque los primeros judíos que llegaron aquí eran sefardíes, iniciaron el judaísmo en Estados Unidos, en Nueva York y en América, y no olvidemos a los conversos que supieron vivir en comunidades cripto-judías en todo este continente, aquí estamos. Entro en la depresión y empiezo a hablar del mar, el mar sobre el que vuelo ahora mismo, si naufragamos nadie encontrará ningún rastro de nosotros, nos convertiremos en mar, trozos de cuerpos en el agua o dentro de peces que serán comidos por peces más grandes o más chicos o que acabarán su vida en un plato, seremos peces, seremos mar, seremos mar.

Pues es que lo hizo, un hijo de la *Fátima*, pero no explicó nada. ¿Fue una relación larga o un acto único? Niños nacen de las dos formas, no son muy exigentes para nacer, a los espermatozoides les da igual si salen de amor o de cualquier otra emoción, pero, era ya su amante antes de casarse, cuando trabajaba en casa de sus padres, una chica de quince años del monte, de Chauen, y él tenía treinta; ella tuvo ese hijo a los treinta y tantos años, casi cuarenta, tal vez pensó que le quedaban pocos días de vida, que era su última oportunidad, y no importaba quién fuera el padre, y si iba a ser una sirvienta toda su vida por lo menos quería un hijo, o tal vez ocurrió una sola vez cuando mamá estaba en el hospital después de uno de sus cólicos, y él se quedó con otra mujer en la casa, los niños en la escuela, y ella plancha, prepara la comida y se la sirve, hace todo y sin darse cuenta es la sustituta de la mujer verdadera, lo único que queda es el sexo, y tal vez cuando lo entendió ya era demasiado tarde, ella le anuncia que está embarazada de cinco meses, y tal vez, otro tal vez y otro y otro más, no hubo más que un caso y siempre fue fiel, o tal vez había otras en sus viajes a Tánger, a Gibraltar, a Mogador, la mitad del tiempo no estaba en casa, pasaba el tiempo fuera de casa, y si hubo una entonces por qué no veinte, y si es así tal vez tiene hijos por todo Marruecos, tal vez hasta en Europa, en Madrid, en España, quién sabe, nunca lo sabremos. Quién puede dar respuestas a todo esto. ¿Mamá? No creo que ella crea ya en nada, no contó nada a nadie, nada de nada, no habló de esto con nadie, no se confesó delante de nadie, tal vez se lo contó a otra amante, a un psicólogo, no sabemos, tal vez a un amigo íntimo....

SILVIA

Cada vez que subo en un avión me resfrío, antes del avión, empieza todo una hora antes de llegar al aeropuerto. La tos seca, después, un estornudo o dos, y después sale sin parar, no tengo miedo de aviones, nunca tuve miedo de los aviones, tal vez es subconsciente, tal vez el aire acondicionado en los aeropuertos, no sé, y mi padre dio un golpe en la piedra y tuvo otro hijo, del que ni siquiera yo sé nada, papá, papá, ni a mí me lo contaste, ni a tu hija preferida, tal vez a Ruth, y tal vez querías olvidarte de eso, y tal vez lo olvidaste hasta el día en el que escribiste el testamento, cuentas con números secretos en Suiza… y un hijo secreto en Marruecos, a lo mejor son dos cosas que van juntas, y recuerdo cómo viajé a Madrid en 1977, dos años después de la muerte de Franco, y cómo viajé a lo del tío Alfonso, y todo era tan raro, en tres años éramos ya tan diferentes, los que llegaron a España y los que llegaron a Israel, por una parte estábamos más seguros de nosotros mismos, como si todo el pasado se hubiese borrado, las humillaciones, el sentimiento de vivir bajo el gobierno de otros, todo se borró y todo se quedó; por otro lado ellos parecían más satisfechos de sus vidas, con el *country club* y la piscina, los juegos de tenis y los cines modernos, Madrid la ciudad moderna, Jerusalén el pueblo, pero todavía tenían en ellos ese mismo miedo del *goy*, ese mismo miedo judío antiguo que no se puede sin él, tal vez nosotros también trajimos ese miedo y lo transferimos a los otros, los ashkenazim, cuando nos trataban de idiotas y creían que nos podían tomar el pelo, te acuerdas, papá, querían que invirtieras tu dinero en una fábrica de la *histadrut*, menos mal que fuiste bastante inteligente para decirles que después de comprar la casa no te quedaba dinero, muy inteligente, no entendía por qué, dijiste que había inversores del extranjero pero que querían una fábrica privada, después cediste, como tantos antes de ti y después, y hoy, ¿dónde está su socialismo?, Israel se ha convertido en un país de capitalismo salvaje, los que dirigían los sindicatos de la *histadrut* se convirtieron en directores de bancos y aplastan a los mismos que oprimían antes, invento israelí, capitalismo de comunistas, dentro de nada podrán exportar la idea a Rusia y a otros países que fueron comunistas. Lo que me parece cómico es que después de casarme con Raymond, mi querido Raymond, e irme a vivir a París en la calle Victor Hugo, nada más ni nada menos, en poco tiempo volví a ser judía, no decimos a nadie que somos judíos, a pesar de que nuestro apellido es muy judío, pero no todos saben qué nombres son judíos; decimos a nuestros hijos que se comporten como todos, que no llamen la atención, y que no digan que su madre es de Israel, increíble... Democracia francesa, una forma delicada y sofisticada de cristianismo que espera que todos sean como ellos, antes era ser cristiano, hoy es ser francés, un ciudadano como todos. Hay sólo dos religiones que aspiran a ser universales, el cristianismo y el islam, y hoy cuando tiran piedras sobre la escuela judía tengo miedo de enviar a mis hijos allí, exactamente como temíamos las piedras que nos tiraban los niños marroquíes cuando salíamos de la *Alliance Francaise*, tal vez en España sea diferente, pero en París cada día las cosas van peor, y lo que nos pasa es que como siempre, los judíos buscamos justificaciones: los palestinos, los marroquíes que llegaron a Francia, la nueva Intifada, y que no, que es pasajero, y al final nos iremos con una maleta y cuatro trajes, eso es lo que va a pasar, bueno, debería dejar de pensar en eso.

—¿Quieres un poco de güisqui? —me dice Alberto desde atrás.

—Sí.

—Al güisqui, esta familia nunca dice no.

—Tal vez me ayudará a curar el resfriado, y a lo mejor me da dolor de cabeza. Ya veremos.

Pensé que iba a venir para el mes, y volver inmediatamente, pero heme aquí, en un vuelo para Madrid, como decía la abuela, los viajes son cuando se *ketbean*, estamos buscando a Yosef Elbaz, hermano, medio hermano, casi treinta años, unos veintisiete, tal vez, ni siquiera eso está claro, sólo sabemos quién es su madre, y ahora mis hijos tendrán que esperar unos cuantos días para que vuelva, la chiquita me lloró en el teléfono, pero tendrá que esperar, cuántos días durará esto, dos, una semana, tal vez la señora Elbaz, nuestra Fátima, nos espera en la misma casa en la que crecimos. La compré, nos dirá, del dinero que me mandó vuestro padre, nos contará cómo creció su hijo y lo inteligente que es, y que se fue a Bélgica, o, no, nos contará que se lió en una historia de tráfico de drogas y que está ahora en la cárcel, no, eso nunca lo contará, aunque esté en la cárcel nos dirá que se fue a Holanda, y que no sabe dónde vive, telefonea de vez en cuando, sí, claro, me llama y me manda dinero por Western Union, cómo pronunciará eso, en un español mezclado con árabe, le diremos por qué vinimos o lo mantendremos en secreto, no sé.

—¿Quién quiere un hermano? —me pregunta mi hermano.

—Sí, es eso lo que todos nos preguntamos, si alguno de nosotros necesita otro hermano ahora. No nos interesa. Viajamos porque la herencia depende de eso, ¿verdad? Tal vez un poco de curiosidad, y tal vez una oportunidad de ir a Marruecos juntos, una ocasión que nunca se repetirá, pero sobre todo es el dinero, es lo que decía papá siempre, «en dinero no te fíes de nadie».

—¿Qué tendrá eso que ver?

—No sé, pero aquí llega la comida y tendremos algo que hacer.

—Sí, ésa es la razón de ser de la comida, que tengamos cómo entretenernos.

Pero ni siquiera un plato lleno de comida aviónica es suficiente para que los pensamientos se paren, ni tampoco paran el resfriado, pido más Kleenex a la azafata, preferiría ver a mi hermano pequeño, el que se murió en la guerra, y no a un nuevo hermano. Es la única forma de convertirte en un verdadero israelí, un marroquí que se muere en la guerra se convierte en un israelí verdadero, hasta ese momento es medio israelí, debe ser que los muertos no amenazan a nadie. Muérete y conviértete en uno de los nuestros. Y no quiero pensar en eso, y mi hermano pequeño hoy tendría treinta y tres, o treinta y cuatro años, casado, con un hijo o dos, una edad maravillosa, tendría treinta y tres años, y no está aquí, y nadie habla de él. Todos pensamos en él pero no hablamos, el tema ha sido sellado, con otros trescientos otros soldados que explotaron con él, es a él al que quiero ver, y no a Yosef, que no conozco, qué podrá aportar eso, vamos a buscarlo pero lo que buscamos es dinero.

ALBERTO

Escribir, escribir, todo en el mundo está hecho para acabar en un libro, para ser escrito en una hoja, alguien que muere es un libro, es un poema, alguien mata, escribamos sobre eso, ataque terrorista, una amante del día, todo son palabras, veo los pensamientos de mis hermanos, un libro, estoy sentado aquí enfrente de mi *Laptop*, mis hermanos delante, y escribo, escribo sobre ellos, los escribo, escribo sobre mí, no pienso, no pienses, escribe, después vendrá la lógica, la única lógica es que todas las cosas son palabras, todo lo que pasa es una palabra y otra palabra, Isaque viene de Nueva York a Madrid, corre con las palabras, las palabras explican todo o nada, qué importa, lo importante es documentar, mi padre se murió, pues muy bien, tenemos un libro, escribiré un libro sobre mi padre, sobre mi hermano muerto, sobre el divorcio, la segunda mujer, existe o no existe qué importa, se puede escribir sobre lo que existe como sobre lo que no existe, sobre lo que hubo y sobre lo que nunca existirá, el papel soporta todo, el lector soporta muy poco, no lee la mayoría de los libros, o los echa a la basura, pero la hoja, la hoja es el paraíso para escritores como yo, bombardeo la hoja, los ashkenazim me cabrean, cuál es el problema, puede escribirlo, puedo responder, mi *aliyá* fue un fracaso, otra vez y qué importa, como ya dijo Bukowski, lo genial en la escritura es que puedes encontrar a tu mujer follando con tu mejor amigo, y en vez de matarlo vas y escribes sobre eso un gran poema, y esa misma noche os podéis sentar los tres y beber una cerveza, o por lo menos puedes escribirlo, escribe más, aquí está Silvia que se gira y pregunta:

—¿Sobre qué escribes tan rápidamente?

—Sobre todo, el güisqui, la azafata, la inspección de pasaportes...

—Ya, no escribas mucho sobre nosotros, a ti no se te puede decir nada, todo lo escribes al final en tus libros.

—No te preocupes, tengo pocos lectores.

—Entonces para qué escribes sobre nosotros, escribe cuentos sobre la luna, se venden mejor.

Sí, eso, cada uno tiene ideas sobre lo que debo escribir, por ejemplo, necesito con urgencia los cien mil dólares de la herencia, se acabaron las indemnizaciones del trabajo a medio tiempo que tenía en la *Sojnut* durante diez años, se acabaron, trabajo aburrido, pero por lo menos pude escribir tranquilamente durante dos años, y eso es lo importante, escribir, me digo y no me creo, si esto lo que es, es una enfermedad, una obsesión; sólo escribir, destruí mi vida para escribir, destruí mi familia, mi hijo tal vez, o quizá es mejor que haya crecido con su madre, si estuviera conmigo le destruiría más. Necesito el dinero, por eso voy a buscar a mi hermano raro, mi hermano secreto, mi hermano que quién sabe si está vivo, no sé, aquí en la hoja podría irme a vivir a París o a Madrid, pero mi vida ya la vivo en Jerusalén, desde hace tiempo, mi vida es Jerusalén y Jerusalén se ha fundido con mi vida, poeta jerusalimitano, escritor de Jerusalén, pero no de esos que escriben como Agnon, yo no, no escribo como Agnon, estoy sobre eso, y debajo de todo, yo escribo como Alberto Benzimra, sólo Alberto Benzimra escribe como Alberto Benzimra, y nadie entiende sobre qué escribe.

Qué hago, le pedí a Isaque que me diera un remedio homeopático, porque si pido algo así a Fortu se reiría de mí, pero en homeopatía se puede tratar todo, tratar el dolor después de la muerte de mi padre, me lo dio por teléfono. «Toma Ignatia... Ignatia 7 CH». Genial, ¿no? Se puede hasta tratar un dolor de la muerte de alguien que murió hace quince años, no me importa si ayuda o si cura algo, las pastillas contra un dolor de garganta no ayudan en el ochenta por ciento de los casos, y si hablamos ya de cáncer todos los tratamientos dementes no ayudan en nada, pero por lo menos las teorías detrás de la homeopatía son mucho más literarias que las teorías sobre las cuales se basa la alopatía, que sólo quiere destruir enfermedades. En la homeopatía existe una sintonía entre cada persona y una planta en la tierra, hay una persona que es Natrum, tiene una afinidad con la sal, qué maravilla, una persona que es la personificación de la sal, a otro le va el veneno de serpiente, Lachesis, a otro el de la abeja, Apis, y cada persona desarrolla ciertas cualidades según estas paralelas, y puede cambiar durante su vida y ser una planta u otra.

Y mi padre guardó su secreto hasta la muerte, hasta treinta días después de su muerte, pero no se lo llevó a la tumba. ¿De qué tuvo miedo? De que su hija pequeña se casase con su hijo secreto de Marruecos. ¿Podría pasar tal cosa? Es muy improbable, imposible, debe ser que se sintió culpable de haber dejado a su hijo allí, con su madre, y desaparecer, tal vez pensaba que podría ocuparse de su familia y del hijo ilegal. ¿Pero en qué sentido es ilegal? Un hijo, con la *Fátima*, Fátima Elbaz. ¿Quién lo creería? Pero tal vez no era una cosa tan fuera de lo común, y pasó más veces que lo que sabemos, tal vez eso pasó a muchos padres, pero sólo mi padre pensó en no olvidar a su hijo, pensar en él, sufrir por él, añorar a un hijo que nunca vio, o que vio cuando tenía un año.

¿Cómo se guarda un secreto? Técnicamente parece algo fácil, pero por dentro, cómo vivió eso.

Ves, sobre eso puedo escribir una novela entera, el sufrimiento del padre, no es mala idea, pero ahora escribiré sobre nuestro viaje a Madrid, de Madrid a Málaga, un libro de viaje, un diario del viaje, odio los libros de viajes, pero éste será diferente, he notado que la mayoría de los libros escritos por marroquíes son libros de viajes, o incluyen viajes, todos quieren volver, volver a lo que ya no existe, al pasado, a la comunidad judía que ya no existe. Recuerdo que me preguntaron si volvería a Tetuán, y dije que no era ni una pregunta, Tetuán sin su comunidad judía no es Tetuán, no es cuestión de vistas, montes, mares, no se trata de eso, era una comunidad que vivía una vida paralela a las comunidades cristianas y musulmanas, eso era Tetuán. Lo mismo en Fez o en Casablanca, comunidades que eran en realidad autónomas, las relaciones eran cotidianas, pero toda la cultura existía independiente de las otras comunidades, pero estaban allí, nos penetraban, profundamente, y sólo aquí, en Israel, descubrimos hasta qué punto somos marroquíes, y no sólo judíos, los mismo que en Madrid, o en París, o en Nueva York, descubrimos nuestro marroquismo, pero cuando volvemos a Marruecos viajamos a Marruecos, de vuelta estamos lejos de los musulmanes y somos judíos de nuevo. ¿Adónde os fuisteis? preguntamos, ¿dónde estáis? ¿En qué os habéis convertido sin judíos?

Ciudades en las que vivieron judíos durante cientos y miles de años de pronto vacías de judíos; quedan cien en Tánger, trescientos en Fez, y veinte mil en Casablanca, durante trescientos años en Tetuán había más de un quince por ciento de judíos, toda la vida se vivía alrededor de los judíos, todos los inmuebles del centro de la ciudad fueron construidos por judíos que viajaron a las Américas y volvieron a su ciudad, y ahora es como un cuerpo sin riñones, no funciona verdaderamente, y eso lo que pasa en todo el Magreb, algo falta, y ellos lo saben, saben que algo está ausente. Algeria sin judíos —dijo un escritor en la televisión francesa—, después de 1962, Algeria de pronto se encontró por primera vez en su historia, sin judíos, esto no es menos verdad para Polonia, o Latvia, Egipto, Libia, Irak, Siria. El sionismo creó una casa para los judíos, y en ese camino dejó países enteros sin judíos, ciudades enteras se convirtieron en desiertos, no es sólo el sionismo, claro, el colonialismo empezó con esto, dieron a comprender a los judíos que eran diferentes de los musulmanes, y que podían llegar a París o a Londres, ellos sembraron la razón de su destierro, ya no querrán vivir al lado de estos primitivos.

Y ahora los marroquíes musulmanes son extranjeros a ellos mismos, el exilio se creó en su país porque Marruecos sin judíos es un Marruecos en el exilio. Pero los judíos de Marruecos son extranjeros en todo el mundo, hasta en Marruecos, ya no están allí, son extranjeros en París, porque no son franceses, porque esperan de ellos que sean franceses, pero en Jerusalén son más extranjeros que en ningún otro país, porque les está prohibido ser marroquíes, ésa es la vergüenza. Mi padre decía que era de España, que es también verdad, pero la razón no era la buena, lo decía porque ya estaba harto de que le dijeran que era un marroquí con cultura, como si él conociera marroquíes diferentes.

—Escribes sin parar, te vino la musa, ah... —Un chistecito de mi hermano Portu.

—Sí, no me molestes.

—No te voy a molestar, pero hay aquí una botella de güisqui que compré. Toma un vaso. Un vaso de plástico, qué se le va a hacer, te *hayyeará* el espíritu.

Parece como si hablaran a mi lado sin parar, pero no estoy seguro, tal vez oigo muchas palabras, porque es lo que ellos piensan, y oigo sus pensamientos, yo también podía decir que venía de España, el español es nuestra lengua, muchos judíos de Tetuán y de Tánger aprendieron a vivir en esa mentira, sobre todo los que dicen que sus padres son de España, judíos en España casi no había en los años cincuenta y hoy mismo hay tan pocos, me sorprende que no volvieran mas judíos a España, tal vez Franco evitó que eso pasara, y muchos se fueron a Francia, en los años de las grandes olas de emigración, los años cincuenta, sesenta, había que salir deprisa, dejar todo, dejar dos mil quinientos años de historia y seguir para adelante, es como una llamada genética interior, incomprensible e inexplicada, como una orden y no algo que se podía decidir, y ya no se puede decir si tenía razón o no, que podían haber tomado otras decisiones, cientos de parámetros llevaron a esa decisión de dejar Marruecos, el colonialismo, el sionismo, la independencia de Marruecos en 1956, los intentos de matar al rey Hassan segundo, el sionismo mesiánico en el que creían profundamente los judíos de Marruecos, y otras mil razones, parece como si todo se hubiera volcado en esos pocos años para que Marruecos se vaciara de judíos, no puedo ni decir si es algo bueno o malo, está por encima del mal y del bien, es lo que pasó, es lo que pasó, era el destino, es lo que construyó a Israel. Sin los marroquíes, Israel no hubiese podido existir en los años cincuenta, nadie admitirá eso, pero era una necesidad a la que respondieron los judíos marroquíes con calor, pero se quedaron detrás, o los dejaron detrás, les quitaron todos sus bienes, sobre todo les quitaron un sistema de educación ejemplar, el de la *Alliance Francaise*, lo que más me hace reír hoy es que los padres marroquíes son considerados padres que no se preocupan de la educación de sus hijos, cuando era justamente eso el centro de la vida comunitaria judía desde mitades del siglo XIX, y era la preocupación más importante de los dirigentes judíos, todo se sacrificaba en nombre de la educación de los niños para ayudar a los que no podían pagarse los estudios. En 1960, el noventa y cinco por ciento de los niños judíos en Marruecos estaban en escuelas, el noventa y cinco es un porcentaje casi increíble, y fantástico, el ochenta por ciento de éstos estaban en escuelas de la alianza, que se abrieron hasta en pueblecitos en el Atlas, los otros estaban en escuelas religiosas, y después, la división es bastante clara, los que llegaron a Francia llenaron las universidades, y los que llegaron a Israel no acabaron ni el bachiller, y eso quiere decir que como nota le daremos un cero a la educación ashkenazi, queridos ashkenazim, ¡habéis fracasado rotundamente! Y tal vez era eso lo que queríais, fracasar en este caso, vete a saber.

Y mi padre dejó allí a un hijo, un recuerdo a la tierra, nació medio año antes de su emigración, como si no pudiese dejar el sitio donde nació, oí hablar de un primo que dejó Tetuán hace cinco años, uno de los últimos, y cuando llegó a Málaga tuvo un cáncer y se murió un año después de irse, no podía imaginarse fuera de su ciudad, hay personas que están más atadas al sitio donde nacen que otras, y mi padre dejó un hijo, un hijo que crecerá sin ver a su padre, dejó un espermatozoide, una raíz para que crezca en su tierra en las próximas generaciones.

✳

—Nos paramos un momento, y el mundo no se paró con nosotros, siguió volando.

—¿Adónde corre? ¿Qué prisa tiene? ¿Adónde nos lleva?

—A nuestra muerte.

—¿Y por qué el mundo necesita nuestra muerte?

—Para correr.

—Somos su gasolina. Nuestra muerte es su energía.

—Como el gato que come a su pescado.

—Sí, pero por qué lo hace tan deprisa, por qué no más despacio.

—A la velocidad de la luz. El mundo teme nuestra luz.

—Tiene miedo de que si seguimos vivos le quemaremos.

—Somos sus árboles, somos el fruto de sus árboles, somos las semillas de sus manzanas, su futuro depende de nuestra muerte.

—¿Y si desaparecen, entonces, dónde van nuestras memorias?

—Al próximo árbol y al próximo fruto que el mundo comerá en su próximo almuerzo.

Victor Hugo

Los padres de Marcel Benzimra tenían un apartamento en la calle Victor Hugo n.º 13, en el segundo piso. Ese jueves otoñal de septiembre decidió Marcel presentar por fin a sus padres a su compañera de sus últimos tres años, Zohra Elbaz. Zohra estaba vestida de forma simple y delicada, una túnica azul larga, una cadena de perlas blancas, que acentuaba su piel blanca y sus ojos azules. Zohra estaba muy impresionada por el salón que producía en cada paso la sensación cálida de la madera. Le gustaba la madera y le recordaba a su madre cuando la acompañaba a las casas de ricos en Tánger. ¿La madera recuerda a su madre o a las casas? «Tú no serás como yo», repetía su madre, y fue esa certeza la que empujó a su hija a la prestigiosa universidad de París XIII a estudiar ginecología. Se fijó durante un largo rato en el salón y se desconectó de las voces que llegaban a ella mientras la presentaban la señora Mercedes y el señor Maurice Benzimra, los padres de Marcel. «Madera y mármol, mármol y madera, me gusta esto», se dijo. A la entrada de la casa había un vestíbulo con un mueble para el teléfono, de encina oscura, y a su lado una biblioteca, que sin duda pesaba más que los libros numerosos que contenía, con puertas de cristal. Enfrente una mesa grande bien organizada, con lo que parecían ser platos de Rosenthal, como los que todavía recordaba de su infancia, sobre piernas en forma de S. A su lado se veía la calle desde otra ventana hecha de madera maciza. Entre la mesa y la ventana una mesita con el televisor, que se parecía a un fogón y daba la impresión de personas sentadas alrededor contando cuentos sobre Antártica, sillones de cuero y una mesa de madera en el medio. Detrás el mueble más bello de todo el salón, por lo visto un armario de bebidas alcohólicas, con dibujos chinos en la puerta. Confusamente oyó a la madre de Marcel que le pidió que se quitara los zapatos, «como en la mezquita», pensó, y le pidió que se pusiera unas zapatillas para que no pisara la moqueta.

—Me gusta mucho la madera —dijo mientras se quitaba sus zapatos y los cambiaba por los nuevos, sin fijarse mucho en lo que hacía.

—Es un salón muy bonito, fabuloso, delicado, todo está en su sitio y todo es muy bello.

—Sí, y tu nombre, Zohra, es muy bonito, viene de la palabra «zohar» en hebreo, resplandor —dijo Mercedes.

Maurice los acompañó a todos de inmediato a los sillones.

—¿Quieren beber algo?, un petit aperitif, un Pernod, o un Glenfiddish, hay un güisqui que me gusta mucho, Glennmorrangie, lo recomiendo.

—Creo que prefiero un Pernod con mucha agua.

—Yo también, como Zohra —dijo, aunque hubiese preferido el güisqui.

—Puedes beber güisqui —dijo Zohra, leyendo sus pensamientos—. No tienes por qué ser tan cordial.

—Fue casi un reflejo.... Bueno, papá, beberé un güisqui, como tú.

—Veo que tu paladar está mejorando, abrí también una botella de Bourgogne de 1988, muy buen año.

—Sí, pero no como el 59.

—No, como el 59 no hay, ni habrá.

—Entonces qué estás estudiando —preguntó la madre mientras venía con vasos gruesos y pesados.

—Ya acabé, soy ginecóloga, únicamente me quedan dos meses de prácticas en el hospital.

Ginecóloga y cada vez que decía esa palabra, pensaba en que nunca podrá tener hijos. O tal vez será una investigadora y encontrará un sistema para hacer un trasplante de útero. A pesar de su feminidad acentuada o tal vez a causa de ésta, desde que descubrió que no tenía útero se sentía como media mujer. Intentaba convencerse de que no era así, de que la feminidad de una mujer no pasa por el parto, también encontraba argumentos en los que, como feminista creía, pero todo esto no le servía de nada en el momento en que decía la palabra ginecóloga. «Tal vez debía haber aprendido psiquiatría», pensaba, pero esto tal vez era una imposibilidad. Para ella ocuparse de una mujer en un parto era la forma de sentir su feminidad enteramente, si no puedes dar a luz, ayudar a dar a luz y cuanto más mejor.

—Muy bien —dijo Mercedes—, me parece muy bien que una mujer aprenda ginecología. Yo también quería aprender, quería ir a aprender arquitectura en

Madrid, pero en esa época las mujeres no viajaban solas, ni aprendían en universidades, pero yo me empeñé hasta que casi convencí a mi padre, al que convencía de casi todo lo que le pedía, le pidió a mi hermano que estaba estudiando medicina en Madrid que fuese responsable de mí, pero mi hermano no estuvo de acuerdo, era un estudiante y quería pasárselo bien, así me convertí en ama de casa y crié cinco hijos, aquí en París.

—Que no es menos importante que trabajar —dijo Zohra—, las mujeres ya no quieren parir, creen que es algo que las disminuye, ya ni se ven niños por París, no hay niños chicos, como en Tánger, allí las calles están llenas de niños, es algo que siempre me hace sonreír.

—Nosotros también en Marruecos, sabes, sí, ves niños, hay niños, pero no tienen qué comer —dijo Maurice.

—Sí, eso sí, deberían tener para comer. Tal vez volveré a Tánger a ocuparme de las mujeres de allí.

A Mercedes le asustó un poco esa frase, eso es lo que le faltaba, que su Marcel vuelva a Marruecos.

—Era una broma, mientras esté con Marcel me quedaré en París.

—Oye, Marcel, ¿por qué no nos dijiste que tu amiga era de Tánger?

—No es exactamente de Tánger, nació en Tánger, pero su madre es de Chauen, sabes dónde es Chauen, ahora se llama Chefchauen, su madre vivió en Tetuán y en Casablanca. Ella se crió en casa de su abuela.

—Sí, es verdad, pasé mi infancia en Chauen, una colina y algunas casas, una maravilla. A veces iba con mi madre a Tánger, era el día de fiesta, pero nunca acompañé a mi madre a Casablanca, estaba demasiado lejos para una niña.

Eran las dos del mediodía, el sol otoñal parisino dejaba un aire de alegría y calor, que se hacía presente a lo largo de la charla. Maurice pensaba muy a menudo en el sol fuerte de Marruecos, en los días nublados de París, y a pesar de que siempre le alegraba el sol cuando salía en su nueva ciudad, ese sol siempre venía con la amenaza de nuevas nubes que lo cubrirían y de la lluvia que vendría con éstas para destrozar la fiesta.

Sobre la mesa estaban los dos vasos de güisqui de los hombres, el vaso de Pernod, un platito de cacahuetes, aceitunas y almendras. Bebían y miraban cada uno hacia el techo. Zohra se preguntaba cómo es que la charla llegó a Tánger, con Marcel nunca hablaron de eso, pero aquí, en la calle Victor Hugo, era casi una obligación. Zohra sentía que era algo inevitable. En encuentros entre minorías siempre se llega a la ciudad natal, y no sólo al país, se llega a la ciudad o al pueblo. Notó la mirada sonriente de Maurice cuando hablaba de Chauen.

Mercedes pensó que su hijo merecía una mujer más culta, Zohra parecía una chica de familia pobre que gana una beca y que así llega a la universidad. Y era exacto. Fue una alumna excelente en su escuela y por eso la enviaron a terminar su bachiller en Rabat, y después ganó una beca para poder aprender en París. Algo le molestaba mucho en Zohra, pero no podía verbalizarlo, algo secreto e incomprensible. Era una intuición femenina que le aparecía frecuentemente. Marcel hubiese preferido que este encuentro no ocurriese, como dijo:

—Somos ya adultos y no hay que meter la familia en esto. Pero Zohra insistió en aceptar la invitación de su madre, que repitió casi cada semana en el último año. Al final llegó el anuncio de Mercedes.

—El almuerzo está preparado, por favor pasen a la mesa.

Camino a la mesa. Zohra pensó en Victor Hugo y su amor por sus libros, sobre todo la gustaba *Le siecle des lumieres*, y oyó a la madre de Marcel diciendo que el *roti* no había salido justo como ella quería, y que esperaba que les gustara la comida. El primer plato era una *quiche lorraine*.

—Perdón —dijo Zohra—. Pero no como cerdo.

—¿Comes kasher? —preguntó Maurice.

—Pues no exactamente.

—Nosotros tampoco comemos kasher exactamente, bueno, si tenemos invitados que comen kasher entonces comemos kasher, pero hace ya años que no creo en esas cosas.

—No es judía —dijo Marcel.

—¿Qué?

—¡Una no judía que no come cerdo! Será vegetariana.

Zohra vaciló un momento y se preguntó si decir

que era musulmana, no parecía que a los padres de Marcel les preocupara mucho que no fuera judía, pero tal vez sí les preocupara que fuese musulmana y no cristiana.

—¿Cuál es tu apellido?

—Elbaz.

—Elbaz, yo conozco muchos judíos que se llaman Elbaz, entonces tu padre era judío y tu madre no.

—¿Podemos cambiar de tema? —dijo Marcel.

—¿Por qué? —insistió el padre—. ¿Qué secreto hay aquí? En esta casa se puede comer lo que uno quiera y ser lo que uno quiera, no tenemos prejuicios sobre nada, son los *goyim* los que tienen prejuicios sobre nosotros. Mi padre viajó a un pueblo en España hace setenta años y creyeron que si era judío tenía cola.

Marcel intentó otra vez cambiar de tema, y hablar de la actualidad y del euro.

—Creo que es el fin, en cuanto cambien al euro, será el fin del capitalismo —dijo Marcel.

—Tú eres siempre muy optimista.

—Mi teoría, y no soy un economista, es que lo que sostiene a toda la economía es el dinero negro, el dinero que pasa de una mano a otra sin que alguien venga y tome una parte, en el momento en que pasen al euro, mucho dinero negro desaparecerá, y qué pasará entonces, habrá una recensión terrible. Además de que han hecho un estudio y muchos negocios pequeños y medianos no están preparados para el euro y van a quebrar, y en Francia a todo el mundo le gusta quebrar, y entonces habrá un premio Nobel de paro sin precedente.

Zohra entendió que Marcel intentaba evitar toda discusión sobre su religión o sus orígenes, como si se avergonzara. Tal vez no era cuestión de vergüenza, pero pensaba que ya eran adultos y que mejor no meter a la familia en sus decisiones.

Después llegó el *roti* con una salsa de champiñones, le gustó.

—Veis, no soy vegetariana —sonrió—. Simplemente no me gusta el cerdo. —Con esto creyó que zanjarían el asunto.

—Sabes una cosa, en la época de la Inquisición, en España no se podía no comer cerdo; una mujer que no le gustaba el cerdo llegó a un tribunal de la Inquisición, hay muchos ejemplos de juicios de esta clase, pensaban siempre que se trataba de un judío. Ahora todos los judíos comen cerdo. ¿Cómo los acusarían? Meterían a la cárcel a todos los vegetarianos y tal vez a los musulmanes, pero en Europa hasta los musulmanes comen cerdo, en Europa todos comen cerdo.

Maurice empezó a entender difusamente que era una musulmana, se acordó que el apellido Elbaz es también un apellido árabe, hubo un ministro egipcio que se llamaba Elbaz, y no sabía si hablar del tema. ¿Qué pensaría su mujer? Pero él también se sentía confuso, que su hijo se casase con una *goyá* no le importaba, «pero con una árabe», pensó, «son nuestros enemigos y no para eso salimos de Marruecos», se dijo.

—No tenemos ninguna intención de casarnos —dijo Zohra.

—¿Quién habló de matrimonio? —dijo Marcel.

—No sé. Pero quería precisarlo, porque tal vez tus padres piensan que si vine a comer a su casa es porque queremos casarnos, pues no.

—¿Tú también formas parte de esas mujeres que no quieren hijos? —dijo Mercedes.

Zohra sonrió tímidamente, y a pesar de que sólo eran las tres y su turno empezaba a las seis, decidió utilizar su trabajo como pretexto para marcharse después del almuerzo.

—Tengo que pasar por casa y después ir al hospital, *mon chéri*, encantado de haberlos conocido, me gustó mucho la comida, y no, no quiero postre, engorda, y tengo que irme—. Y sin dejar a nadie el tiempo de reaccionar corrió hacia el abrigo y salio rápidamente.

La casa se quedó silenciosa, el padre de Marcel no sabía si hablar del tema, pensaba que era una árabe, pero no sabía si podía estar seguro y su madre que también empezó a darse cuenta, tampoco sabía cómo reaccionar.

—No tenemos ninguna intención de casarnos, sólo vivimos juntos —dijo Marcel.

—Sí, claro, a veces las cosas empiezan por eso —dijo la madre.

—Lo sabía, sabía que no debía poneros a todos juntos, sabía muy bien que esto iba a acabar mal, y además, no es asunto vuestro lo que yo haga.

—Bueno, no y sí es, eres nuestro hijo —dijo Maurice.

—Bueno, esto se acabó, tengo treinta y cinco años y yo decido con quién vivo. Y además no tengo ninguna intención de casarme con ella, que quede claro, estamos inscritos en la municipalidad como amantes, se llama *concubinage*.

—¡*Con-cu-bi-na-ge*! —dijo el padre la palabra una y otra vez, como si ésta no existiese—. Imagínate que tu madre y yo no nos hubiésemos casado, tú no habrías nacido.

—¿Y?

—Pues eso, no habrías nacido.

—Y si no hubiese nacido no tendríamos esta discusión, y entonces no podrías decirme esa frase. No queremos tener hijos. —Marcel se preguntó varias veces si les decía que Zohra no podía tener hijos, tal vez los tranquilizaría, pero quizá sucediese lo contrario. Pero en vez de decirlo, se enfureció y dijo—: ¿Cuál es el problema? ¿Que es musulmana? Ése es el problema, si fuese cristiana no diríais nada, ¿verdad? ¿Qué importa si es musulmana o no? No es nada religiosa, no come cerdo, pero es más bien porque no le gusta que por religión, es una parisina como todas las parisinas, y se llama Zohra, nada más. ¿Y qué?

—Bueno, para, para, está bien —dijo Maurice—, tienes razón, no te estamos juzgando, pero piénsalo, es verdad, que si fuese cristiana no reaccionaríamos de la misma forma, pero no es porque somos racistas, simplemente es algo menos común.

—Pues ya os podéis acostumbrar a la idea, porque va a ser más y más común.

—¿Qué? —dijo Mercedes—, ¿esto quiere decir que si tenéis un hijo va a ser un árabe? ¿Un niño árabe? ¿Para eso nos escapamos de Marruecos? Allí obligaban a nuestras hijas a casarse con musulmanes y aquí lo hacéis por vuestra propia voluntad. Ves lo que le pasó a Sol Hatchuel, que murió santificando el nombre de Dios para no convertirse al islam, y vosotros lo hacéis por vuestra propia voluntad.

—Y yo que creía que venía de una familia liberal y abierta. Que estábamos abiertos a todos.

—Yo también pensaba eso, pero por lo visto ellos no están abiertos a aceptarnos. ¿Has visto lo que dicen sobre Israel en la televisión? Otra vez tenemos la culpa de todo, como si nada hubiese pasado en el siglo veinte, nos matan y tenemos la culpa de todo.

—¿Qué tendrá esto que ver con Israel? ¿Qué tiene que ver mi amiga con Israel? Tal vez tiene que ver con la *shoah*... con Sol La tsadika... ¿Con quién más? ¿Con Moshe Rabenu? Todo lo que quiero es vivir con ella, salir de paseo con ella, volver a ella después del trabajo, hacer el amor, ir de vacaciones y para todo esto necesito a alguien que me entienda, y ella me entiende, este país es laico, os acordáis, la religión murió aquí, se acabó, somos franceses, comprendéis, ella es francesa y allí se acaba la historia.

—Eso es lo que pensaban muchos judíos en Alemania antes de los nazis.

—Bueno, ya sabía yo que íbamos a llegar a los nazis, así ya no se puede discutir de nada, mataron a muchos judíos que se consideraban alemanes, ellos los definieron como judíos. Cuando los alemanes entiendan eso, y también nosotros, entonces entenderemos que los nazis lo que querían era matar gente y nada más.

—Y por casualidad cuando a alguien le da por matar gente empieza por los judíos, como los árabes ahora. Se comportan mal y matan judíos, un primer ministro israelí hace una falta y matan judíos, judíos que viven en Francia y nos ponen una bomba en la sinagoga o en Rosenberg, así son los *goyim*.

—Veo que estás en un estado de ánimo judío muy pesimista, tal vez es por la Intifada, o tal vez cada judío llega a un momento en que lo ve todo negro, pues tengo buenas noticias que darte, Zohra no puede tener hijos, no tendrás un nieto musulmán. ¿Te tranquiliza eso? Me voy.

—Quiero un nieto judío, eso es lo que quiero, ya tengo bastante con que tu hermano se casara con una *goyá* y que le lleve a la iglesia, ella también era laica pero ahora va a la iglesia, un Benzimra que va a la iglesia. ¿Quién creería eso? Mi hermana tenía razón, debíamos habernos ido a Israel, y no a ningún otro país.

—Sí —dijo Maurice—, pero entonces vivirías en un barrio pobre en Beer Sheva, como ella, y no en el mejor *arrondissement* de París.

—¿Dónde estás, hermano?

—En el Japón.

—¿Y qué haces en el Japón?

—En el Japón busco al Japón.

—¿Y lo encuentras?

—Sí. Es un Japón de papel y de cartón. Le escribo sobre una hoja. Es letras sobre una hoja.

—¿Cuándo volverás?

—Las horas se hacen largas y la cuna ya no llora.

—Veo a tu hijo en una nube.

—Es la nube en la que estoy descalzo y la nube en la que parto.

—No es tarde, ¿sabes?

—Nunca es tarde, pero yo no puedo volver. Me he convertido en pájaro.

—Los pájaros vuelven.

—Y se van volando.

Barajas

ALBERTO

Fue uno de los viajes mas extraños de mi vida. ¿Es que podría haber sido diferente? Barajas, aeropuerto cansado, lleno de vestíbulos, cafeterías y restaurantes escondidos y mediocres. En los aeropuertos encuentras los peores restaurantes y también pésimos cafés. Es improbable que el cliente vuelva o que el dueño siga con el negocio más de un año o dos. A nadie le importas mucho. Los camareros nunca saben quién dejará propina y quién no, cada país tiene sus costumbres, algunos dejan un veinte por ciento, los americanos un dólar, los franceses unas monedas sin valor, los españoles la vuelta, los alemanes nada, especialmente si pone en la cuenta que el servicio está incluido.

Llegamos antes que llegara el vuelo de Isaque de Nueva York, y por lo tanto fuimos los tres a esperar que llegase su avión, y después el programa era subir en el primer avión a Málaga, a eso de las cinco de la tarde. En la sala de espera vi a alguien que me parecía conocido, demasiado conocido. ¿Será mi hermano muerto?

Israel dando vueltas por los aeropuertos, el hombre con la maleta se parecía a él, pero no sólo se parecían, se parecía a él justo antes de su muerte, como si no hubiese crecido. Le miré, él a su vez me miró, y volvimos a mirarnos una y otra vez, parecía alguien que no iba a ningún lado, alguien que vive en aeropuertos, el judío errante, o el hombre de los aeropuertos, hombre que sube al avión, llega a un aeropuerto, llama por teléfono, se sienta un par de horas en un restaurante con su ordenador portátil, y después sube a otro avión, nunca duerme en el mismo lugar en donde se ha despertado y no tiene nombre o tiene todos los nombres. Otra vez me miró, y se adelantó a mí para saludarme, y entonces yo me puse a mirar a otro lado. ¿Qué le puedo decir? ¿Que se parece a un muerto? ¿Que se parece a mi hermano? Siguió andando y después volvió a mí. Finalmente le dije sin muchas ganas «*Shalom*» en hebreo, respondió «*Alejem Hashalom*», como suelen hacer los judíos de Marruecos.

—Viajamos a Tetuán —le dije, como si fuese algo evidente. Estaba claro que era de esa zona, y me pareció lógico decírselo.

—Yo también, por Málaga.

—¿Cómo te llamas?

—Yosef.

—¿Yosef? ¿Yosef qué…?

—Yosef Israel. Mi apellido es Israel.

—Sí, sí, es un apellido común en Tetuán, estudié con una de Israel en la escuela, Alegría Israel, sí, eso, Alegría, se llamaba Alegría.

—¿Sí? Es mi tía, mi tía.

—¿Y cómo está?... Y ¿cuándo naciste?

—En 1980, hace veinte años.

Bueno, pues no es él, no puede ser él, son diez años de diferencia.

—¿Sabes una cosa? —dijo—, te pareces, y no puedes imaginar cuánto te pareces a un tío mío que se murió hace cinco años, sabes, se murió en Israel hace cinco años, en un atentado terrorista, en Jerusalén, en 1996, te acuerdas, se llamaba David Zohar, ése era su nombre, se murió en el atentado de los dos autobuses, por eso te miraba así, por eso...

¿Esto qué es? ¿Es un libro? ¿Un cuento? ¿Qué es esto? ¿Estamos en un libro de Auster? ¿Es que esto nunca se va a acabar? ¿Le digo que se parece a mi hermano muerto o lo dejo para después? ¿No es suficiente que me parezca a su tío?

—Sí, bueno, muchos judíos se parecen los unos a los otros. —por más que intenté no decírselo—. Tú también te pareces mucho a...

—¿A quién?

—No, déjalo, prefiero no hablar de eso.

—Bueno, como quieras, tengo que coger al vuelo de Málaga.

—¡Ah! —dije aliviado—, nuestro vuelo sale a las cinco, estamos esperando a mi hermano, que viene de Nueva York, para viajar con él.

—Tal vez nos encontremos en Tetuán, en la sinagoga o en el cementerio... seguramente subiréis al cementerio, a *zorear* las tumbas de vuestro antepasados.

—Tal vez en la sinagoga, yo no voy a cementerios, mis hermanos tal vez vayan.

—Bueno, *shalom*.

Después busqué a mis hermanos, no estaban muy lejos y les pregunté «¿Habéis visto?», pero ninguno de ellos sabía de qué estaba hablando, y ninguno había visto a Yosef Israel. Se empeñaron tanto en que no habían visto a nadie, y que estuvimos juntos todos, que empecé a preguntarme si esto había pasado. ¿Tal vez era mi pensamiento literario que empezó a meterse en mi vida? Mis dos hermanos me miraron como si estuviese un poco loco, o como si el viaje hubiera empezado a trastornarme.

✹

—Te dejo, hijo.

—Pero te quedas.

—Me voy, mi país ya no me soporta.

—Mientras yo estoy aquí, tú también lo estás.

—Pero nadie lo sabe.

—Lo sabe la hormiga que busca el pan.

—Volveré.

—Lo sé.

—Aunque estaré muy cambiado.

—Yo también.

—No me reconocerás, no te reconoceré.

—El camino nos dará nombre.

SILVIA

Me preguntas, mi reina, qué pasó en Barajas, era como una baraja de cartas, tal vez cartas de tarot, cuando sale el trece es la muerte, el ángel de la muerte, pero esta muerte no es una muerte física, es la destrucción de algo para que se construya lo nuevo. Creo que todos cambiamos en ese momento, todos los hermanos y los medios hermanos, la familia, el mundo cambió del todo. Alberto se comportó de una forma muy extraña, pero la razón es que él habló, él contó lo que le pasó, yo no se lo conté a nadie. Ni siquiera ahora estoy muy segura de que todo esto pasara de verdad, no estaría segura ni aunque lo viese proyectado en una película filmada cuando las cosas acontecieron. Estamos todos esperando que Isaque llegue de Nueva York y veo una mujer, con el pelo muy corto, que se parece, no se parece, no es eso parecer, es idéntica a Israel, como si hubiese vuelto de los muertos con cara de mujer, tal vez un poco más mayor, tal vez una equivocación del tiempo, me acerco a ella y me responde en francés, su pelo corto y masculino, parecía un adolescente, y si le hubiesen quitado el maquillaje era exactamente él. Nunca había pensado que Israel tuviera un aspecto femenino, pero tampoco era muy masculino, y esta mujer también era femenina pero no de una forma exagerada.

—Perdón, ¿quién es usted? —pregunté, y ¿qué podía preguntarle?, ¿qué podía decir?

—¿Qué quiere decir quién soy yo? ¿Qué le importa a usted? —respondió un poco enojada, seguíamos hablando en francés.

—Perdóneme —dije—, me resulta usted conocida, tal vez sería mejor decirlo así. ¿Vive usted en París?

—Pues sí, al lado de París, estudio en París. ¿Cómo se llama usted?

—Silvia.

—¿Silvia? ¿Silvia qué?

—Nahon.

—Pues no, su nombre no me dice nada, no creo que nos conozcamos.

—No, probablemente no nos conocemos, pero usted se parece mucho a alguien que conozco.

—Ajá, ahora me parezco a alguien que conoce, ¿tiene usted otros cuentos?, ¿se siente usted bien?

—No —dije—. Pues no, no me siento bien, no, usted se parece a mi hermano, a mi hermano que murió hace diez años. —Y lloré.

—Perdón, perdóneme, lo siento —dijo—. Lo siento mucho. ¿Cómo podía saberlo? Me parezco a su hermano. Bueno, son cosas que pasan, a veces la gente se parece. ¿Quiere usted beber algo? ¿Dónde vivían?

—En Israel, y se murió en la guerra del Líbano.

—Y yo soy de Marruecos, y usted cree que me debe importar un soldado israelí que murió en la guerra del Líbano, usted cree que debo llorar por él, los aeropuertos son como manicomios, yo, aquí, dando un pañuelo a una judía cuyo hermano murió matando árabes y palestinos, y ¿también quiere usted que le tenga piedad?...

Era el momento, tal vez, de pedir perdón por haberla enojado con mi historia, es de Marruecos, y la gente de un mismo país se puede parecer, tal vez de la misma región... claro que no es una razón para imponerse sobre otras personas. ¿Qué debía haber dicho? ¿Tienes una respuesta, mi reina? Tal vez le podía decir que se fuese a la mierda con sus libaneses, que qué tienen ésos que ver con una marroquí, mi hermano se murió allí, sin ninguna razón, como un idiota, como todos los idiotas que se mueren en las guerras... No, mi hermano menor no es un idiota, él no, pero sabes lo que le pasó a esta chica, cuando se fue, se le cayó su bufanda rosa transparente, lo ves, y yo la guardo, la tengo aquí, como si algún día fuera a servir para algo, no sé cuándo, ni sé por qué, pero me parece algo muy importante.

Y sabes, miré a mis hermanos, y no vieron nada, no se dieron cuenta que hablé con ella, nada, *walu*, como si no hubiese pasado, y miré a Alberto y entonces me contó sobre ese israelí que encontró, pero cuando ocurrió todo esto, no pasó ningún tiempo, hubo algún momento en el que el tiempo se equivocó en Barajas. ¿Qué pasó en ese segundo? Tal vez horas, años, vidas. Todos estábamos confusos. ¿Habremos soñado un sueño?

ISAQUE

Me asustó terriblemente durante unos segundos y todo era tan raro, llego y los veo enfrente de mí, mis tres hermanos, y corro a besarlos, y voy hacia ellos, y de pronto desaparecen, no los veo, estaba seguro de haberlos visto, que estaban enfrente de mí, pero de pronto nada, como si nunca hubiesen estado allí, miro a la derecha, a la izquierda, detrás, delante, y nada, nadie. Una mujer musulmana con un pañuelo en la cabeza y con pantalones, por lo visto una marroquí, gritaba sobre sus dos hijos, Yusuf y Zohra, y me acordé que el nombre de ese hermano desconocido y desaparecido era Yosef, y vi que los dos, los dos niños se parecían mucho a Israel cuando era pequeño, y la niña se parecía a Ruth, la hermana pequeña y amada, que ahora tiene una fábrica de hijos, ya tiene seis hijos, más que todos los otros hermanos juntos, una fábrica de nietos, y los abuelos critican su religiosidad pero se ponen muy contentos cuando llegan los nietos a casa. El abuelo ha muerto y la abuela seguirá ayudando, pagando, guardando a los niños, y todo lo demás, con esa sonrisa en su cara y una cara crítica porque sólo tengo un hijo, y los otros dos o tres por familia, europeos comunes, un niño un perro, y un Mercedes, ése es el sueño, bueno, no el mío, yo querría más hijos, cinco más, pero para eso necesito encontrar una mujer más maternal, y ésas son o muy religiosas o se parecen a mi madre; me atraen las más sexis, las delgadas y no muy maternales, las que cambian de camas y de hombres, una mujer nueva que no existía hace cien años, ésas me atraen, sobre todo si son manipuladoras, dicen medias verdades pero no mienten, juegan con su feminidad como si ésta fuese una cuenta de banco con muchas acciones y mucho movimiento diario de compra y venta. Y en esto que sigo dando vueltas por Barajas, buscando a mis hermanos que desaparecieron de pronto, y como si nada hubiese pasado, la mujer musulmana desaparece y de pronto mis hermanos están enfrente de mí, y todos tienen caras confusas, no menos que la mía, y yo relaciono esto con la muerte de mi padre y su extraño testamento, *shalom*, besos, por qué no vino Ruth, ¡ah, sí! Déjenme adivinar, está encinta, no, y casi pregunto, y por qué no vino Israel, y seguir como en ese chiste que escuché hace poco, es que sigue tan muerto como antes, pero no puedo decir esas cosas, hacer chistes sobre un hermano, siempre se meten en la cabeza toda clase de ideas raras en el momento más inoportuno.

—¿Hace mucho tiempo que me esperan?

—No, no —dijo Fortu—, pero el avión de las tres

ya se ha ido y tendremos que esperar al de las cinco, de todas formas ése era el programa. Aunque si hubieses aterrizado una hora antes lo podíamos haber cogido, el de las tres. Lo que podemos hacer es ir a beber algo y sentarnos en algún lado.

—Pero no comer, acabo de comer, es la cuarta vez que como en doce horas, con la diferencia de horas, cena antes de salir, y después otra cena en el avión, y desayuno, y después almuerzo, y no dormí del todo, de comida en comida, lo que necesito son unos cuantos cafés.

ISRAEL

Vivo desde siempre en este aeropuerto por el que pasamos en 1974 y volamos a Marsella. A veces soy un niño, a veces una mujer, un hombre, soy todo lo que fui y todo lo que podía haber sido, pero siempre estoy aquí. ¿Por qué aquí? ¿Por qué no en otro lado?, porque aquí busco el sentido de mi muerte, como si la muerte tuviese sentido. Recuerdo al soldado árabe que estaba enfrente nuestro dentro de un inmueble y le pedimos que se rindiera, cada vez que le pedíamos se ponía a llorar y a decir versículos del Corán y tiraba un tiro hacia nosotros. Estaba solo, cercado por veinte soldados y no podía escaparse, habíamos matado a su compañero y se quedó solo. Le pedíamos una y otra vez en árabe que se rindiera pero él seguía tirando un tiro y rezando. Y así durante un par de horas, hasta que uno de los soldados tiró una granada y lo mató, y después vino el silencio. Silencio absoluto. Silencio de la muerte. Silencio de muerte. Casi nos habíamos acostumbrado a su canto, a su Corán, y después venía un tiroteo sin sentido. Cuando fuimos a abrir la casa descubrimos que estaba encerrado adentro y que no podía salir para rendirse. Miré su cuerpo deshecho y tenía la misma altura que yo, el mismo pelo, y tal vez hasta una cara parecida. Y en ese momento supe, supe que yo también iba a morir, me di cuenta que la guerra no tenía sentido, no sé cuántos de nosotros sentimos lo mismo, pero antes de mi muerte otros tres soldados de mi unidad murieron, y sin decirlo, todos pensábamos que este muerto nos había traído mala suerte. Era el anuncio de nuestra muerte. Después vino el atentado de Tyr y allí llegó mi muerte con la mayoría de los soldados de mi base. Porque ese día sentí que ese soldado encerrado en esa casa, ese soldado llorando por su vida y por su muerte, ese soldado soy yo, pensé que no podemos ser enemigos y que la única razón por la que nos matamos es a causa de dirigentes que nos han manipulado, pero en ese momento, el soldado que habíamos matado, ese soldado, era mi hermano, era mi hermano, él era Abel y nosotros Caín, éramos hermanos, humanos, miembros del mismo pueblo que es la humanidad, y después me convertí yo en Abel, y eso es algo que, vivo, nunca pude expresar, y por eso vuelvo a este aeropuerto, a veces soy padre, a veces madre, a veces niño, a veces niña, soy todos mis hermanos y mis hermanas, y me pregunto qué pasaría, qué hubiese pasado si mis padres se hubiesen parado aquí, si nos hubiésemos quedado en Madrid. ¿Hubiese llegado a la guerra del Líbano? Tal vez sí, tal vez era inevitable, siempre me habría gustado Israel más que a los otros, desde el primer día, desde antes de llegar, tal vez porque ya sabía que allí sería enterrado, joven y solo, sin niños y virgen.

FORTU

En 1974 estuvimos aquí, el aeropuerto era mas pequeño, mi padre me llamaba Fortu, mi madre Messod, a ella le parecía mejor o más cariñoso, mi abuelo siempre me llamaba Messod, así eran las cosas en aquel entonces. ¿Qué estamos haciendo aquí ahora? Los cuatro sin Israel, Israel que siento tan fuerte en estos momentos, horas largas e insoportables.

Ahora los cuatro aquí, como si nada hubiese pasado, como si no se hubiese muerto, como si no nos hubiésemos separado, como si no viviera a unos metros de aquí, en Madrid, y ni siquiera llamo a mi mujer, somos como la foto que quedó de ese encuentro, aquí nos separamos. Yo me quedé, Isaque se fue a estudiar a París, y después se fue a Nueva York, y los otros se fueron a Jerusalén. Y esto se convirtió en un círculo infinito, Israel murió en el Líbano, Silvia se casó con un francés y se fue a vivir a París, y sólo la muerte de papá nos unió de nuevo, en busca de un hermano que no queremos encontrar, en busca de un poco de dinero que necesitamos, casi treinta años no pasados, casi treinta años que se quedaron suspendidos en el aire de preguntas y más preguntas, de respuestas sin sentido, el tiempo se paró allí. Y ahora vamos a verlo, ver cómo se paró el tiempo en nuestra ciudad, el tiempo nos espera allí, lo sé, volveremos y entenderemos todo, volveremos y todo tendrá sentido, podremos componer el rompecabezas. Aquí lo vemos, aquí vemos cómo el avión despegó y volvió a aterrizar, el mundo volverá a ser lo que era, mamá nos dirá que todo está bien, y después dirá que «a veces hay que darle un empuje a la vida», y papá explicará otra vez las noticias y dirá «No creáis nada de lo que dicen los políticos, siempre hay algo más detrás». Pues eso es lo que se esconde detrás de esa frase, otro hijo, un hijo ilegal.

*

—Volar no te hace pájaro, y los aviones no son libres.

—Días en los que todo parecía claro y evidente, pero al final vinieron olas y su espuma borró todo, hasta la memoria de la espuma.

—El mar nos traga poco a poco con seguridad, su paciencia es infinita.

—Y de todas formas somos islas entre aguas tormentosas, y cada día las aguas nos pueden circundar.

—Pero el mar es también nuestra vida, nuestro escape, el camino de vuelta, la posibilidad de hundirse.

—Si fuese mar, ya hubiese tragado todo.

—Nos come poco a poco, la tierra tiene más prisa de vernos bajo ella.

—Cada uno tiene una misión en la vida, pero todos después del hombre.

—Nos creó para ser presa de la tierra, de los animales y del hombre.

—Presa de todos, presa de nosotros mismos, la cima de la creación y nuestra misión es ser comidos, nuestra misión es acabar nuestras vidas, el día de nuestra muerte cumplimos nuestra misión, los habitantes de la tierra se saciarán de nuestra carne y la tierra podrá crear petróleo de lo que ellos coman, y otros viajarán en sus coches.

—Como la lluvia que llena el mar y después crea a la nube que nos dará lluvia.

—Así nosotros vamos y venimos y todas las preguntas van y vienen con nosotros a todos lados.

Málaga

ALBERTO

Otra vez con el güisqui, así lo pronuncian los españoles, y no whisky, con mi güisqui. A veces me gustaría ponerme un casco que marcara todos mis pensamientos y así me podría ahorrar la molestia de teclear todas estas palabras, vuelo a Málaga, una hora y cuarto de vuelo, dos horas de retraso, aquí no sirven bebidas, las azafatas hacen todo lo posible por no encontrarse con los pasajeros, para que no pidan Coca-Cola, mi vecino de atrás se las arregló para conseguir una bebida, y su mujer también, que consiguió dos, y un segundo después le dio a la azafata un ataque de sordera, no oye a los pájaros, y desaparece hacia la cabina del avión, bueno, qué se le va a hacer, siempre discriminando a los marroquíes, pero todavía me queda güisqui y lo bebo, sólo quería un poco de soda, recuerdo a la periodista que me entrevistó y me preguntó si era racista porque no votaba por partidos con más de noventa por ciento ashkenazim, me preguntó si era racista y no me esperaba la pregunta, no estaba preparado para responder, podía haber dicho que prefiero putas rusas, y además se puede decir que es una discriminación positiva, después de tantos años follando putas marroquíes, queremos ahora moldavas, ucranianas, rusas blancas, rusas de otros colores, azules, rusas y ucranianas, putas de Uzbekistán, de Tayikistán, de Putitistán, todas nos gustan, a mí sobre todo, pero no me gustan rubias, sobre todo las naturales, el güisqui no te ayudará, el ordenador sí, un ordenador es como una buena mujer, un ordenador que cumple tus deseos, todos los que quieras, o la otra periodista que me preguntó qué pensaba de la situación política y dije que estoy a favor de un estado binacional y entonces respondió «Para que hayan menos ashkenazim» y me reí, pero inmediatamente pedí que no escribiera eso, dije que eso lo dijo ella y no yo, y en esos momentos entiendes que tienen miedo, cuando hablan de mayoría judía se refieren a mayoría ashkenazim, tienen miedo de que los sefardíes y los árabes se unan, para ellos somos demasiado parecidos, pero nosotros nos vemos muy diferentes, aunque más parecidos a los árabes que a los ashkenazim, entonces ése es el miedo que tienen, también tienen miedo de que se han quedado sin nada pero yo no tengo miedo de no tener nada, mi judaísmo sigue muy basado y ninguna laicidad o ultraortodoxia me lo puede quitar, por lo menos en los próximos cien años seguirá siendo mi judaísmo, bueno, si no es que todos se vuelven ashquenazim. Baruj Kimerling escribió un libro sobre eso, pero no lo leí porque no pude comprarlo, era demasiado caro, y no tengo ni una gorda, si no recibimos esa herencia no sé de qué vamos a vivir, cómo podré seguir escribiendo como me prometí, sólo escribir, en contra de todo, contra todo, a pesar de ellos, a pesar de todos, seguir escribiendo más y más libros hasta que les salga por la nariz, cuánto tiempo podrán seguir sin hacerme caso, diez libros, veinte, treinta...

¿Durante cuántos libros se puede ignorar a un escritor que vale?

Quiero saberlo, tengo una idea para una nueva novela, pero necesito dinero para eso, mucho dinero, seis meses en París, seis en Nueva York, seis en Caracas, el libro se llamará *La autobiografía de Menahem Benaim* y tendrá cinco capítulos sobre un hombre de cuarenta años que cuenta su vida, cada capítulo será una autobiografía diferente, lo que tienen en común es que el autor nació en Marruecos, y es escritor, una posibilidad es su emigración a Israel, otra a Madrid, otra a Nueva York, otra a Caracas, otra a París, en cada capítulo su vida es diferente.

Tengo otra idea, un hombre de cincuenta años se enamora de una mujer de veintiocho, él está casado, ella soltera, la diferencia de edades les asusta, y deciden encontrarse un día al año durante cinco años, un día, y estarán ese día juntos durante veinticuatro horas, y si llegan a cumplir esa promesa durante cinco años se casarán, sabrán que su amor es verdadero, se encuentran durante cuatro años y el quinto año él o ella, o los dos, no llegan a la cita, y quiero escribir también este libro en el que una familia sale en busca de un hermano perdido.

El güisqui y el whisky se me están subiendo a la cabeza. Para sobrevivir hay que hacer lo que hacen los escritores japoneses, publicar un libro cada seis meses, máximo cada año, porque un libro en Israel tiene un tiempo de alrededor de ocho meses en las librerías, sobre todo en la red más grande, Lubowsky, que tienen el ochenta por ciento de las librerías en Israel, casi un monopolio, y ocho meses es el límite, cuidado, es un campo de minas, es tu vida, es nuestra vida, la de los escritores israelíes, y ya entendí que nosotros, los judíos, siempre seremos víctimas de todos, y si sé la verdad no me ayuda mucho, y si critico a mis conciudadanos, siempre tendré miedo de que un loco utilice mi crítica para matarme a mí o a mis descendientes; no puedo ser inocente como los profetas Isaías y Ezequiel, todavía nos citan la crítica de Jesús, y tal vez si tuvo hijos fueron ellos mismos asesinados por cristianos, así que hay un límite a estas alturas a lo que uno puede criticar, no puedo poner a mis hijos en peligro, Oslo ha muerto, Todopoderoso, te pido que veas nuestras buenas cosas y no las malas, y que veas más buenas que malas. Una cosa os prometo, queridos lectores, escribo lo que pienso, y no cambio nada, quieren saber qué pienso, pues aquí está lo que pienso, en las páginas que leen, no oculto nada, los ashkenazim nos trajeron toda su vida polaca a Israel, nada ha cambiado, un amigo trae a otro, el juez nombra a su mujer y juzga a su hermana y no hay ley en Israel, el sistema jurídico es corrupto, y sin justicia el pueblo se revolucionará, y como siempre, esta tierra pide justicia, demanda justicia, y no acepta más, no tolera injusticias, nuestros enemigos vivirán de nuestra injusticia, y nada, nada puede ya parar nuestro viaje de vuelta a Tetuán, no quiero viajar a Tetuán, ¿qué se me perdió allí?, nunca pensé que volvería, pero por ciento cincuenta mil dólares, aunque tal vez alguien ya robó una parte, cuentas con números en Suiza, ¿quién sabe?, yo creí que había más, alguien pasó el dinero a su cuenta, seguro, pero algo quedará, y qué me importa mi medio hermano, qué coño me importa, tal vez está casado con cuatro mujeres y tiene cuarenta hijos, vete a saber, efendi.

Siempre dicen de cada árabe rico que es descendiente de judíos, y cómo no lo va a ser, todos se casaban con judías en Marruecos, y no tenían ni que convertirse al islam, los pocos judíos que siguieron siendo judíos genéticamente son los pocos locos, los que no se convirtieron al cristianismo o al islam, porque la mayoría cambiaron de religión, la mayoría lo hicieron sin muchas dificultades, las leyendas nos hablan de los que se sacrificaron para no convertirse, pero eso son una muy pequeña minoría, los otros se convirtieron para no tener que pagar los impuestos de Dhimi, cada generación de conversos al islam y al cristianismo dejó judíos más duros, cada generación, los que quedaron eran los más fuertes y duros, y más sicóticos, generación tras generación hasta que llegaron los sionistas que decidieron ser enfermos como todos los otros pueblos, joder a todos los que están en contra tuya, por fin aprendieron de los franceses, los españoles, los polacos, los rusos y los árabes, que para existir hay que joder lo máximo posible a personas, a tus enemigos pero también a tus conciudadanos, es el coro de todo país, y es el país moderno, no hay misericordia en el país moderno, sólo maldad y guerra, pero yo todavía espero que todo esto tenga sentido, sentido por encima del tiempo y del espacio, sentido en el sentido más profundo de la palabra, de la humanidad, sentido místico, sentido mesiánico, el sentido siempre es mesiánico, espero que todo este sufrimiento de todos en Israel tenga sentido, de los ashkenazim por la *Shoah*, de los árabes por haber sido expulsados, de los sefardíes porque su cultura ha sido borrada, que todo esto tenga una razón y que tenga sentido y que al alba amanecerá. Y aquí nos anuncian que vamos a aterrizar y hay que apagar el ordenador, aterrizamos en Málaga. Por aquí pasamos camino a Marsella y a Jerusalén en 1974, después de la guerra de Kipur, los cielos nos esperan sobre la tierra, la azafata me pide que apague el ordenador.

Los cielos nos esperan sobre la tierra.

FORTU

—*Wa*, a ver cuándo encuentras un trabajo serio, y dejas de trabajar constantemente sin ganar nada...

—*A wadel* Fortu, nos vemos una vez al año y siempre me dices la misma frase, podrías cambiar un poco.

—Diez libros y no haces nada ni para ti ni para los otros, Alberto.

—A los otros seguro que sí, a los que cortan los árboles, a los camioneros que llevan los árboles, a la industria del papel, a los exportadores e importadores de papel, periódicos, periodistas, directores de empresas, funcionarios en el Ministerio de Cultura que pueden decidir si comprar mis libros para las bibliotecas o no, editores, traductores, bancos, no te lo creerás pero hasta los banqueros se ocupan de literatura en tu país, España, y una vez me invitaron a un congreso, y puedo seguir, si la literatura da trabajo a mucha gente, mucha gente vive de mis libros, diez libros son muchos libros.

—Sí, todos ganan de tus libros menos tú.

—Tampoco pierdo, hay otros escritores que pagan

para publicar sus libros, pero yo por lo menos nunca pagué, y siento que sí, que algún día voy a ganar dinero de mis libros, o que por lo menos mis hijos van a ganar dinero, es un sentimiento que es más fuerte que yo.

—Una inversión a largo plazo, pero podrías ganar más a corto plazo, y puedes hacer dos cosas a la vez.

—Sí, es lo que siempre hago, dos cosas a la vez, pero de alguna forma, siempre la literatura es más importante que las otras cosas, o que las otras cosas nunca se convierten en lo principal.

—Dime algo, ¿cómo puedes hablar conmigo, beber güisqui y teclear sobre el ordenador al mismo tiempo?

—Es como respirar.

—¿Qué quiere decir como respirar?

—Tú puedes respirar y hablar conmigo y beber güisqui al mismo tiempo, ¿no? Y yo puedo escribir al mismo tiempo.

—Dime una cosa, ¿y qué vamos a hacer cuando encontremos a nuestro hermano perdido?

—Medio hermano, medio, no sé qué vamos a hacer, pero lo que si sé es que escribiré sobre eso.

SILVIA

¿Hay coincidencias en la vida? ¿Presentimientos? Hace una semana me llamó mi primo segundo, Yitshak Sananes, con el que jugaba todos los días, cuando éramos pequeños, y siempre me decía que era la mujer mas guapa del mundo, tal vez estaba enamorado como se enamoran los niños. Y hace una semana, después de mucho tiempo, me llama desde Miami. Me cuenta que hace un año uno de los primos le dio mi teléfono y pensaba en llamarme cada semana pero no sabía qué decir, hacía tanto tiempo que no nos veíamos. Pero al final me llamó, no sabía que mi padre falleció, pero tal vez sintió algo, y preguntó qué pasaba. Hace treinta años se fue a Tánger, y después emigraron a Israel, vivió en Haifa, sabía que se casó con una americana y se fue a Londres, y después a Estados Unidos, y que vende ropa en Miami. Esta familia desde siempre son comerciantes de ropa y médicos, cuentan que el primer Benzimra que llegó a Tetuán era un curandero, sus hijos fueron sastres, y desde entonces van de sastres a médicos; me llamó y me contó que su hermana murió en un accidente de coche hace tres años, con ella también jugaba en mi infancia, jugábamos todos los hermanos, le pregunté a Alberto pero no se acordaba de nada. Sí, Sananes, le recordaba algo, pero no se acordaba de sus rostros, bueno, tenía diez años cuando se fueron, y a esa edad dos años son muchos años. Yo siempre me acuerdo de más cosas que Isaque, que es mayor que yo, o tal vez nos acordamos de cosas diferentes.

—¿Dónde está la entrada a nuestra casa? ¿Dónde la puerta del mar?

—Un muro de piedras la cerró.

—Nos dijo que no debemos rezar a los dioses de las piedras, y hoy lo único que queda de nuestro templo son piedras.

—Nuestro castigo es rezar a las piedras.

—Una piedra cierra al mar, el mar no puede salvarnos de nuestra muerte, no puede salvarnos de nuestra vida.

—¿Dónde está la llave que abre la puerta?

—¿Y dónde está la entrada a las diez Sefirot? ¿Dónde sus cenizas?

—La puerta también se convirtió en piedra, y no hay llave que abra la piedra, gritamos y la piedra no oye.

—Antes soñábamos en volver a la piedra, y ahora lloramos este sueño que se convirtió en realidad, soñamos que la piedra se convierte en arena, pero la piedra se convirtió en la muerte del hijo antes del padre.

Algeciras

Algeciras, un puerto con una ciudad a su lado. Miles de españoles y marroquíes pasan por esta ciudad diariamente en direcciones opuestas y dan vueltas alrededor del puerto, calle principal, inmuebles para los trabajadores del puerto, un bar de tapas en el que estoy sentado y en el que escribo en mi ordenador, pido una ración de calamares, y una ensaladilla rusa, y pienso en las marroquíes que suben en una patera en Tánger e intentan llegar aquí.Y después de llegar, si es que no mueren en el camino, el trayecto aún es largo: inspecciones en los autobuses, en las ciudades, en las estaciones de metro, llegan de toda África, y hasta de China y del Extremo Oriente, llegan a Tánger y esperan su oportunidad, y después se pasean los sábados y los domingos en cafeterías y bares y venden discos piratas, una vez invité a uno, un negro a que se sentara conmigo, le invité a beber algo, y le compré el último de Serrat, en La Coruña. Tenía miedo de hablar, me contó que era musulmán, que venía de Somalia, y temía contar nada de sí mismo, pero preferiría casarse con una mujer de su país y no con una española. Bebió una Coca-Cola, dijo gracias y siguió vendiendo sus discos, me habló en español y en francés, y tal vez, tal vez también mi hermano Yosef pasó por aquí buscando su libertad en Europa, para escapar de la miseria marroquí, como nosotros en 1974, toda la familia, camino de Israel. Por fin podíamos decir la palabra Israel libremente, pero tal vez no tan libremente, porque todavía era el país de Franco y no existían relaciones entre España e Israel. Tal vez Yosef pasó por aquí y viajó a Madrid y después a Valencia y a Marsella, exactamente como nosotros años antes, él en busca de libertad y nosotros escapándonos de la tierra en la que nacimos y en la que nuestros abuelos nacieron porque se acabaron los judíos. Los ministros del rey, amigos de mi padre, nos decían que se acabó. ¿Qué se acabó? Pues la comunidad judía de Marruecos. Se acabó, el final inevitable. Como Isabel la Católica enfrente de sus ayudantes judíos diciéndoles que es una decisión que no tiene más remedio que tomar, y que los judíos tienen que irse de España. Pasaron quinientos años y estamos aquí en España de nuevo, y, a veces, un español, que sabe que es descendiente de los judíos, te dice que faltan más judíos en España, y que es una lástima que los hayan expulsado. «Añoramos a nuestros judíos», me dijo una vez un funcionario en un aeropuerto. Sí, los polacos también añoran a sus judíos, cuando estamos con ellos nos exterminan y nos echan y cuando nos vamos nos echan, pero esta vez de menos. O un ministro español que preguntó al ministro del Tesoro americano en la época de Franco qué podía hacer para fomentar la economía, y éste le dijo: Traer un millón de judíos. Los judíos mueven economías, y si se critica que hay demasiada influencia judía en América, miren su economía, da libertad a sus judíos, apoya a Israel. ¿Y qué recibe a cambio? Es el país más libre del mundo, y el más rico del mundo, y el país con más millonarios. ¿Tal vez sí vale la pena dejar que los judíos tengan influencia? Tal vez es un poco exagerado decir que el lobby judío es el que decide la política americana, pero y si es así, ¿por qué no? ¿Por qué sería tan malo? ¿Qué tiene de malo que en un país democrático los mejores decidan? Y si los judíos son los más inteligentes, ¿por qué no deben ser los que deciden? Me estoy pasando, pero, ¿y por qué en Israel son tan idiotas?, ¿por qué los políticos son tan idiotas? Y tal vez no lo son, las cosas van bastante bien en Israel, tal vez no hay muchos premios Nobel de economía y de física, pero es un país que triunfa en lo que los judíos nunca supieron hacer, es mediocre en todo, en sus leyes sociales, en sus derechos humanos, en sus carreteras, todo está más o menos por la media, ni muy bueno ni muy malo, mejor que los países africanos o árabes, pero peor que los países desarrollados, el segundo mundo, y ¿por qué siempre nos criticamos esperando ser como los países más ricos del mundo?

—¿Qué estás escribiendo sin parar? —Isaque se sienta a mi mesa después de un paseo corto por la ciudad.

—Pensamientos, no muy interesantes, ¿has paseado? ¿Verdad que no hay nada que ver?

El camarero llega a nuestra mesa

—¿Quiere usted algo?

—Los calamares están buenísimos —le digo.

—Bueno, pues una ración y una caña. —Y mientras el camarero se va me dice—: Creí que comías kasher.

—Sí, es verdad, como kasher, pero cuando estoy en España como calamares, sé muy bien que aquí no voy a poder negármelos, están tan buenos, así que los pongo entre paréntesis.

—Creo que en el año de papá podías ser un poco más religioso... Bueno, cada uno y sus cosas, yo no como kasher, pero todas las semanas fui a la sinagoga de los portugueses en Nueva York, calle 33.

—Yo fui, pero no todos los días, el que sí parece que ha cambiado es Fortu, que la muerte le cambió la vida, vendió todos los vinos *nesej* que tenía, y se pone los *tefelimes* todos los días, y hasta va andando a *Tefilá* todos los sábados... una hora y media.

—Cada uno como lo ve.

Los calamares de mi hermano llegaron y comí tres de su plato, y pedí otra ración al camarero, las raciones eran grandes pero mi hambre de calamares es insaciable.

—Puedes seguir escribiendo, no te molestaré —dijo Isaque.

—Ya no importa, no importa, cerraré el ordenador, seguiré en el hotel, escribía que tal vez nuestro hermano pasó por aquí, camino a Europa, hace años. ¿Qué piensas de él?

—Creo que murió, tengo la impresión de que ha muerto, no sé por qué, y creo que papá lo sabía, pero quería que viajáramos juntos a buscarlo, quería que supiéramos que existió. Si no, él mismo hubiese verificado dónde estaba antes de morir. Estaba sano, y podía haber viajado él mismo, podía haber hablado con Fátima.

—Tal vez lo hizo

—¿Cuándo?

—Viajó varias veces a Ceuta para ocuparse de las casas que alquilaba, antes de venderlas por nada, y tal vez fue de aquí a Tetuán.

—No podía entrar en Marruecos, le podían arrestar por haber sacado dinero ilegalmente en 1974.

—Sí, pero todo eso caduca, muchos volvieron a Tetuán.

—Sí, es verdad, pero pocos sacaron tanto dinero como él, y hizo toda clase de negocios ilegales con los terrenos que le quedaron allí, y todavía nos quedan algunos al lado de Tánger, ¿lo sabías? Y aquí también, al lado del Mediterráneo, hay toda clase de socios, es complicado, no sé si algún día vamos a ver dinero de todo esto; papá me contó que el rey quería esos terrenos al lado del mar y por eso nunca pudieron venderlos, siempre hay problemas burocráticos.

Silvia y Fortu llegaron, daban la impresión de haberse peleado, tenían caras colerosas. Comí el último calamar del plato y bebí la cerveza.

—¿Eso es lo que estáis comiendo? *Terefo* —dijo Fortu en un tono didáctico.

—Que cada uno haga lo que quiera —dijo Isaque.

—Sí, pero os podríais aguantar un poco, en el año de papá…

—Fortu, no nos digas qué comer; yo, en Israel, siempre comí kasher, mientras tú, aquí, comías de todo.

—Bueno, está bien. ¿Cuándo sale el barco?

—Dentro de una hora, llegaremos a eso de las ocho, un poco tarde, pero qué se le va a hacer.

✳

—¿Adónde corres tanto?

—Quiero volver a encontrarme enfrente del monte del que nací. Corro para encontrarme de nuevo, una última vez.

—¿Y llegas a hacerlo?

—Puedo correr, mis pulmones se abren, mi respiración aspira.

—¿Y vuelves a encontrarte?

—Sí.

—¿Y qué ves?

—Veo que el niño que fui ya no es niño, el adolescente que no creció ya no es adolescente, los dos son ancianos arrugados, tienen una piel que me asusta. Sé que me veo, pero mi pasado ha cambiado.

—El pasado no puede cambiar.

—Eso es lo que pensaba, pero cambia sin parar. Cada vez que visito mi pasado, cambia. Y me asusta, más que el futuro.

—Tienes que vivir en el presente.

—El judío no existe en el presente. Sólo existe en el pasado o en el futuro.

Tetuán

Los acontecimientos sucedieron rápidamente, de forma casi indescriptible. En menos de una hora sabíamos ya dónde estaba Fátima. Llegamos a primera hora de la tarde y fuimos inmediatamente al cementerio, allí subimos a la tumba de nuestra abuela, Simi Benzimra, y nos encontramos con un judío de la ciudad que no conocíamos, pero que conocía a nuestro padre y a nuestra familia. No sabía nada de Fátima, pero sí sabía que en la calle principal, la calle Mohamed V, vivía nuestra prima, Simi Benchimol, mujer de Isaac Benzimra, que es de otra rama de los Benzimra y no son de nuestra familia. O si estamos relacionados con ellos, hay que remontar a seis generaciones o más, a principios del siglo XIX. Nos contó que Isaac vendría para Minhha a la *Tefilá*, y allí le podríamos preguntar qué pasó con Fátima.

—¿Y por qué la buscáis?

—Mi padre dejó algo en la herencia para ella, y queremos que lo sepa.

—¡Qué raro! Nunca escuché que dejaran herencias a *Fátimas*, en mi vida *oyí* algo así, ¡Novedad nueva está esto!

—Era la *Fátima* de sus padres, a lo mejor por eso sentía algo especial por ella.

—Sí, puede ser, todo puede ser. —El judío tenía una cara maliciosa, como si supiera algo que nosotros no sabíamos, pero preferí no meterme más en el tema. Desde que dije lo que dije, mis hermanos entendieron que ésa sería la razón por la que buscábamos a Fátima y así no habría que explicar más.

El marido de mi prima estaba en la sinagoga, todo judío que podía ir iba porque de lo contrario era muy difícil que hubiesen diez para formar un *minyan*. La comunidad se había restringido a menos de cien judíos, y en ese estado de cosas faltaba una muy buena razón para no venir a Tefilá. Nos invitó a su casa a cenar.

—Seguro que Simi va a ponerse muy contenta de veros.

Simi nos miró unos segundos hasta que se dio cuenta que éramos sus sobrinos.

—¡Cómo habéis crecido! —Era mayor que nuestro hermano mayor, Fortu, y para nosotros fue siempre la prima grande, casi de la edad de los tíos.

—¡Todos juntos! ¡Qué sorpresa! Entrad, entrad. —Todavía estaba sorprendida en la puerta de su casa.

—Espero que no os moleste, venir así de pronto.

—¿Qué clase de cordialidad es ésta? Claro que no nos molestáis, pondremos cuatro patatas más y así tenemos cena para todos, ¿cómo podríais molestar?... ¿Y qué os trae a Tetuán? No es que falten razones, hace un año vino hasta el tío Samuel, nunca pensé que iba a volver a verle, tiene ochenta y seis años, pero siempre hay una razón...

—Papá falleció y…

—¿De verdad? —Simi se puso a llorar—. Ay, mi tío querido…

—Sí, pero no por eso hemos venido, pidió que encontrásemos a Fátima, la *Fátima* de sus padres, Fátima Elbaz, pensamos que tal vez tú nos podrías decir dónde la podemos encontrar…

—Isaac, te acuerdas de Fátima, muchas *Fátimas* trabajaban con judíos, te acuerdas, hace unos veinte años, o más, ¿qué habrá pasado?, se fue a trabajar con los Azancot, o Benacot, Azancot o Benacot, ¿cómo se llamaban?

—Tu tío le dejó una herencia, ¿puedes creerlo?

—Era muy sensible, mi querido tío.

—Sí, eso, muy sensible —dijo Isaac cínicamente.

—Sí, ya me acuerdo, eran los Benacot que se fueron a Tánger, después de que cerraron aquí la escuela de la alianza, tenían tres niños chicos y se fue por la escuela, vendía telas, ropa, *import export*, y también pieles, ¿te acuerdas de ellos?

—Sí, claro, que me acuerdo, vivieron en Tánger hasta 1990, y después se fueron a Casablanca, le veía a veces en la carnicería cuando iba a Tánger a comprar carne kasher. Hoy día vive en Casablanca.

—Podemos llamar a Mercedes Cohen, nuestra prima, y preguntarle cuál es el número de teléfono de los Benacot, pero podemos comer antes…

—Si no te molesta —dijo Silvia—. Estamos un poco tensos con este tema, y nos gustaría por lo menos saber si esta mujer está viva.

—Bueno, esperemos que no haya problemas, a veces hacen falta días para hablar con Casablanca.

Con una rapidez impresionante habló con la prima, que le dio el número de los Benacot. Silvia habló con ella.

—Señora Benacot, no sé si nos conocemos... Soy Silvia Benzimra, y la llamo de Tetuán, porque estamos buscando a nuestra *Fátima*, se llamaba Fátima Elbaz, mi padre falleció y tenemos que encontrarla... Estaba enferma... La pobre... a su pueblo... ¿Donde está su pueblo?... ¿Tiene usted su teléfono?... Bueno, entonces, muchas gracias, creo que podremos encontrarla.

—Está en Chefcahuen, es un pueblo cerca de aquí.

—Chefchauen es Chauen, una vez fui con papá allí —dijo Isaque—. Un sitio muy bonito, una montaña verde y en el medio una cafetería enorme, todos beben té y hay muchas abejas. Hay un lago allí, no, un río, hace mucho frío, mucho mucho frío, hasta en verano, el agua cae del monte.

—Sí, leí sobre eso, y ¿sabéis que más leí sobre Chapen? Que hace trescientos años era una zona judía autónoma, judíos con armas y todo, nadie se acercaba a ellos.

—Eso nunca lo *oyimos* —dijo Simi.

—Hay muchos sitios remotos en Marruecos de los que se cuentas esa clase de leyendas. Seguramente hubo zonas judías, hay tantos valles entre las montañas de Marruecos a los que nadie puede llegar.

—Sufre de diabetes —dijo Silvia—. Se fue de los Benacot porque le amputaron la pierna derecha y está casi ciega, fue en 1995, la señora Benacot dijo que tiene una hija y que ella vino por ella y la llevó a Chefchauen.

—Iremos mañana.

—Pasemos a la mesa —dijo Silvia.

✳

—¿Cuándo aparecerá el gran águila?

—Vendrá en un caballo blanco.

—¿Y cómo se llama el caballo?

—Se llama Muhamad.

—¿Y cómo se llama el águila?

—Su nombre es David.

—Sobrevolarán la tierra sobre una nube de madera.

—Darán luz a casa y a montañas altas y respirarán el mismo aire.

—¿Y cuándo aparecerán?

—Ya están allí.

—¿Dónde?

—En una cueva que ningún hombre ha pisado. En la cueva que nadie ha visto.

Chauen

La mañana siguiente desayunamos en La Campana, una pastelería en la que comprábamos dulces para el sábado, los viernes después de *Arbit*. El local había cambiado, pero se sentía el mismo ambiente. En vez de pasteles franceses había muchas *baklawas*, dulces llenos de almíbar y miel. Los pasteles que no comíamos. Silvia propuso que comiésemos churros pero decidimos dejar eso para la tarde o para el día siguiente.

—Vamos a tomar un taxi y que nos lleve a ver a la mujer —dijo Fortu—, debemos enfrentarnos con esto lo antes posible.

Acabamos el café con leche que no era tan bueno y salimos a buscar un taxi.

Después de un poco de regateo decidimos el precio y que el taxista nos esperase un rato y para poder volver con él. Todo por doscientos dirhams. En el camino hablamos poco. La carretera estaba llena de árboles que parecía estar igual que en 1974. Y ya en 1974 no estaba en muy buen estado.

Chauen es un pueblo metido dentro de una montaña, unas decenas de casas, que no llegaban a cien, y en el centro una casa de té enorme rodeada de árboles. Algo que se parece a una calle principal y hospeda algunos puestos de verduras y frutas. Nos dirigimos directamente a la cafetería y preguntamos por Fátima Elbaz. El dueño del café preguntó a uno de los camareros, que no sabía nada. Explicamos que era una mujer enferma que había venido de Casablanca.

—¡Ah sí! —dijo el dueño—. Ya sé quién es. Es la hija de Habiba.

—¿Y dónde vive?

—¿No quieren beber un té antes de ir a verla?, está muy enferma, y tal vez sea mejor que reposéis un poco.

—Creo que es mejor que bebamos el té después, no será algo muy largo.

—Bueno. No es muy lejos, sigan hasta el final de este camino, y después tomen a la derecha, después se acaba la carretera, sigan un poco más y a la derecha está su casa.

Subimos al taxi y nos dirigimos directamente a la casa de Fátima y de su madre.

—¿Y ahora qué le decimos? Que tiene un hijo y que tiene derecho a una herencia. ¿Así? ¿O cómo? Le podemos decir que papá la dejó dos mil dólares de regalo y que por eso vinimos. ¿Qué os parece?

Nadie respondió y llegamos a la puerta de su casa.

Llamamos a la puerta y nos abrió una anciana con piel muy arrugada.

—*Marhabah, Darna Darkum* —dijo—, entren, no tenemos muchas visitas aquí.

No entramos, nos quedamos en la puerta, Isaque dijo,

—Buscamos a Fátima, trabajaba en nuestra casa, hace años.

—¿Y qué familia son ustedes?

—Benzimra.

—Ah… los Benzimra de Tetuán, buenas personas, vuestros padres, dijo nada más que buenas cosas de vosotros, buenas personas.

—¿Está bien, Fátima?

—No muy bien, está muy mala, muy cansada, la diré que estáis aquí, está en cama, muy mala.

Volvió después de cinco minutos y nos dijo que esperásemos un momento y podríamos entrar, pidió a su madre que la maquillase antes.

—Está muy contenta de que vinieron a verla.

Las casas de alrededor daban un ambiente de pobreza, no eran casas, más bien casernas, una parte de la casa estaba hecha de ladrillos, la otra parte de pedazos de madera y de árboles que estaban por caerse, un olivo detrás de la casa, y lo que daba la impresión de ser una huerta de patatas u otras verduras.

Entramos en el cuarto de Fátima. No podía vernos, estaba ciega, y tendida en su cama.

—¿Quién eres tú?

—Isaque.

—Isaque, ¡cómo has crecido! —dijo y le besó.

Y después nos besó a todos. Detrás de la manta se podía ver que tenía una pierna amputada, consecuencia de la diabetes de la que sufría.

—¿Cómo estás?

—Ahora muy bien. Gracias a Dios salí del hospital. Si uno sale de ese hospital de Tánger ya es algo bueno, nadie sale de ese hospital.

Entretanto la madre nos trajo unos dulces y té. La casa tenía un olor de moho y de pobreza. Estábamos sentados todos en el cuarto y no sabíamos cómo hablar del tema por el que habíamos venido.

—¿Y cómo está tu hijo? —preguntó Fortu.

—Mi hija, Zohra, está bien, a veces nos manda un poco de dinero, tampoco ella tiene mucho.

—¿Y dónde vive?

—En París, estudia medicina.

—¿Y no tenías un hijo también?

—Hijo, nunca, sólo una hija, y después Alá me cerró la barriga, sólo una.

—Y estudia en París...

—Muy buena hija, muy buena, a veces viene a visitarnos.

Isaque me dio a entender que estaba grabando la charla con un walkman que tenía en la mano.

—¿Seguro que no tenías un hijo?

—Claro, seguro. Una hija. ¿Por qué me preguntan tantas veces? Una hija, tal vez os equivocáis con otra *Fátima*, había otra *Fátima* que trabajó con ustedes, tres años antes de que me fuera, y ¿por qué os fuisteis?, ¿cómo está la cosa por allí, cómo está con los judíos, por qué os fuisteis, qué había de malo en Tetuán, por qué vuestros padres se fueron? ¿Sabéis por qué? Ahora no hay judíos en Tetuán, no hay, *mafish*, *walu*, algunos viejos, antes había muchos, buenas personas, todos pagaban bien y no nos pegaban como los moros que siempre pegan a sus Fátimas, personas sensibles, tu padre era un hombre muy bueno, muy muy bueno, que lo sepas.

—Sí, demasiado bueno —murmuró Fortu.

—Toma, te dejamos aquí un sobre con miles de dirhams.

—Y salimos de la asfixia del cuarto.

—¿No crees que deberíamos traer un notario para que tome una declaración firmada? —pregunté—. Así tendremos un documento jurídico. A lo mejor tuvo un hijo que murió y lo niega. Y después tuvo una hija.

La madre de Fátima, que por lo visto había oído de qué hablábamos, se acercó y nos dijo:

—No se acuerda de muchas cosas, y está un poco loca, tenía un hijo que murió cuando tenía un año, menos de un año, y nunca habló de él. Me acuerdo de cuando era chiquitito, y después nació su hija. El niño murió, lloró mucho por él,

—Tenía un hijo y ahora tengo una hija —cantaba—, la hija viene a vernos en el mes de Ramadán, a veces se queda unos días.

—¿Y cómo se llamaba el hijo?

—Yusuf, se llamaba Yusuf.

—¿Y murió?

—Se fue, tiene una hija, Zohra, muy bonita, muy *ligente*, es doctora.

Volvimos a la casa de té. Isaque y Fortu querían sentarse y ver desde allí el valle, como hicieron de pequeños.

—¿Qué hacemos? —preguntó Isaque.

—Creo que las cosas están claras, deberíamos tomar una declaración firmada por un notario de las dos, le pagamos al notario y eso es suficiente, por lo visto nuestro hermano murió cuando era pequeño.

—Sí eso, y entonces eso resuelve todos los problemas… Tal vez es muy simple, tan simple, murió y se acabó, hay niños que mueren en el primer año de su vida, y tal vez no sabía qué hacer con él y lo dio en adopción a otra familia, o tal vez le raptaron, raptan niños aquí, sabes. ¿Os acordáis qué miedo teníamos de que nos raptasen?

—Todo puede ser, pero si es así no podemos saberlo, sólo a través de la madre podríamos encontrarlo. Si vive en otra familia o fue raptado o vive en la luna, no podemos encontrarlo. Según el testamento debemos hacer todo lo posible por encontrarlo, lo encontremos o no. Eso es lo que dijo el abogado.

—No te digo lo contrario pero algo aquí me parece raro. Deberíamos encontrar a Zohra, a su hermana, hablar con ella.

—Puede ser muy interesante hablar con ella, pero yo creo que lo mejor es volver a Jerusalén con la caseta y la declaración, cogemos el dinero y después la buscamos en París.

—Yo pienso que podríamos volver a su casa y pedir la dirección de la hija. Volveré en el taxi. Fortu, tú ven conmigo, y ustedes podéis esperarnos aquí y después decidimos.

Volvieron a la casa y la madre les dijo que Fátima dormía.

—¿Y sabe usted dónde vive su hija?

—En París, vive en París.

—¿Tiene su dirección? ¿Alguna carta de ella?

—Aquí. Tengo una carta de hace mucho tiempo, nos habla más por teléfono, aquí, el sobre, una foto, muy bonita, Zohra es muy guapa.

En el sobre estaba casi borrada la dirección, probablemente se veía que era del VI *arrondissement*. El número de la calle era 77, pero no se podía leer el nombre de la calle.

—Bueno —dijo Silvia a Fortu—. Con ese nombre, Zohra Elbaz, la podré encontrar en el Minitel, no creo que hayan tantas en París.

—¿Adónde te fuiste, papá?

—Adonde me llevaron las olas del mar.

—¿Y por qué no me conociste, papá?

—La torre de Babel nos dividió en lenguas y en pueblos.

—¿Y cuándo podremos vivir de nuevo en el mismo mundo?

—Cuando digamos «mi planeta» y no «mi pueblo» o «mi país».

—¿Y cuándo pasará eso?

—Cuando veamos su destrucción.

—¿Y dónde estás ahora?

—En un sitio sin viento.

—¿Nieva?

—Sobre mí tal vez, debajo de mí, seguro que sí.

—¿Y cuándo volverás?

—Ya he vuelto y no quiero volver.

—¿Y cuándo se acabará mi vuelta, papá?

—Cuando la idea de volver se acabe. Siempre estamos yéndonos y volviendo.

París

Zohra llegó justo para el último metro al acabar su turno. Estaba muy excitada después de haber recibido los documentos de los tratamientos a los que se había sometido en su infancia. El ruido que llenaba su cabeza en ese momento creaba en ella mayores ganas de sentir el falo de Marcel dentro de su cuerpo. Su cadera ardía y bailaba de una forma reflexiva. Temía que alguien en el metro de la línea de Creteil sintiese su excitación y por eso no miraba a ninguno de los pocos pasajeros que viajaban tan tarde. Miraba lentamente los sillones azules. «El azul debería calmarme, es el color que me calma». Esperaba encontrar a Marcel despierto, pero no podía imaginar cómo contarle lo que ahora sabía, siempre supo que le pasaba algo raro. Pero cómo puede uno saber si sus pensamientos son raros, es que alguien puede saber cómo o en qué piensan los otros. ¿Puede uno estar en la mente de otro? No conocemos ni a los más próximos, el conductor anunció que era la estación final.

Cinco minutos separaban la estación final del apartamento alquilado de Marcel. Y Zohra siempre temía que en esos cinco minutos alguien la violara. Compartió estos pensamientos con su novio pero él nunca les dio mucha importancia. «Ni dentro de mil años podrá un hombre comprender lo que es una violación o el miedo a la violación, —pensó—. Y no vale la pena insistir y explicar por qué nos asusta tanto y la humillación que crea». Zohra había sido violada una vez, cuando tenía diecisiete años, un día después de que su novio la dejó, cuando alguien le propuso llevarla en autostop, y después de que bebieran juntos la llevó a un almacén y la obligó a hacer el amor con él. Le odió. Después pidió perdón y lloró por lo que había hecho, pidió perdón y la acompañó a su casa. Su madre la chilló, y su padrastro la llamó puta, y ella misma se sintió sucia y culpable porque ese idiota la deshizo. Muchas veces piensa en él cuando hace el amor. Pero esta vez pudo descartar esos pensamientos, esta vez quería sólo a Marcel.

Llegó rápidamente a su casa, como si no sólo sus piernas anduvieran, como si a su vagina le hubiesen crecido piernas y adelantaran su paso. Sentía a Marcel dentro de ella mucho antes de que la penetrara. Cuando llegó él dormía. Fue a ducharse. Una ducha caliente siempre mejoraba el sexo. Marcel prefería ducharse después de hacer el amor. Salió desnuda de la ducha y fue a la cama y se pego a él. Dormía desnudo pero su cuerpo fresco no lo despertó. «Te necesito hoy —pensó—, hoy te necesito como nunca, no puedo ceder». Le tocó el falo que estaba en reposo, lo puso lo más duro y fuerte que le fue posible. Le daba la espalda y roncaba un poco, lo tumbó sobre la espalda y subió encima de él, entró en su sexo, su cadera se meneaba de la derecha a la izquierda, entraba y salía, y Marcel todavía dormía, ya no intentaba despertarlo, y así estuvo sobre él casi media hora hasta que tuvo un orgasmo. Lo sentía en todo su cuerpo, sobre su piel y dentro de todos sus órganos. Ella salió de él sin que eyaculara, y pensó que era el mejor acto sexual que habían tenido. Deberían volver a repetirlo. Follar dormidos. Se acostó a su lado, él le dio la espalda. Ella se durmió.

Por la mañana se despertaron juntos e hicieron de nuevo el amor.

—¿Te acuerdas de anoche? —preguntó ella.

—Tuve un sueño maravilloso.

Le abrazo de nuevo y sintió su amor. Como si se hubieran encontrado ayer. «Tal vez hoy me deje —pensó—, quién sabe, después de que se lo cuente».

—Hoy tengo el día libre, voy por unos cruasanes y tomamos el café juntos.

—Tengo algo importante que contarte.

—Sí, eso se ve —dijo Marcel, mientras guiñaba que sentía sus sentimientos.

—Pondré un poco de música.

Puso un CD de Brassens y salió de casa mientras oía que no hay amores felices.

Cuando volvió, Zohra seguía medio dormida en la cama. Preparó un café americano y trajo el café con los cruasanes a la cama.

—Te quiero otra vez, antes del café.

—No creo que tenga fuerzas. Por la tarde, tal vez.

—Ven, ven, pon el café sobre la mesa.

—Se va a enfriar.

—¿Y qué?

Se abrazaron otra vez. Pero Marcel ya no estaba muy concentrado. Ella sonrió de nuevo y él trajo el café.

—¿Y qué tienes que decirme? —preguntó de una forma concreta.

—Espera un poco, pasemos a la mesa del salón. ¿Podrías traerme un poco de mermelada? La mermelada de cerezas que está en la nevera es buenísima.

Él trajo la mermelada mientras ella se ponía una túnica de seda blanca.

Se sentaron a la mesa.

—Sí, podría no decirte lo que descubrí, pero mi signo es Sagitario, y creo que hay decir todo entre nosotros. Tienes que saber la verdad.

—Sí, de eso ya me di cuenta —dijo con una sonrisa cínica. Ella tenía la costumbre de decirlo todo sin ningún tacto. Era lo que más le gustaba de ella. Era diferente de las manipulaciones de las otras mujeres que había conocido.

—Bueno, pues… lo que he descubierto es… lo siguiente, quería saber por que razón me quitaron el útero, por qué no puedo tener hijos, y el director del hospital donde estoy haciendo mi especialización mandó una carta a la clínica de Tánger del doctor Flemon, y pidió todos los documentos médicos de mi caso, y llegaron ayer, me los enseñó y…

—Tuviste un cáncer cuando eras niña en el útero…

—No, peor, o mejor. Depende de cómo se vean las cosas. Cuando nací era hombre.

—¿Qué?

—Ya no es el útero, y yo creía que tomaba hormonas porque no tenía ovarios, pero no era ésa la razón, me dieron hormonas desde muy chica para que me convirtiera en mujer, lo que pasó es que cuando me hicieron la circuncisión, me la hizo un rabino judío, un tal Rabino Cohen, eso pasa, que los musulmanes piden a un rabino judío que haga la circuncisión, a la edad de un año, o antes, y el rabino no lo hizo bien, y no se podía salvar mi miembro sexual, y los doctores decidieron que lo mejor era que me convirtieran en mujer. Es lo que está escrito en mi dossier. ¿Increíble, no? Mi madre nunca habló de eso, sabes, a los veinte años me implantaron unos senos de silicona porque los míos eran demasiado chicos, y ningún doctor se dio cuenta, es increíble, pero ahora las cosas tienen otro sentido.

—¿Y nunca sentiste algo raro?

—Raro —Zohra se puso a ver su vida de una forma muy diferente, cada cosa en su pasado tomaba una significación diferente—. Cuando las otras niñas hablaban de reglas y yo no, me parecía muy raro, entonces invente unas reglas, cada veintiocho días compraba tampones y los enseñaba a mis amigas, hasta tenía mareos mensuales, y dolores de cabeza, tenía todos los síntomas, la doctora me dijo que no tendré reglas, disfrútalo, me dijo, por lo menos de eso —Zohra se puso a murmurar la canción de Brassens «La Tempete»—. Sí, había cosas raras —siguió Zohra—. Me gustaba jugar al fútbol, pero a otras niñas también les gustaba el fútbol, no era la única, en el colegio judío de Tánger, no sé por qué mi madre me envió al colegio judío, trabajaba en casas de judíos y era la mejor escuela de Tánger, pero sabes una cosa, las mujeres me han atraído en el pasado, hice el amor con algunas mujeres, pero nunca me sentí lesbiana. Podía estar con mujeres, y siento que mi forma de ver a los hombres es diferente de las otras mujeres. No les puedo dar descendencia.

—No eres la única —Marcel intentaba digerir la novedad de Zohra.

—No está en eso la diferencia, la diferencia es que quiero ser el hombre con el que estoy, no sólo que me conquiste, que me penetre, es como si mi coño pudiese penetrar dentro de la polla del hombre con el que estoy.

—Eso sí que me parece complicado. —Unos rayos de sol empezaron a entrar por la ventana del salón y calentaron la sala.

—Pues eso es, tal vez necesito ayuda, tal vez puedo volver a ser hombre, pero después de tantas hormonas no creo que sea posible.

—Y dime una cosa, te parece bien profesionalmente, eso de cambiar el sexo de un niño de un año, a causa de una circuncisión mal hecha.

—¿Profesionalmente? Todavía se hacen cosas así, hay que pensar en el sufrimiento de un hombre sin falo, en una edad temprana, eso es lo que se hace, se cambia el sexo, pensando que así la persona sufrirá menos. Hoy se puede poner una prótesis en vez de un falo, cosa que no existía en esa época, y se infla, como una máquina, y no se es hombre; puedo entender esta operación desde un punto de vista ginecológico, pero desde un punto de vista psicológico no sé si está muy bien. Bueno, las cosas ya se han hecho, la situación es la que es, y soy quien soy.

—Bueno, bueno, sí que era algo importante, no me lo esperaba, no esperaba que me ibas a hablar de eso, creí que me ibas a decir que decidiste casarte conmigo, y que otra vez te iba a explicar por qué no me quiero casar, pero ahora tal vez sí quiero casarme contigo, para que no te escapes de mí, no sé muy bien qué tiene esto que ver con lo que me acabas de contar, pero tal vez es lo que hay que hacer ahora.

—A tus padres les dará un ataque, si te casas con una mora —imitó a la forma de hablar de su madre.

—A mí no me importa, además, todavía puedes descubrir que tu madre es una judía que se convirtió al islam para casarse con un general musulmán que se murió en la guerra de Kipur en Ramat Hagolan. O algo por el estilo...

—Marcel, no es una broma, no puedo hablar de boda por lo menos en un año, es una impresión demasiado grande para mí, esto cambia todo mi pasado, me cambia a mí, a mi vida, veo todo de una forma diferente desde que llegaron estos papeles de Tánger.

Segunda parte

LA VUELTA A CASA

—Me voy.

—Pero no dices adiós.

—Me quedo.

—Y dices adiós.

—Uno no puede nunca irse de ningún sitio en el que ha estado.

—Dices adiós y no te vas o te vas sin irte.

—Ya he vuelto.

—Sí, has vuelto porque nunca te has ido.

FORTU

Encontré todas las excusas para ser el primero en largarme de Tetuán. Debo volver a casa, mi hija está mala, pacientes que me esperan, no puedo tomarme más días de vacaciones. Tengo que volver, los españoles no entienden lo de siete días de *Abel*, esperan de ti que vuelvas al trabajo en tres días, o antes, un día después del entierro. Empiezan a creer que tengo algún problema psicológico. Ya no me necesitan aquí. Ya hemos visto a la madre de Yosef... Y todas las excusas, separadas y combinadas, para poder volver a Madrid. Pero en el momento en que salí de allí —y digo allí como si fuese algo impuro, algo que pertenece a otra vida, una vida errónea, una vida temerosa, una vida olvidada que mejor no recordar, digo allí, como si al decir allí ya no hay aquí, como si estos dos mundos no pueden convivir. En cuanto llegué de Tetuán a Ceuta de pronto tuve mucho tiempo para mí mismo. Decidí quedarme un día más en Ceuta y dormir una noche. Y dar vueltas por la calle principal sin hacer nada, comer tapas, y más tapas, beber otra caña, ver las tiendas con nombres tan familiares, Bentata, Hachuel, Benarroch, un sinfín de tiendas con nombres judíos, y toda la ciudad llena de moros, aquí llegan mujeres de pueblos y vuelven llenas de mercancía que venderán en Tetuán, Tánger, Chauen o Larache. Hacen el mismo camino todos los días. A veces sobre burros, y si tienen dinero en taxis por plazas, en los que se meten siete personas en vez de cinco, apretados. Todo se vende sin impuestos, *discman*, relojes, equipos de música, zapatos Nike, y New Balance, y más de la mitad de la población son musulmanes marroquíes. Muchos judíos viven aquí y hacen buenos negocios, uno de ellos abrió una tienda justo en la frontera, una especie de *duty free*, vende de todo y más barato, todo lo que se puede comprar: Hasta *matsot* de Israel, porque los musulmanes dicen que ésas son las *matsot* de verdad, pero yo espero captar algo aquí, algo que perdí hace muchos años. Recuerdo los viajes con la familia a Ceuta, a comprar cosas que no teníamos en la época de Franco, recuerdo cómo mi padre se encontró con un exgeneral con el que había hecho negocios en el pasado y se pasaron el día bebiendo y volvió medio borracho, casi no podía conducir, vomitó todo el viaje, pero parecía muy contento de haber encontrado a ese señor. Viajé a Gibraltar desde aquí, para comprar relojes y ver qué hacía papá allí, compraba telas y las vendía en Marruecos, o todo lo que podía traer dinero. Sentado en el bar veo a alguien conocido.

—¡José! —le grito.

—¡Fortu! —Y nos abrazamos.

—¿Tú?, ¿vives aquí?

—Más o menos, en realidad vivo en Barcelona, pero mi padre trasladó sus negocios aquí, así que estoy de visita; por lo visto voy a trabajar con él unos meses, quiere informatizar todo el negocio, yo compro ordenadores y le estoy creando un programa de contabilidad.

—Yo, bueno, sí, de viaje por Tetuán, estuve allí unos días, y vuelvo a Madrid —dije, respondiendo a una pregunta que él me iba a hacer o que pensaba.

—Todos vuelven, los que quieren y los que no quieren, al final todos vuelven. Siempre hay una razón. Conocí a uno que su abuelo se había ido de Tetuán a Orán hace ciento cincuenta años, y volvió a ver su tumba, un Benzimra, como tú, su apellido era Benzimra... Camarero, por favor, unas tapas más y dos cañas.

—Chanquetes, anchoas, patatas, y otras cosas vegetarianas. Sin calamares, ¿vale?

—¿Comes kasher?

—No. No exactamente. Pero mi padre falleció hace un mes, y desde entonces como kasher, no bebo ni vino *nesej* —dijo Fortu.

—Ah... Entonces por eso volviste... El padre muere, queremos entender algo, te acuerdas del profesor de hebreo que teníamos, monsieur Levi, ¿te acuerdas?

—Claro, y le veo de vez en cuando en la *Tefilá* en Madrid.

—Creo que se casó con una *goyá.*

—Se casó y ya se divorció. Creo que tiene un hijo.

—¿Sí?, Pues no sabía que se divorció, me acordé de él porque tú una vez le chillaste en la clase que no debía pegar con el palo a los niños, ¿te acuerdas de eso? Tenías siete años o algo así y te enfrentaste con el maestro y le gritaste.

—Pues no, no me acuerdo del todo. No me acuerdo de eso.

—Toda la clase se sintió muy orgullosa de ti, no sé por qué pero he pensado en eso esta semana. Eres médico, ¿verdad?

—Vamos a la mesa, sentémonos, ya son casi las dos.

—No, espera, te invito a un restaurante buenísimo, un restaurante de pescado, muy buen pescado, lo traen de Marruecos, pescado fresco, mucho mejor que lo que comes en España.

—Sí, soy médico de familia, y ¿qué haces tú, José? —No podía dejar de estar asombrado por su nombre, porque entre todos mis amigos encontré un Yosef. ¿Será mi hermano? A lo mejor mi padre se equivocó con la fecha de nacimiento. No puede ser, ¿no? Él tiene dos padres judíos, José, Yosef...

—Ordenadores, comercio, tengo dos tiendas de ordenadores en Barcelona, pero como te dije vine a hacer negocios con mi padre, es un poco difícil convencer a los viejos de pasarse al ordenador, pero por lo visto no le queda más remedio...

—Me alegro mucho de verte, siempre eras el primero de la clase en matemáticas, me acuerdo que siempre recibías el primer premio. Era algo ridículo, tres libros para el primer premio, dos para el segundo y uno para el tercero, yo siempre era el segundo o el tercero.

—¿Y te acuerdas de los libros? Robinson Crusoe con dibujos, con una portada en blanco y rojo, o rosa.

—Era bastante ridículo, pero nos sentíamos muy orgullosos de ganar los premios, y recibir ese libro que nadie leía, era sobre todo para enseñárselos a nuestros padres, y a mí me decían, y por qué no eres el primero, como tu hermano Isaque, como si ser el segundo entre treinta alumnos no fuera suficiente, así era mi madre... Vuelvo a Madrid mañana, hace años que no vengo a Ceuta, y decidí dormir aquí esta noche, hoy es una ciudad tan moderna. Recuerdo los viajes con mamá y el coche americano y el chófer. ¿Qué coche era? Un Ford, o un Chevrolet, no me acuerdo, veníamos aquí y era diferente de Tánger, aquí era el extranjero, había que sacar los pasaportes en la aduana, el chófer tomaba los pasaportes de mi madre, hablaba con el policía de la frontera, le daba un *bakshish* y pasábamos, mientras los otros, los árabes, nos miraban. ¿Y hoy qué somos? Clase media europea, pero en esos días éramos los ricos que todos envidiaban...

—Sí, bueno, muchos se sienten así, nosotros no éramos tan ricos, y no tengo nada de qué quejarme de mi vida actualmente.

—Entonces, ¿los negocios te van bien?

—Iban mucho mejor hace un año aunque todavía se venden ordenadores, pero del 97 al 99 era una locura, no dábamos abasto, todo se vendía en el mismo día.

—Me alegro.

—Y tú, ¿cómo te va de doctor?

—Es un salario, un buen salario, pero no es un negocio. No me quejo, me propusieron otros puestos en los que podía ganar más, pero a mí lo que me interesa son los pacientes, es interesante conocer a toda la familia y ver cómo los problemas pasan de generación en generación. Me propusieron un puesto administrativo, ser responsable en el Ministerio de Salud, de todos los médicos de familia de Madrid, y era un muy buen salario, pero finalmente no acepté la proposición; pero no me arrepiento, hay que sentirse bien en un trabajo así. ¡No me voy a poner a rellenar papeles todos los días!...

—Veo que tienes principios, hay que sentirse bien en lo que uno hace... Eso sí... ¿Otra caña o nos vamos al restaurante?

—Ya he bebido bastante cerveza así que vámonos... Yo pago.

—No, ¡qué va! Pago yo.

—Que no, que no, que ya estaba yo aquí comiendo y bebiendo antes de que vinieras.

—Bueno, vale, pero al restaurante te invito yo —dijo José.

Todo está muy cerca en Ceuta. Se puede recorrer

toda la ciudad en media hora. El restaurante estaba en la primera esquina, El Lenguado, así se llamaba. Mesas marítimas, manteles celestes y altas sillas de madera daban una impresión de restaurante caro, los cubiertos eran de plata, y sobre cada plato había una servilleta.

—Aquí tienen el mejor lenguado del mundo, creo yo —dijo José.

—Me encanta el lenguado, pidamos lenguado.

Rápidamente llegaron el pan y el aceite, aceitunas y una pasta de aceitunas. El pan estaba fresco, parecía un pan de casa. De primer plato pedimos una ensalada y queso manchego, y después los dos pedimos lenguado.

—¿Quieren vino los señores?

—No, queremos agua mineral con gas. Los dos.

—¿Te acuerdas de Simita, la que estudiaba con nosotros? ¿Cuál era su apellido?

—¿Bensadon?...

—Sí, puede ser, tal vez, me dijeron que se murió en un accidente de coche, vivía en Estados Unidos, en Miami, te acuerdas qué enamorados estábamos todos de ella, todos los hombres de la clase...

—Yo no —dije.

—Sí, eso, ¿tú no? Era la más guapa de la clase, eso lo dices ahora, tú también estabas enamorado de ella.

—La más guapa pero ahora está muerta, en un accidente, qué pena... Dime, ¿estás casado?

—Sí, y tengo una hija, sí, casado... sí... Bueno, no completamente, ya no vivimos juntos, a lo mejor...—

Y antes de seguir hablando sentí que no, que no era eso lo que quería, no quería divorciarme, podría hablar con ella otra vez, podemos volver, intentar otra vez, aunque sólo sea por la niña, por el pasado, ¿qué sé yo? El pasado ya no tiene sentido, cinco años de tu vida no tienen sentido, el pasado también tiene su importancia, es una razón para seguir juntos...— ¿Y tú, estás casado?

—Segunda mujer. Dos hijos de la primera. La primera era judía, la segunda no. ¿Qué importa eso?

—No sé si importa o no. Tal vez sí, si no es un gran amor sí que importa, es más difícil vivir con una mujer de otra religión, que piensa de forma diferente.

—Pero, coño, no empieces a hablarme de mentalidades... Pero eso sí, todos queremos casarnos con una mujer de Tetuán o de Tánger, mi primo dio con una de Tetuán la segunda vez, le envidio, de pronto se vuelve muy importante que alguien te entienda sin tener que explicar tanto, que entienda esa tristeza profunda...

En algún momento sentí que no llegaba a este hombre, a José, lo que le interesaba eran sus negocios y dinero, y no era posible subir un escalón en nuestro diálogo de ese día. Yo buscaba respuestas, y no cuentas de ganancias y pérdidas. Hasta sus matrimonios parecían un negocio que había hecho. Después del almuerzo, y del lenguado que estaba buenísimo, le di mi teléfono en Madrid y le dije que le llamaría si pasaba por Barcelona. Sí me gustaría tomar con él algunas tapas en otra ocasión, pero hoy prefiero irme al mar y pensar. Por la tarde me cansé ya de la ciudad y pensé en irme esa misma noche y no esperar hasta el día siguiente. Pero, camino al hotel, encontré a Sarah, que conocía de Madrid.

—¿Qué haces aquí?

—¿Y tú, qué haces tú aquí, Fortu?

Enseguida cambié de programa. Parecía como si en ese día toda Tetuán se paseara por Ceuta. Todos van y vienen, haciendo negocios.

—Pues, mira… vuelvo de Tetuán.

—Todos vuelven de Tetuán. —Sonrió con su sonrisa infantil que no cambió desde el día en que la conocí en la colonia de vacaciones, cuando tenía quince años.

—Vamos a beber algo.

—Estoy de visita por aquí, familia. Y también me ocupo de unas casas de la familia. ¿Cuánto tiempo hace que no nos vemos? Diez años, y vivimos a tres calles uno del otro en Madrid.

—Pero no cervezas, ya he bebido bastantes cervezas hoy, vamos a tomar un café en La Campana.

—Sí, bien, estoy en el hotel La Residencia.

—Yo también, pero no me sorprende, es el único hotel más o menos normal que hay aquí.

—Tantos años, ¿te acuerdas? Estabas enamorado de mí y me escribías cartas de amor, muy bonitas cartas. Pero yo estaba en otro mundo.

—Ahora también estás en otro mundo, nunca estuvimos en el mismo mundo.

Entramos en la cafetería, que es una de las más bonitas de la ciudad, y está llena de pasteles de nata. Los dos pedimos café.

—Es un poco raro, dos encuentros del pasado en un mismo día, y tal vez no sea tan extraño, es lo que siempre pasa en esta ciudad.

—Siempre encuentro aquí conocidos, encuentro más madrileños aquí que en Madrid.

—Bueno, todo es pequeño aquí, si alguien que conoces está aquí y te paseas, lo más probable es que lo encuentres.

—Sabes que me divorcié.

—Sí, oí algo de Gracia, me lo dijo, todos se divorcian estos días y ya no parece nada raro, se ha convertido en algo más normal que seguir casado. Yo todavía estoy casado, pero separado.

—Es que era imposible, podía soportar lo de las amantes, pero es que nunca aparecía por casa. En dos años le veía en casa un cuarto de hora, a veces volvía a dormir a las tres de la mañana y se iba a las siete, ya no había ninguna relación.

—Creíamos que si hablábamos podríamos resolver cualquier problema, y es que llega ya un día en el que no puedes ni hablar de nada, cada frase que dices es entendida mal, todo se deshace en el mundo.

—Tal vez no se deshace, sabes, tal vez es algo bueno, me siento mucho mejor desde que me divorcié, tal vez es algo bueno que podamos encontrar una nueva vida, después de que una relación se acaba.

—Puede ser, quién sabe, pero yo no me quiero divorciar, los tetuaníes no están hechos para divorcios.

—Nadie está hecho para eso. Tal vez no estamos hechos para casarnos, y ésa la razón de tantos líos.

—Lo que sí sé es que quiero volver a ella, pero lo que quiero es el pasado, quiero mis memorias, quiero vivir diez años atrás.

—Eso no existe.

Y de pronto sentí unas ganas enormes de comer un pastel, con mucha nata y mucho azúcar, cosa que no he hecho hace años, sentía necesidad de azúcar.

—Un momento, voy a pedir un pastel, ¿quieres uno también?

—No. No como pasteles.

Pedí el pastel más grande que tenían.

—Eso, la vuelta del pasado. ¿Te acuerdas? Cuando comías tres pasteles al día. Hace tanto tiempo que no como un pastel en una pastelería. Hará diez años.

—Necesitas azúcar.

—¡Qué coincidencia la de encontrarte aquí después de tantos años sin vernos!

—Sí. Pero tengo que irme, tengo una cita con un primo.

—Lástima.

—Tal vez nos veremos en el hotel.

Sarah despertó algo en mí pero, como siempre, en ese momento desapareció. Parece que los años no pasan y siempre somos los mismos. Necesitaba calor, cariño, algo. En ese momento ella me obligó a sentirlo. Hacía tiempo que no sentía las manos de una mujer. Y de pronto vi a una mujer enfrente de mí vestida de negro, que intentaba explicar en francés y un poco de español lo que quería de la camarera.

—Hablo francés, si usted quiere puedo traducir

—dije antes de tener mucho tiempo para pensar si hablar con ella o no. Era como seguir la charla con Sarah. Traduje lo que pedía, quería un bocadillo de queso pero sin jamón, así dijo.

—¿Cómo te llamas?

—Fátima.

—¿Eres de Tetuán?

—Nací en Tánger pero vivo en París. Voy a visitar a mi madre, que está enferma. Me dijeron que está muy mal, en coma. Creo que es grave.

—Interesante, yo nací en Tetuán y vivo en Madrid. Me llamo Eli —No tengo ni la menor idea por qué no le dije mi nombre verdadero.

Miré largamente sus ojos y me parecían conocidos, familiares, como si se tratase de alguien de mi familia, pero era algo imposible, Fátima es un nombre musulmán, no existen judías con ese nombre.

—Debes de ser judío.

—Sí, y tú musulmana.

—Me es difícil hablar con judíos desde que se pusieron a matar niños palestinos —dijo, pero su lenguaje corporal decía lo contrario.

—Y a mí me es difícil desde que nací —Sonreí un segundo para no entrar en una discusión política.

—Es que no sé qué me pasa, mi novio desde hace tres años, Marcel, es judío, mi mejor amiga en la universidad, judía, y también se llama Marcelle, el director de mi hospital, judío, dos médicos que trabajan conmigo, judíos, y no es que falten musulmanes en París, pero es lo que me pasa todo el tiempo, y mira que intento escaparme de judíos, tal vez por eso los encuentro... Perdona...

—No tienes por qué pedir perdón —dije mientras unas lágrimas empezaron a caer de sus ojos.

—Han sido días difíciles, mi madre y muchas cosas, cartas... como se puede decir, bueno, eres un extraño, puedo decirte todo, estoy desesperada últimamente.

—¿Dejaste a tu novio? Bueno, yo también me separé de mi mujer, no es fácil.

—No, no exactamente, le dije que tengo que pensar, de verdad, es que tengo que pensar. A veces hay que pensar.

Y de alguna forma, en un espacio de tiempo que no puedo calcular, mi mano estaba en su mano y nos estábamos besando.

—Tengo que llegar a Marruecos hoy mismo, a ver a mi madre —Pero ya estábamos en la calle con dirección al hotel. El recepcionista me dijo «Hola, señor Benzimra».

—¿Qué ha dicho? —preguntó Fátima.

—Simplemente me ha saludado.

—Bueno, no importa, espero que no piense que soy una prostituta.

—Creo que durante el día puedes subir a mi habitación, aparte de eso no me importa lo que piense.

Entramos en la habitación y sin decir media palabra nos besamos. Nos quitamos la ropa y nos tumbamos en la cama. No sé cuánto tiempo duró nuestro acto sexual pero fue muy corto, seguramente menos de cinco minutos, pero los dos acabamos juntos y sentí una satisfacción profunda y total, algo que no me había pasado nunca. Era como si nos conociéramos desde hace siglos. Como si conociéramos cada punto del cuerpo del otro.

—Ha sido increíble. Déjame tu teléfono. —Estaba muy cansado y después de acabar casi me desmayé, era más que dormirme. Debí permanecer en ese estado quince o veinte minutos antes de abrir los ojos, y entonces vi que me había dejado una nota. «Muy romántico», pensé: «Eli, fue tan maravilloso que es mejor que no volvamos a vernos». Así lo escribió, y en español, estas francesas, ahora sólo pensaré en ella, la buscaré por todo París, me iré a vivir a París, eso fue lo que pensé, cómo puede ser, estuve casado diez años, más de diez años, y nunca me pasó algo así, me dormí y cuando me desperté a las seis de la mañana pensé que tal vez tenía razón, y mejor que todo esto se quede como un recuerdo fabuloso e inexplicable.

Me desperté muy temprano, y a las seis ya estaba abajo con mi maleta. Pagué la cuenta y salí a buscar un taxi para el puerto. De pronto volví a la recepción y pregunté si alguien me había dejado un mensaje, pensé que tal vez Fátima cambió de opinión y me dejó su teléfono. Y si me lo hubiese dejado ¿qué haría?, ¿podría de verdad enamorarme de ella?, ¿un judío y una musulmana?, ¿podríamos crear una relación entre los dos? Tal vez con una cristiana sea posible, pero no con una mora. No veía ningún taxi por la calle a esta hora. Decidí ir andando al puerto. Era una marcha de veinte minutos. Toda la ciudad era cuestión de minutos andando. En el camino vi las cafeterías que empezaban a abrir sus puertas. Las puertas se abren como personas cansadas, apenas pueden abrir sus ojos, antes de que los hombres se tiren encima de los cafés y los cruasanes, los expresos y los capuchinos. Pasé por uno que ya estaba abierto y tomé un café. Me dijo que me quedaban diez minutos andando y llegaría al puerto y que un barco rápido salía a las siete.

—Llegarás antes de las ocho, y yo me quedaré en África.

—Tal vez tome el barco más lento, no tengo prisa, y quiero sentir el camino.

—Bueno, pues muy bien, hay gente que le gusta vivir sobre el agua, hay otros a los que les gusta andar sobre el agua, yo prefiero estar sobre la tierra.

Cuando llegué me dijeron que solo había barcos rápidos hasta las diez, así que subí en el de las siete. El mar estaba muy calmado. Pensé en viajar a Sevilla y encontrarme con mi amigo de estudios, Pedro Enríquez, arquitecto y poeta. Calculé que llegaría a Sevilla antes del mediodía, podría quedarme hasta la noche y tomar el último Talgo, así llegaría a Madrid antes de las doce.

Subí en el autobús que estaba en el puerto en Algeciras, que iba a Sevilla, y en el asiento de delante vi un libro en francés. Era un libro de Philip Roth que ya había leído en español, lo abrí y leí la dedicatoria:

A Zohra.

Amour est liberté.

Amour est tendresse.

Marcel.

ISAQUE

Dos días más tarde viajamos a Tánger. Volamos juntos a París y después yo sigo para Nueva York. Ella se irá a su casa. Yo me iré a un sitio bajo el sol. He vivido ya en Madrid, París, Jerusalén, Londres, y ahora es Nueva Cork. Y no sé dónde está mi casa. No conozco ni las calles que me rodean. Durante años en Jerusalén me preguntaban por una calle al lado de mi casa y no sabía dónde estaba. Sabía dónde estaba la calle Yehuda, Naftali, Dan, pero dos calles más y ya me perdía con los nombres, lo mismo en Madrid, Balmes, la Castellana, La Gran Vía, algunas calles principales. Sabía cómo llegar a mi casa, y las otras calles se quedaban en nombres desconocidos o que no podía situar fácilmente. Qué son nombres de calles, he oído hablar de una isla en la que las calles no tienen nombres, debería irme a vivir allí, París, Feaubourg Saint Honoré, Avenue de Ternes, Pereire, allí viví unos meses, Capucines, Opera, Champs Elysées, Londres, Regent, Park Crescent, Hendon, Oxford, Teixera, Orense, Príncipe de Vergara, como si en todos los sitios donde viví sólo hubiera sido un turista. En Nueva York es fácil acordarse de los números, calles con números, será más lógico, Bowery, Cannal. Como si en todos los sitios sólo hubiera estado en un hotel en la calle principal; y después nunca hubiese vuelto, Manhattan, centro del mundo, yo centro del mundo, siempre turista en todos lados, mañana me pones en Casablanca y será lo mismo, en Sevilla o en Tel Aviv, sólo veo personas, van y vienen, corren, son expulsados de sus países, conquistan países, hacen guerras, mueren y se enriquecen, pierden sus fortunas, o se enriquecen todavía más, o no tienen para comprar pan, o comen demasiado, pero ninguno de ellos sabe qué está haciendo aquí, con excepción del místico, que quiere irse a otro mundo, por lo menos sabe que quiere irse a otro sitio, nadie entiende verdaderamente qué está haciendo aquí, y los judíos, los judíos deberían explicar eso a los otros, qué significado tiene todo esto, y creo que los judíos querrían explicarlo a todo el mundo, pero ya se cansaron de dar explicaciones, se cansaron de que los maten, de que los maten y de que tengan la culpa de que los maten, otra vez pensamos que se acababa la cosa, que si llegamos a tener un país se acabará todo esto, que dejarán de matarnos, pero no fue suficiente. Después pensaron, ganaremos la guerra, morirán los que morirán pero no pararon allí. Creímos que si teníamos una bomba atómica dejarían de matarnos, pero ni eso nos pudo ayudar, dijimos, bueno, pues ahora, haremos la paz, de cualquier manera, y si hacemos la paz no nos matarán, pero desde que hacemos la paz han matado mil. ¿Qué es esto? ¿La guerra de la paz? Y después de que hagamos la paz habrá otra razón para matarnos, y todo esto es tal vez porque los ganadores actuaron como perdedores. Nos matarán porque parecemos fuertes, o porque parecemos flojos, o por cualquier otra razón, nos seguirán matando siempre, hasta el final de los tiempos, y no hace falta ninguna razón, somos el chivo expiatorio, la sangre de Dios, el aceite del altar en el que Dios sacrifica sus sacrificios, porque por lo visto a Dios le gustan los sacrificios, sobre todo humanos, te pedimos Dios, no tanto, no generación tras generación, una generación sin muertes raras, sin *shoah*, sin autobuses que explotan, sin hijos que vuelven sin piernas y sin manos, Dios, te pedimos una generación sin que maten a alguien porque es judío, que lo maten sin razón, o porque quieren robar algo, pero no por ser judío, Dios, ¿te podemos pedir eso?, o es demasiado después de tantos años de persecuciones, treinta años, cuarenta años, y después puedes venir con todas tus exigencias, te parece bien, después pídenos que respetemos todas tus leyes, de las más fáciles a las más difíciles, hasta las más incomprensibles, porque tus leyes son de otro mundo, son raras, no son humanas, es verdad, y este viaje, no creo en nada, cómo puede ser que muriera, y que papá no lo supiera, es imposible, creo que ni existió.

—Sabes, Silvia, nos tomó el pelo, no es su hijo. Si fuese su hijo sabría que murió, podría haberla llamado por teléfono, o venir aquí, o preguntar, estuvo unas cuantas veces en Ceuta de negocios, podría haber investigado, no crees...

—¿Qué quieres decir?¿Que nos envió en vano?

—No completamente. Quería que entendiéramos algo, es un viaje para aprender algo, tal vez quería que entendiéramos a todos los judíos que se convirtieron al islam, aquí, de los que nadie habla, miles, cientos de miles se convirtieron porque los obligaron, o, por una razón más idiota, o tal vez más normal, para no pagar impuestos de Dhimi, impuestos especiales para judíos, porque no tenían dinero. ¿Comprendes? Quería que entendiéramos eso, yo estudié Cábala, y quería que fuéramos a salvar las *nitsosot*, las chispas, de todos los conversos que chillan desde la tierra.

—¿Qué son las *nitsosot*? No entiendo nada de eso.

—Son partes de la *Neshama*, del alma, que se quedan pegados a cada uno, porque sólo los judíos están conectados a la *Neshama*, sabías, y por eso cuando se convierten sus almas chillan, y es un sufrimiento muy fuerte, y todo el mundo oye eso gritos, ésos son los ruidos en los oídos que muchos oyen, el veinte por ciento de la gente oye esos ruidos, silbidos, tarareos, sirenas, pitos, estallidos, sabías que en 1600 obligaron a todos los judíos de Fez a convertirse y hasta hoy se sabe quiénes son los descendientes de esos conversos, se llaman, Hamo, Hamu, Benhamu, Bentato, Elbaz, Sabag, apellidos de judíos y musulmanes, todos saben de dónde vienen, pero en este país nadie habla de nada, todo pasa por debajo de las palabras. En Marruecos las cosas no salen, pero yo encontré exjudíos de ésos en Nueva York, donde pueden volver a hablar, o incluso en París, es el nuevo mundo, y Nueva York es el aura del nuevo mundo, un mundo donde se puede decir todo, todo lo que se puede decir. El centro de Estados Unidos es Nueva York, desde Nueva York sale la libertad a todo el país, y entonces te lo dicen, mi abuela o mi madre encendían velas los viernes, un musulmán de Marruecos te dice eso, y cuando dice eso hace un *Tikkun* en el mundo. Y las *nitsosot* se liberan y pueden respirar, después de años de represión, y allí, muy lejos del país donde nacimos, somos hermanos, musulmanes, judíos, árabes, cristianos, pero aquí somos enemigos, siempre fuimos enemigos, y poco importa lo que digan en las universidades, porque ahora está de moda decir que los judíos y los musulmanes vivían en una armonía total.

—En París también hay muchos que dicen eso. Por lo visto no vivieron con nosotros.

—Sí, porque allí, lejos de este sitio, lejos del Oriente Medio podemos ver lo que tenemos en común, pero aquí o en Israel vemos lo que nos separa y nos distancia. Tal vez era lo que nuestro padre nos quería dar a entender, quería que viéramos a los árabes de otra forma, ¿verdad que no hablamos de eso? Nuestro Yosef es árabe, ¿no?

—Medio judío.

—No exactamente, según el judaísmo es musulmán, porque su madre es musulmana. Según el islam es judío porque su padre es judío, si es que existió, tal vez simplemente cuando estaba encinta, papá quiso ayudarla y ayudar a su hijo, tuvo piedad de ella, los judíos son piadosos hijos de piadosos, y ahora, quería, después de su muerte, ocuparse de ellos, y tal vez lo veía como una forma de dar las gracias al país donde nació y a sus habitantes. No sé, pero no creo que fuera su hijo, porque si fuese su hijo sabría todo sobre él, habría enviado un investigador privado para saber todo sobre su hijo.

—Tal vez lo que quería era que visitáramos a Fátima, que recordáramos que nos crió, también eso es posible, no creo que hubiésemos vuelto a Marruecos si no fuese por el raro testamento que nos dejó, ¿no?

—Soy el único que volvió a Tetuán hace unos años, y no creo que vuelva otra vez, no hay nada aquí, cuando vuelves lo único que ves es tu ausencia, ves que has desaparecido. ¿Qué es una ciudad? Una ciudad es tu comunidad, y en el momento que la comunidad desaparece, la ciudad desaparece. Los musulmanes también lo sienten, viven en una ciudad sin judíos, un país que no es el mismo país, un Marruecos sin judíos, y todavía en Marruecos quedan algunos miles en Casablanca, pero en Argelia no queda ninguno, miles de años de vida judía han desaparecido, lo mismo en Irak, en España, y estos países caen porque les falta de pronto algo que siempre existió, no sé si era algo esencial pero era parte de la vida, es como si todos los árabes de Israel desaparecieran de pronto. ¿Qué haríamos? ¿La tierra los querría otra vez?

—De eso no estoy segura, creo que estaríamos mejor sin ellos.

—Ves, ése es el significado de este viaje, que entiendas que no, España después de quinientos años todavía siente la ausencia de sus judíos y sus musulmanes, quinientos años, todos estos países pensaron que se la arreglarían mejor sin judíos, pero no es así.

—Lo que creo es que tienes ideas locas, interesantes, pero sin ningún sentido.

Voy a escribir un libro sobre este viaje. ¿Es que sólo Alberto puede escribir libros sobre la familia? Seguro que empezará a contar sobre la discusión ridícula que hubo entre nosotros. Voy a escribir un libro. Todo hombre debe escribir un libro en su vida.

Por lo menos uno. Será sobre este viaje, la primera parte es el viaje a Tetuán, la segunda parte lo que pasó en Tetuán, y después las conclusiones, la vuelta, todo lo que nos pasa ahora camino al avión, de vuelta a Nueva York, cómo cada uno de nosotros se siente después de lo que pasa. Creo que esto explica por qué papá decidió irse a Israel. Pondré todo en nombre del escritor de la familia, Alberto, que siempre se pregunta por qué papá emigró a Israel, y piensa que por eso le jodió la vida, siempre se queja de que no triunfa, todos los escritores siempre se quejan a todo el mundo, pues él acusa a Israel, a su padre, que le trajo a Israel antes de que pudiera tomar decisiones por sí mismo.

—Mira —dirá Alberto a su padre—, a los tres hermanos que están fuera de Israel les va bien, uno en Madrid, otro en Nueva York, y la tercera en París, pero a los tres hermanos que están en Israel les va mal, yo soy un escritor fracasado, mi hermana es una máquina de hacer hijos, y el último, el más pequeño, es el que ha triunfado más, se murió en la guerra. Qué maravilla, murió en la guerra, gran víctima. Cuando morimos en la guerra entonces somos iguales a los ashkenazim, somos héroes de guerra, y qué héroe, si se murió en la Intifada de la piedra de un niño, y la Armada, de vergüenza, nos anuncia que se murió en el Líbano de un atentado. Esas piedras empezaron en Marruecos, cuando salíamos de la escuela, y le cogieron en Israel veinte años después, ves, veinte años de piedras, las piedras son materia humana, y *eben* en hebreo es padre e hijo, pasa de padre a hijo, los mismos moros, las mismas piedras. Estoy seguro de que si nos hubiéramos ido a España sería un escritor más famoso, sería el escritor más famoso de España. —El hijo dice estas palabras en el cementerio, una semana después de la muerte de su padre, antes de haber leído el testamento y antes de saber sobre el hijo secreto. Después dice—: ¿Por qué nos trajiste a este país? No lo entiendo, tenías dinero para que fuéramos a cualquier país del mundo, y nos trajiste a este manicomio de ashkenazim, los ashkenazim que estaban medio locos o cuerdos se fueron a Estados Unidos y a Israel enviaron a los locos, los pobres, a los que no pudieron reponerse de la *shoah*, los que no valían nada, los *Nebej*, así los llaman ellos, *Nebej*, y cómo podremos enfrentarnos con ellos, ya han decidido que somos sus enemigos y que somos los mayores enemigos de los árabes, nosotros no éramos enemigos de los árabes en Marruecos, éramos sus amigos.

Sin duda alguna habrá en el libro una idealización desproporcionada de las relaciones entre judíos y árabes, ya se olvidó de los pogromos, del árabe pegando y gritando a su asno «¡*Ah wadel lihud*!» para que el asno se moviese. Eso es lo que hacen los marroquíes en Israel, se quejan de los árabes, idealizan sus relaciones con ellos en el pasado y no paran de quejarse de los ashkenazim, los ashkenazim tienen la culpa de todo, de las guerras, de su pobreza, de que mi hermana se vuelva religiosa y tenga un hijo al año, una industria de hijos. Después llega a París y envidia lo bien que está su hermana allí. «¿Y por qué no te vas?» Y en verdad se pregunta uno por qué no se va, siempre se queja, ya escribe en hebreo y no puede cambiar de lengua, ya no puede empezar a escribir en francés, en español o en inglés, eso es, hemos vuelto a los marroquíes israelíes, todos tienen la culpa y ellos no tienen por qué hacer ningún esfuerzo.

Va a ser algo genial, mi libro.

—Voy a escribir un libro sobre nuestro viaje —digo a Silvia.

—¿Tú también? ¿No nos basta con tu hermano que no para de escribir tonterías sobre la familia? Él escribe por ejemplo que somos árabes judíos. ¿Yo? ¿Árabe? ¿Te parezco árabe? ¿Tengo cara de mora? Él es *mizraji*, sefardí no le parece bastante, dice que un sefardí es un *mizraji* que todavía no ha evolucionado, quiere asimilarse al mundo árabe, ¿te das cuenta? Quiere ser un forastero de la *kasba* de Damasco.

—Es que no lo entiendes, es lo que hacen en Israel todos los marroquíes, lo que hacen es acusar a todo el mundo y acusarse a sí mismos, como si en Francia todo fuera fácil, entonces cómo puede ser que en Francia tantos judíos triunfen y en Israel tan pocos, aprendieron allí de los ashkenazim a acusar a todo el mundo, es algo que te puede enloquecer, ese país, en una semana allí ya te vuelves loco, cada uno te cuenta cómo el país se va a acabar, cómo va a desaparecer en unos años, es un placer israelí, contar a todo el mundo tus miedos apocalípticos, entiendes, es una especie de striptease, en vez de desnudarse delante de ti, te muestran todos sus miedos. En Francia también la gente tiene miedo, pero cuando se encuentran intentan pasar un buen rato con la gente que les rodea, es el sadomasoquismo de más alto nivel, ¿entiendes?... No te digo que no tengas razón, pero sí, es más difícil ser marroquí en Israel que en Francia o en Nueva York o en cualquier otro país; a tu marido te lo llevaste a París, en Israel no hacía nada y en Francia está ganando mucho dinero. ¿Crees que podría ganar dinero en Israel?

—Ni la menor idea, pero lo que sí sé es que en Marruecos las cosas no eran más fáciles, ¿te acuerdas cuando arrestaron a papá por una historia de impuestos, en el 66, aproximadamente, y estuvo en la cárcel tres días, porque lo que querían era dinero, porque tenía dinero y compraba un coche americano nuevo cada año? Como tenía un chófer había que sacarle dinero, todos los pobres de la ciudad venían a pedirle dinero, y le metieron en la cárcel con ladrones árabes; humillado, le chilló a un ministro, que chilló al alcalde, que chilló al jefe de la policía, que recibió su dinero y le liberó.

—¿Y sabes lo que escribió Alberto? Que él tenía la culpa porque era rico y porque reprimía a los árabes con su dinero, porque trabajaban mucho y les pagaba poco, ¿te das cuenta? Tenía también la culpa de ser rico, es lo que nos hacen todos los *goyim*, nos obligan a ser ricos para sobrevivir, para sobornar, para pagar rescates de secuestros, por eso el dinero se vuelve tan importante y después nos acusan de explotar a los *goyim* con nuestro dinero. Para eso nacimos, Silvia, eso es el destino judío, generación tras generación, viene siempre del hombre menos esperado, de Hitler, ¿quién era ese Hitler?, dirigente de una organización ínfima. ¿Cómo se levantó a exterminarnos? Es verdad lo que está escrito, es un destino inevitable, somos del pueblo de los golpes.

—Espero que esto esté cambiando, ¿no te parece? ¿Crees que Europa puede volver a repetir eso?

—No me sorprendería. ¿Alguien pensó que algo así podía pasar en Alemania? ¿Quién podía imaginar tal cosa? Pueden ser unos trabajadores rumanos, quién sabe, los que nos pongan una bomba atómica, o una epidemia, lo que menos uno puede esperar, o los árabes, o ese pueblo del que nada sabíamos, como dice la

Biblia, un pueblo nuevo que no conoces se levantará para destruirte, o los franceses, o Estados Unidos, no puedo fiarme de nadie, no me puedo permitir fiarme de nadie, ¿me entiendes? Cuanto más lees de la historia judía quieres saber menos, ser como un niño que descubre el mundo, sin saber que había una historia antes de que naciera, sin saber que lleva con él una responsabilidad a un pueblo, o a otras cosas.

—Ya veo que estás escribiendo el libro, pero si sigues así va a ser demasiado filosófico, a mí no me gustan los libros demasiado filosóficos; deja a los personajes que hablen…

—Sí, tienes razón, sólo pienso en voz alta, no sé muy bien cómo digerir este viaje, es demasiado para mí, un viaje era suficiente, no debía haber venido otra vez con vosotros.

—Yo ya sé lo que voy a hacer, voy a buscar a la hija de Fátima, en París, la buscaré hasta que la encuentre, quiero saber qué me puede contar sobre mi hermano. Si es que murió de verdad, quién sabe, a lo mejor fue adoptado por una familia judía, no, eso no puede ser… y cuando estas dos mujeres, Fátima y su madre dicen que murió, qué es lo que quieren decirnos… No nos dijeron dónde está la tumba, si es que existe una tumba, lo que dicen es que desapareció de sus vidas, tal vez no quiere decir que muriera.

—Yo no creo que tengamos la obligación de buscar más, si la madre dice que murió, ¿no?

—No estoy hablando de la herencia, no es eso lo que me interesa, quiero saber más, Fátima es la mujer que nos crió, durante años, es importante en mi vida, y su hija también es importante.

—Para mí no, es la hija de Fátima, de Fátima en sus últimos días, yo ya me olvidé de ella, las *Fátimas* eran como sombras, existían pero no existían, eran el papel que jugaban, no eran personas de verdad.

—Para mí fue muy importante, la quería mucho, me dolió mucho verla tan mal.

—Creo que estás dramatizando demasiado la situación.

—¡No puedes entender que la quería! ¿Por qué? ¿Porque era árabe? ¿Por eso no puede ser verdad que la quería? No tienes ningún sentimiento.

—Nos están llamando, tenemos que subir al avión. *Ciao* Marruecos…

SILVIA

Antes de irme quiero llorar a los muertos, a mis muertos, llorar a mi hermano Israel que amaba a Israel más que todos.

«Israel es mi nombre y somos uno», decías en medio de las discusiones de la guerra del Líbano, sobre Arik Sharon, sobre Sabra Y Shatila, y eres víctima de un nuevo viaje judío. ¿Un último viaje? Y quiero llorar por el hermano que no conocí, por Yosef, que no sé dónde está enterrado, y que nadie de nosotros preguntó, como si fuese prohibido saber más.

—¿Por qué lloras?

—Lloro por los muertos.

—Tienes que tomar Ignatia.

—Sí, tú, tú todo lo solucionas con tus pastillitas, pero es que yo no quiero dejar de llorar, yo quiero mi sufrimiento, sufrir por la muerte de mi padre, de mi hermano Israel, de mi hermano que ni siquiera conocí, quiero mis lágrimas.

—Entonces eso quiere decir que Ignatia es tu medicamento, tengo aquí en el bolso, la caja con los remedios de urgencia, Ignatia 7CH, toma esto, no me discutas mucho, no te va a quitar tus lágrimas pero te va a ayudar a enfrentarte con ellas. Si tuviese en 200D sería mucho mejor, pero esto también te va a ayudar.

—No hay forma de discutir ni contigo, ni con tu hermano mayor; él seguramente me daría Valium o Prozac, o algún nuevo medicamento, como si llorar fuese una enfermedad, llorar y sentir compasión, hasta compasión por sí mismo; la que tiene razón es nuestra hermanita que dice que es lo que salva al mundo, la compasión, a veces pienso que es la más inteligente de todos nosotros. Aunque todos nos riamos de que está siempre encinta.

—Claro que la tristeza no es una enfermedad, y no tienes por qué tomar Ignatia; si no quieres, no lo tomes, yo sí tomé, mira, es una noticia difícil, lo del hermano perdido, nadie de nosotros sabe cómo digerir esto.

—¿Por qué dices digerir? Lacan te daría una buena conferencia sobre digerir, y comer una situación y no poder digerirla.

—No empieces con eso tú también, es una forma de hablar, eso es todo.

—No hay formas de hablar, por ejemplo en francés, echar un vistazo, se dice *jeter un coup d'oueil,* tirar un golpe de ojo, hay aquí fuerza, poder. ¿Es una coincidencia? ¿Sabes que hay un pueblo en España que se llama Matajudíos?, ¿y sabes lo que quiere decir matar un judío?, beber un vaso de sangría, pero ¿qué quiere esto decir de los españoles y de su lengua y por qué las habichuelas se llaman judías?.

—Tendría que estar prohibido el uso de estas palabras, como en francés llamar a un avaro *juif*, echa un vistazo al Larousse y verás cuántas cosas raras puede significar la palabra *juif*, y todas son negativas; todo eso está desapareciendo, los franceses son conscientes de su lengua y del significado de esas palabras.

—Al avión, el vuelo para París sale dentro de nada.

ALBERTO

Cuando llegué a Ceuta me entraron unas ganas terribles de comer calamares. Comí siete raciones en menos de dos horas, camarero otra ración por favor, y pensé en cómo se puede hacer de este viaje un cuento, tal vez sería mejor hablar más de los árboles y del paisaje y menos del testamento y del niño que murió cuando tenía un año. Desde un punto de vista literario es imposible que el niño muera con un año de edad, es algo imposible, tendría que inventar algo, que fue adoptado, o que no existió del todo, o que no era el hijo, que el padre pensaba que era su hijo pero era de otro, es lo que creyó porque le hizo el amor pero ella tenía otro amante, y, me pregunto si sólo pasó una vez o tuvo una relación con Fátima que duró muchos años, meses, todo esto no hace un libro, no hay una historia. Hay que contar algo. Podría hacerlo mas marroquí, hablar de las memorias, de la añoranza, del dolor, pero todo lo que sentí en Tetuán fueron ganas de irme, de salir lo antes posible, con Fortu, que se escapó lo antes posible, nosotros nos quedamos tres días más, pero cada día fue más difícil que el anterior.

Sólo quería ya irme, estaba harto de la basura en las calles, de los pobres pidiendo dinero por las calles, de que cada persona que sabía tres palabras en español nos preguntaba si necesitábamos un guía, cada uno intentando sacarte diez dirhams, que al final se lo das a alguien para poder andar. Dime, ¿y sobre este paraíso escribí toda mi vida? Y tal vez ése es el cuento que hay que contar, que mi padre inventó toda la historia para que viajásemos a Tetuán y viésemos que no hemos perdido nada. Nos envió para explicarnos lo que no podía explicar antes de su muerte, porque durante diez años no dejé de hablar de Marruecos, y tal vez es todo lo contrario, que no sólo este Yosef era su hijo, sino que tiene otros diez hijos que viven por todo Marruecos, de Fátima y de otras mujeres, no sé cómo podríamos saber eso o descubrirlo pero nos habla del Marruecos que dejó detrás; por otro lado, la idea del hijo muerto puede ser un símbolo de la falta de fecundidad en el encuentro judío musulmán en Marruecos, cuando el judío y la musulmana crean un hijo, el hijo muere, y sólo en la Edad Media hubo una relación fructífera entre judíos y musulmanes. Por lo que es del reciente pasado, una convivencia existe sólo en las mentes de algunos profesores en París y en Nueva York. Como la cercanía que sentían judíos y alemanes, que como ya dijo Gershon Sholem, existía sólo en la mente de los judíos. Y entonces, ¿dónde está el gato encerrado?, ¿dónde está el hilo de esta historia?, ¿qué es lo que no cuaja aquí?, ¿qué hace que toda esta historia no sea literaria?, ¿qué es lo que hay que inventar para crear un cuento en el que los lectores crean? No van a creer que hicimos todo este viaje, nosotros cuatro, para no encontrar a un quinto hermano que no existe, y recibir cien mil dólares.

No tengo respuesta, debo seguir tomando notas, de todas formas al final siempre dicen los críticos que mis libros sólo son notas para una novela, tomar notas, aquí en Las Campanas, en Ceuta, y esperar que venga una idea, no me gustan todas estas notas, trozos de algo que no veo, me gusta cuando un libro se vierte por sí mismo a la página, como en *Un mes parisino* o *El perro de nadie*, pero no como en *Llaves de Tetuán*, que me tardé tres años en escribir, o *Madrid es una pesadilla* que escribí en más de un año, me gustan libros, cuentos que se escriben en un mes, o dos meses, trece horas al día, sin parar, concentrados. *Lucena* o *Ensimismado,* cada una duró cinco años, increíble para mí, y hubiese seguido buscando soluciones a miles de problemas si no hubiese encontrado un editor. Pero de esta herencia, de este testamento, por más que sea optimista es algo que no veo cómo se convierte en libro, esperaba más, pensaba que un testamento así era una buena bomba, pero es que todo esto se va a terminar en un pequeño pedo silencioso…

Enseguida después de bajar del barco en Algeciras subí en el autobús para Málaga, de Málaga tomaré un avión para Israel, así salió la cosa. En el autobús vi un libro cerca de donde estaba sentado, sin nadie a su lado, no pude evitar acercarme al libro y ver que era *Operación Shylock* de Philip Roth, oí hablar de él cuando salió, pero en esa época estaba muy lejos de Roth, lo que me interesaba era el *Zohar* y la cábala judía, recuerdo haber leído a Portnoy a finales de los años setenta, y *Mi vida como hombre*, y aquí está este libro sobre un ashkenazi loco que cree que los judíos tienen que volver a Polonia. ¿Después de que nos trajeron? ¿Después de que formaron este lío? ¡Ahora que se queden aquí a resolver todos los problemas! ¿Qué quieren? ¿Dejarnos para que resolvamos el lío que han formado?... Otra conspiración de los ancianos de Zion.

Leí el libro de kilómetro en kilómetro, cada vez más metido en él, el mismo humor excéntrico que recordaba, y también los mismos cambios insoportables, hojas y hojas de discusiones intelectuales y de autoestima desmesurada que hacen de Roth un escritor muy bueno, pero no un genio. Hay pocos genios, muy pocos, y no soy parte de ellos, bueno, tal vez algunos poemas que escribí son geniales, pero no la prosa, así que cuando me dicen que mi poesía es mejor que mi prosa lo veo como un cumplido; pero, hace dos semanas, cuando fui a comer en Jerusalén a Zion Acatan y encontré un medio conocido que había visto en la piscina y me preguntó«¿Qué libro escribiste?», le dije que el título de la novela era *Llaves de Tetuán,* a lo que me respondió «¡Pero si es un clásico!».

Lo que quería era responder «Tu boca en los cielos» pero lo que le dije es «No exageres», si ni siquiera se vendieron quinientos ejemplares, cómo puede ser un clásico, pero no está mal ser un clásico, por lo menos que una persona piense eso, es una sorpresa, el libro de Roth pasa durante la primera Intifada, ya tan olvidada, desde Oslo, ya ni nos acordamos de Madrid, todo aquí pasa tan rápido, mesiánico, pero lo que me gusta del libro es que habla del destino judío de una forma completamente loca, ridícula, y es eso lo que no encuentro en la literatura israelí. Claro que hay algunas excepciones, pero generalmente es una literatura que se interesa por todo pero no por los judíos, y este libro inicia en mí un diálogo, una discusión con Roth, sólo los judíos ashkenazim volverán a Polonia y también los sefardíes a Sefarad, a España y los marroquíes volverán a Marruecos, los iraquíes a Irak, pero lo que Roth no entiende es que los judíos, como pueblo, nunca emigraron a ningún sitio por decisión propia, siempre lo hicieron por causa de circunstancias que ellos no decidieron. Había pogromos en Rusia, se fueron a Estados Unidos, había problemas en Marruecos, se fueron a Argelia. Sólo a Israel han llegado judíos por propia decisión, no todos pero parte de ellos, y algunos eligieron entre Estados Unidos e Israel y se decidieron por Israel. De aquí pueden decidir irse a Londres o a París si encuentran un trabajo mejor, pero sólo en Israel deciden emigrar por decisión. Hasta este viaje a Marruecos no sabía que era tan sionista. Me sorprende. Después de este libro de Roth tengo ganas de gritar a todos los judíos del mundo que vengan a Israel, vuestras vidas están en peligro, y si me responden que en Israel también están en peligro, diré que sí, y más que en todos lados, pero dos mil años nos enseñaron que era mejor no irse nunca de Israel por nada del mundo, porque la diáspora es peor que la extinción del pueblo judío, dos mil años de locura total, no sólo nuestra, sino de todo el mundo, y la forma en la que el mundo nos ve nos dislocó completamente de nuestro equilibrio, igual que nosotros los volvemos locos. Tres horas viajando y clavado en este libro, pensando en Marruecos, Tetuán no existe, y nunca existió, ésa es una frase que dirá uno de los hermanos en el libro «Cuando no estamos en Tetuán, Tetuán no existe, pero tampoco existe cuando no vivimos en ella». O algo así. Cuando anda por Tetuán lo que siente más que todo es su ausencia de la ciudad, como escribí en algún poema, siente su ausencia y los años que no anduvo por sus calles. ¿Sienten lo mismo los polacos?, ¿los *goyim* y los judíos?

No creo, creo que en Europa sobre todo siente el olor de los crematorios, todos, los judíos y los *goyim*, lo sienten todos los días, es como vivir al lado de un volcán que explotó hace cincuenta años, la lava sigue ardiendo, son los gritos de los muertos, las indemnizaciones no hacen más que engrandecer el olor de quemado; no nos sentimos aquí tan mal, pero, una buena vida, una buena vida como la que describí en *Marruecos es la luna*, eso nunca existió, intenté dar razones a todas las cosas negativas, a los niños que nos tiraban piedras, al judío que era apuñalado cada dos años en el mercado del cuchillo de un moro que después decían que estaba loco, razonaba que eso pasa en todos los lados, que en todos los lados hay quien mata a otro por cualquier razón, pero todo eso no es verdad, aquí los mataron porque eran judíos, y no importa lo mal que estemos con los ashkenazim. En los países árabes existía un antisemitismo, me sorprendió leer en el libro de Tahar Ben Jelloun que los judíos vivían en armonía con los musulmanes, creía que esa idealización era nada más que judía, pero en Fez, la ciudad de Ben Jelloun, en 1600 mataron cientos de judíos, la mitad fue obligada a convertirse al islam, y a principios del siglo XX hubo un pogromo en el que murieron cientos de judíos.

Fez es la ciudad con más víctimas. Pero también en todas las grandes ciudades de Marruecos las hubo. No es la *shoah*, claro, pero tampoco es nada de convivencia, no fue nada idílico. No sólo nosotros aquí, en Israel, idealizamos un pasado que nunca existió, también los musulmanes hacen lo mismo, de tanto sentir nuestra ausencia. En los dos casos se ha perdido toda objetividad, porque si la situación era tan buena, entonces ¿por qué nos fuimos? Debe ser que tan bien no iba la cosa, lo que no sabíamos es que aquí las cosas irían todavía peor, que es mejor ser judío en Marruecos que judío en Asquenaz, en Israel. Pero, otro pero, un pero talmúdico, aquí defendemos nuestro país y nuestro sitio en el mundo, y no sólo nuestra propia piel, como pasaba en la diáspora. La lucha por la igualdad es una lucha importante, pero no por eso tiene que deformar nuestra visión del pasado.

Llegamos a Málaga. PickPick justo enseña su polla a Philip Roth en *Operación Sheilock.*

Mientras esperaba al avión que salió con bastante retraso acabé el libro de Roth. El epílogo me cabreó bastante y no leí todo el libro, salté todos los pasajes de Demieniuk, y los filosóficos de pacotilla, y todo esto nos lleva adónde... a nosotros, a la historia de los judíos marroquíes, una en París, otro en Madrid, otro en Nueva York, la que se volvió religiosa y el escritor frustrado, es lo que dirán de cualquier libro que escriba aunque diga mil veces que no estoy frustrado, y me preguntarán por qué estoy frustrado, en todas las entrevistas, sólo hablo de los judíos que conozco y ellos hablan de los ashkenazim, de las mentiras que les contaron para que vinieran a Israel y del dinero que les robaron, si tenían dinero, no entiendo, qué quieren, que hable de judíos que no conozco, de judíos de Ukrania, de Rusia, de Polonia. ¿Por qué no escribes sobre otras cosas? Pero nunca sé de quçe otras cosas hablan, cuando no escribo sobre Marruecos nadie se entera de mis escritos, cuando escribo sobre Marruecos me dicen que sólo escribo sobre Marruecos, y cuando pregunto cómo puede ser que haya tan pocos libros de sefardíes en Israel, me sueltan tres o cuatro nombres, Shimon Balas, Dorit Matalon, Yisthak Gormezano Goren, Erez Biton, pero entonces les digo que esa es la prueba del problema del que hablo, nadie puede contar el número de escritores ashkenazim, pero con dos manos puedo contar los sefardíes.

Cómo puede ser que las editoriales publiquen sólo

a escritores ashkenazim y cada una tenga su escritor sefardí para que no la acusen de discriminación, pero eso es, el problema es la pregunta, es que la pregunta se pueda preguntar, y no importa mucho qué respuesta puedan dar. Otra vez me estoy metiendo en esto, ahora volvamos a Yusuf, digamos que no murió, que se fue a Casablanca, y allí un policía le pegó un tiro a los diecisiete años. La familia encuentra a sus amigos, todos drogadictos, huelen cola, medio muertos con veinte años, y cuentan que él era el dirigente de todos, dirigente de una zona entera a los dieciséis años, y el policía lo mató porque intentó robar un almacén, y se escapó de los policías, nadie podía cogerlo porque corría más rápido que todos. O tal vez se fue a Francia, a París, y allí se convierte en chulo de putas, tiene diecisiete putas marroquíes que trabajan para él, uno de los hermanos le encuentra en París, se sienta con él en un café malo y le dice, mira, tu padre es judío, y él responde «*Tu te fout de ma gueule*», y le da una bofetada. Cree que es un policía, corre detrás de él y le pega un tiro, la policía le sigue y le matan. Al final dice «¡No digan a mi madre que la amo!», un buen final de película americana. Pasará en París, en el centro de la ciudad, o en Ámsterdam, Berlín, Bruselas, pero entonces será demasiado marroquí, y por qué no Nueva York, mientras que el hermano de Nueva York pasa con su coche y dice algo en contra de estos delincuentes que no dejan vivir a nadie. No es mala idea, se convierte en un musulmán extremista, el más extremista del mundo, y organiza atentados contra judíos, y uno de sus hermanos muere en un atentado que él ha programado, en París o en Israel; eso también puede pasar.

El avión tiene otro retraso de una hora, problemas de seguridad, quieren ver todas las maletas otra vez, entretanto estamos buscando un papel convincente para el señor Yusuf en nuestro libros, señores y señoras: ¿Qué hace el señor Yusuf Elbaz? Y por qué todas mis ideas son tan dramáticas y tan llenas de estereotipos, por qué veo yo al marroquí de forma tan negativa, chulo, extremista, drogado, tal vez fue educado por una familia rica y se fue a estudiar derecho en una capital europea, en la que da conferencias en contra de Israel. Es que no podemos imaginar a un musulmán en el mundo que hable a favor de Israel o en contra de los árabes, no sería más interesante. Dice que el sionismo está justificado, y que los árabes no entendieron nada de la historia del siglo XX y que un país judío es lo mejor que les podía haber pasado. Pero ¿quién creería tal cosa? Uno puede imaginar cientos de profesores judíos en contra del sionismo, pero ni siquiera un musulmán a favor, ni yo me lo creo. Nosotros, los judíos, somos los más grandes críticos de nuestro pueblo delante de los *goyim*, y enfrente de nosotros, creemos que si somos críticos nos van a apreciar, pero lo que pasa al final es que nos citan en encuentros antisemitas como prueba de lo malos que somos, con Jesús empezó eso, y antes, con los profetas, vuelvo al tema judío, necesito urgentemente una idea lógica para este Yusuf, tal vez descubre que es judío, vuelve a ver a su madre antes de morir y ella le cuenta que su padre era judío, y de pronto siente que no puede soportar más la vida en Casablanca y decide emigrar a Israel, se convierte en un capitán en la armada israelí; lo que me pregunto es cuántos hay, cuántos medios judíos hay en Marruecos, cuántos descendientes de judíos; se convertían al por mayor, si no cómo quedaron tan pocos, o tal vez los musulmanes exterminaron comunidades enteras, como en el valle del Dar´a donde se dice que existió un reinado judío, que fue destruido. O tal vez simplemente se murió, nada más, ninguno de nosotros quiso ver la tumba, tal vez ni siquiera la madre y la abuela saben dónde está la tumba de un niño de un año, o no tenían dinero para pagar un entierro y está en una tumba común, si es que existen en Marruecos. Bueno, algo sobre Tetuán, algo sobre la familia, los judíos, pero ya tengo todo en la cabeza, lo tengo todo dentro, lo siento, siento el libro, desde la expulsión de los judíos de España, desde el jarro de mi abuela que sale todos los *Pessaj* y que viene de Castilla, y de él bebemos el vino. Puedo acordarme cómo nosotros, y quiénes somos esos nosotros, bebimos del mismo jarro en España, con el miedo de que no saliera otra vez una historia de un niño cristiano del que bebimos su sangre, rezábamos para no muriera ningún niño cristiano esa semana, rezábamos por los hijos de nuestros enemigos, me acuerdo de todo, de cómo nos fuimos a Lisboa, los años más o menos fáciles en ladino y en portugués, el viaje a Tánger, escaparse a Tetuán, yo los viajé, todos eso viajes, a Orán, todos los viajé yo, viajes a Brasil, a Venezuela, a Israel, a Tanta, a Madrid, todos los hice yo y están en algún lado de mi ser y de mi mente. ¿Pero eso de irse a Israel?, ¿de quién fue la idea?, ¿quién pudo pensar que nos iría bien en Israel?, ¿que podríamos seguir los cuatrocientos años de vida melancólica después de la expulsión de Sefarad?

Cuando por fin empezamos a sobreponernos de esa expulsión vino el sionismo y nos dios el golpe total, el de enfrentarnos con un mundo tan distante de nosotros, el de entender que ya no teníamos la fuerza de ser el pueblo judío y que desde ahora los ashkenazim son los que nos definen. Pero ¿por qué seguimos cediendo, por qué seguimos después de que nos robaron nuestros hijos, nuestra historia y nuestro dinero?, ¿es que no podemos actuar de otra forma, es que no podemos pensar en rebelarnos, es que la unión del pueblo judío nos es tan importante que siempre estamos dispuestos a ser los que pagan el precio de esta unión, que cada vez que nos piden un dedo lo damos, y que al final nos hemos quedado sin dedos para decir que aquí estamos, hasta que nos hemos quedado mudos, nos han amputado nuestra memoria y sobre todo la de nuestros hijos?, y entonces ¿qué representa Yusuf? ¿Representa esa unión entre judíos y musulmanes? Y se murió a la edad de un año, y qué diremos de ese profesor que va a analizar lo que digo desde un punto de vista psicológico, o sociológico, pero no podrá ver en estos escritos ningún valor literario como pasó con *Llaves de Tetuán*, al final les gustará más que todo *Un mes parisino* porque entonces has demostrado que sabes escribir, y ahora que sabes, por qué sigues hablando de Marruecos, no enseñarán mis obras en los departamentos de literatura, pero sí la tesis de la chica que vino a entrevistarme sobre escritores sefardíes, una tesis de sociología, están analizando a los indios, que sí has triunfado, cómo te sientes, sientes discriminación, pero a mí me va bien, más que lo que se espera, o es que publicar poemas en todo el mundo no tiene valor, más que casi todo otro poeta israelí, tal vez me estoy convirtiendo en el poeta israelí más conocido desde Amijai, hasta me han traducido al chino, al urdu. ¡Me han publicado en Pakistán! Es increíble, entonces es que esto es una obsesión, hay que enviarte a un psicólogo, me parece buena idea, enviar a todo escritor israelí que ha escrito mas de tres libros sobre el kibutz a un psicólogo, y hay tantos, pero ustedes todavía estáis sorprendidos de que se hable de ashkenazim y sefardíes, yo por ejemplo hablo de eso cinco veces a la semana, desde que empezó la segunda Intifada sólo los ashkenazim hablan en la televisión, sólo ellos escriben en los periódicos, ahora pasan cosas importantes y por lo tanto hay que dejar hablar a los que valen. Pero, pero, yo lo que quiero es un cuento, una historia, y el problema es que no lo veo aquí, no veo la trama, no es suficiente lo que tengo, tal vez ésta sea la realidad pero con la realidad no se escribe un libro, no es bastante, Alberto, tienes que esperar que pase algo para poder escribir el libro, tal vez dentro de cinco años, algo que se descubra, déjalo de lado, pero yo tengo que escribir ahora, mientras las cosas arden, no puedo esperar cinco años, siento que tengo que hacerlo ahora, no esperar. Por fin subimos al avión, seguiré allí.

En el avión me pregunto por qué debo escribir sobre mi vida, por qué contar el cuento de la herencia, podría escribir algo más imaginativo, por qué esta obsesión de describir todo lo que pasa en mi familia, «Señor, por favor apague el ordenador hasta que acabemos de despegar» me dice la azafata y sigo con el bolígrafo, es que estoy intentando captar algo que no veo, entender que no es una coincidencia, que no es una coincidencia que yo viva en Jerusalén y no en Madrid, y no en París, de la misma manera que no es una coincidencia que Silvia viva en París, que tal vez hay una misión que tengo que cumplir. Es que tal vez tengo que escribir algo que no escribo, tal vez un poema que va a salvarme de toda la locura que se enloquece dentro de mi cabeza. Por qué tomo apuntes sin parar, hasta en los lavabos, en cafeterías de capitales europeas, que hace no mucho estaban llenas de judíos y hoy quedan tan pocos, qué pasa cuando escribo un poema en hebreo en Málaga o en Granada, o cuando escribo un poema en español mientras ando en el barrio judío de Sevilla. ¿Estoy salvando al mundo? En el Talmud nos dicen que el mundo depende de escribir o no una sola letra.

Me pregunto si todos estos pensamientos pueden acabar en una novela, o si es más bien un artículo, o si es importante, tal vez no tiene ninguna importancia, el papel soporta todo, pero el lector, soporta muy poco, casi ningún libro, hasta los más famosos acaban en el olvido, y libros que se venden en millones de ejemplares no son leídos, o sólo partes de ellos, la hoja soporta todo pero por lo visto el lector es más inteligente, poca gente sale en medio de una película o una obra de teatro pero es fácil dejar un libro a medias, con la intención de volver a él algún día, pero nunca se vuelve.

Entonces, si no hay trama, pues no habrá verdaderamente una trama, o tal vez sí, tal vez la historia de Yosef se irá aclarando a medida que conozcamos mejor a la familia, y tal vez yo mismo dejaré este libro reposando dos años y vendrá la idea de cómo escribir un final más lógico y más completo.

ISRAEL

Vivo en aeropuertos, busco la razón de mi muerte, de Orly a Newark, de Barajas a Hong Kong, de Tánger a Lod, vuelo sobre los aviones, los salvo de caerse, los paro para preguntar a los pasajeros si están cansados, los libero, y le veo allí, al nuevo judío errante, vive en aeropuertos, es religioso, ultra ortodoxo, laico, converso, asimilado, pero sabes que es judío, con su *Laptop* y su mirada hacia los anuncios de vuelos, como si mirara el *Hejal*, las tablas de la ley, buscando el próximo destino, al próximo sitio donde pisar. Va a vender naranjas o patatas fritas. Va a vender sandías, flores, camisas, camisetas, ideas, pero bien sabe que no es la razón de sus viajes, viaja por que tiene que conectar partes disparatadas del mundo, toda clase de *nitsosot*, toda clase de líneas paralelas que mantienen el mundo. Hace años que lo hace, entre ciudades y países, y lo ha pagado con su sangre, lo ha pagado con la muerte de sus hijos, lo ha pagado con la pérdida de su familia. Lo ha pagado volviendo a ciudades donde ya no hay judíos, pero era su obligación y todavía lo es.

Veo a mis hermanos viajando a Marruecos, un viaje de cuatro personas y veinte aeropuertos, no saben que la historia del medio hermano es media invención, que tienen que viajar a Tetuán para arreglar algo en sus almas, es lo que dijo Rabí Najman, cada viaje es un *tikkun* y viajas a sitios donde tienes que reparar algo, y nosotros por lo visto hemos dejado cosas para reparar en todo el mundo, en todos nuestros viajes, y hemos vuelto a la tierra de Israel a reparar, y todo viaje es hacia la tierra de Israel, allí voy, de un aeropuerto a otro.

Isaque, que cura a los enfermos con la memoria de los minerales, de pedazos de frutos, chispas de mundos desparecidos, minerales que explotaron en Atlántida y se hundieron en el fondo del mar y del aire, vuelven en forma de gotas diluidas, de piedras, de huesos de animales, de la imaginación humana que cree que hay cosas que pueden curar.

Fortu intenta curar personas del dolor, les da medicamentos que destruyen enfermedades, hace años estos médicos eran perseguidos por las autoridades en Atlántida, por los sacerdotes que sólo utilizaban productos naturales y la homeopatía... Hoy es lo contrario, tienen que aprender uno del otro que se completan. Mi hermano Alberto es el hechicero de la tribu, quiere curar con palabras, pero los enfermos no saben que están malos, ni de qué están malos, están enfermos de no leer bastantes poemas, de no leer salmos, o el cantar de los cantares, y los que leen no profundizan en la poesía que leen, y las mujeres curan al mundo cuando traen hijos, y no necesitan nada más que eso. Pero hoy quieren dar más que hijos al mundo, su influencia se hace más fuerte, y eso está muy bien. Desde aquí, desde la distancia de años de muerte, veo al mundo de otra forma y ya no me enojo, no me enfado sobre los que me enviaron a morir ni sobre los que me mataron, niños con piedras, intentando conectarse con la piedra que olvidaron sus padres antes de que la casa se quemara, piedra por piedra, estoy tumbado bajo piedra, a causa de una piedra que me tiraron. No estoy enfadado con el mundo, ni con su sufrimiento, ni con su *tikkun*, porque todo lleva al *tikkun* del mundo. Viajo de un aeropuerto a otro, y cuando suben los bendigo, los mando al camino, a construir puentes entre los hombres, y ríos bajo los puentes.

Durante muchos años me pregunté qué le pasó a mi padre, qué fue a buscar en Israel a los cincuenta y cuatro años, qué podía encontrar allí, para descubrir que sus hijos no venían detrás de él o se iban uno tras el otro, y al final en Ruth encontró su consuelo. Todos se burlaban de ella, de su religiosidad, de vivir en Har Nof, de su marido ultrareligioso, pero fue ella su consuelo, los hijos de Ruth, sus nietos que jugaban alrededor de él y le enloquecían, tal vez sintió entonces que volvía a algo misterioso que no sintió ni siquiera en su niñez, a otra reencarnación de Tetuán y su judería, al siglo XVIII, cuando las personas nacían y morían en una misma casa, cuando los *goyim* eran los que estaban allí, y la vida judía se vivía dentro de sí misma, dentro de la pobreza y el aprieto, pero dentro de un calor de los que saben y recuerdan todavía el dolor de Sefarad, de los que saben que sólo hay que fiarse del dolor de otro judío. A veces me decía que la riqueza separa personas, el dinero le alejó de sus primos, y también de su padre, y yo era joven y no entendía de qué hablaba, mira, lo bueno que es ser rico, ir a jugar al tenis, cuando tan pocos podían permitirse un deporte tan caro, viajar al extranjero cuando nadie todavía viajaba de vacaciones, ver el mundo, le decía, eso es lo más importante.

Y hoy puedo ver el mundo entero en un segundo, todas las calles bellas y lujosas, las conocidas y las sucias, Vía Veneto en Roma, las calles de Bombay, el *Istiklal* en Egipto, Broadway, Oxford, y en todos los sitios. ¿Qué veo? Gente corriendo de un lado para otro, moviendo cosas de un lado a otro, moviendo sus cuerpos de un sitio a otro, moviendo al mundo sin parar, porque nada está en su sitio, pero uno mueve el peso hacia el buen lado pero viene otro y le cambia de sitio, y después otro, y otro, que no sabe de los dos primeros, porque se siente obligado a salir de la oficina a beber un café y porque de lo contrario no lo soportaría más, pero sí podría soportarlo si todos se quedaran en su sitio una hora al año en el mismo día, y entonces yo podría volver al mundo. ¿Qué es volver? Estoy aquí, siempre estoy aquí, pero, personas, si os pararais un solo segundo podríais verme y ver todas vuestras familias, estamos aquí, muy cercanos, pero tenéis miedo, tal vez de que pidamos dinero, nosotros ya no necesitamos dinero, tenéis miedo de que os vemos aquí en los aeropuertos, y de que vemos qué hacéis y qué pensáis, pensando en cómo robar dinero y más dinero, pero, hermanos, no os juzgo, y no quiero ninguna parte de la herencia, no la necesito, no tengo nada que hacer con dinero, sólo quiero hablar un poco, decir unas palabras, explicarme un poco, pedir perdón si es que os he ofendido, perdonaros en lo que me habéis ofendido, hablar un poco de nuestros juegos de infancia, sobre el piso de arriba donde jugábamos, ¿os acordáis? ¿Quién fue el que encontró la llave de ese piso que papá no alquilaba al que entrábamos para jugar?

Corríamos dentro de la casa, era la casa prohibida, te acuerdas, Isaque, me abrazabas allí, porque tenía miedo, y en tus manos, Silvia, me sentía seguro, cien por cien seguro, sabía que con vosotros dos nada me podía pasar, y cuando me tiraban piedras en la escuela sabía que estabais por algún lado, hasta en Gaza, hasta en Gaza sentía que estabais cerca de mí y nada me podía pasar, ninguna piedra me podía tocar, pero sí me atacó y si me mató esa piedra, no entendía cómo un hombre de veinte años todavía podía sentir el abrazo de sus hermanos, y que podía pensar que esa sensación le podía salvar. Pero un soldado israelí fuerte de veinte años es dentro de él el niño que fue y lo que sintió como niño.

No estoy seguro de que lo que pasó debiera pasar,

pero es mi vida, y cuando veo a todos corriendo de un lado a otro sé que tuve una vida llena de vida. Veinte años son muchos años, y en realidad qué es el tiempo, no hay mucha diferencia entre veinte y ochenta años, por qué hacemos todo por alargar nuestras vidas, para qué, tenemos miedo de la muerte, ésa es la razón, el miedo nos paraliza, somos siervos de ese miedo, y por eso en vez de vivir nuestras vidas plenamente, en vez de ocuparnos del pobre y del inválido, nos gastamos nuestro mejor dinero en alejar la muerte, y no es para salvar la vida, porque la vida hay que salvarla cuando es todavía vida. Y no para alejar la muerte.

*

—Ten cuidado, hermana, veo piedras que vienen hacia ti.

—Las piedras nos siguen desde antes de nacer.

—Vienen a la ciudad de las luces, piedras que siguen judíos, piedras de arena, piedras de mármol, piedras santas. Sal de la ciudad malvada.

—Y eso es lo que hago desde que llegué, salgo y dejo la ciudad todos los días. Cada día estoy en camino de dejar la ciudad.

—Ves a la ciudad en la que la paz está lejos de ella como la piedra de la vida.

—Hace miles de años que voy, hermano, voy pero no puedo dejar la ciudad.

—Una piedra me siguió toda mi vida y ahora mi cuerpo yace bajo una piedra, vienen mis familiares y ponen piedras pequeñas sobre mi tumba, y yo no quería piedra, quería un hijo, ser padre, ser padre de un hijo.

ZOHRA

Era el día en que me convertí en ginecóloga. Llamé a mamá para decírselo y mi abuela me dijo que estaba muy mala.

—¡¿Y por qué no me llamasteis antes?! —pregunté, pero me acordé que no sabe ni cómo utilizar el teléfono. Mi madre estaba en coma la mayor parte del tiempo, eso es lo que me explicó mi abuela, y, yo, su hija, la doctora, no podía ayudarla. Eran las diez de la mañana y llamé a Marcel. Hacía semanas que no nos veíamos pero seguíamos en contacto por teléfono. Le dije que iba a ver a mi madre que estaba enferma, y dijo de golpe:

—Tú no vuelves.

—¿Y por qué dices eso?

—Porque es lo que siento, te vas a quedar en Marruecos, te vas a quedar a trabajar de médica allí, te conozco un poco y eso es lo que siento.

—¡Qué va! —fue mi primera reacción—. ¡Que no!, ya te he dicho que volveré a ti, es sólo cuestión de tiempo.

—El tiempo aleja y el tiempo acerca, hace las dos cosas.

—Bueno, tengo que correr, te amo, te llamaré, quiero ir en tren, veré cómo se puede hacer lo más rápido posible. Ya sabes cómo me asustan los aviones, y con todos los accidentes que ha habido últimamente, más todavía. Iré en tren.

Me despedí de las enfermeras, y una de ellas, marroquí, me dijo que hay un autobús que llega desde París a Algeciras.

—Sale de la Gare du Nord, y creo que hay uno que sale a las cuatro.

Llamé a la SNCF, y me dijeron que para llegar a Algeciras tendré que cambiar seis veces de tren si salgo a las dos, pero que hay un tren de noche que sale para Madrid a las ocho y llega a las cinco, y desde allí puedo coger el Talgo para Sevilla, y de allí a Algeciras; llamé a la compañía de autobuses y me dijeron que hay sitio en el autobús para Algeciras, sale a las dos, y llegará a Algeciras a eso de las cuatro del día siguiente, depende del tráfico, en el pasado este mismo autobús llegaba hasta Tánger pero ahora se para en Algeciras. Reservé la plaza. Me acordé de que llegué a París en autobuses porque era más barato, aunque ahora no me importaba ya mucho la diferencia de precios. Corrí a casa, preparé la maleta, puse en ella pocas cosas, las pocas que tengo, todavía una estudiante, pero ahora ya era médica y me proponían trabajar en el hospital donde acabé las prácticas.

Cuando llegué al autobús vi que ya había pasajeros dentro, el autobús venía de Londres y de allí llegaba hasta Algeciras, tres o cuatro días de viaje.

Se sentía al entrar el olor de los que ya estaban dentro, olor de alcohol, pero en todo el viaje se guardó el silencio y los ingleses no manifestaron su reputación de ruidosos.

El conductor no anunció que la próxima estación será Bordeos, después seguiremos a San Sebastián, Burgos, Madrid, Málaga, y Algeciras. El autobús era muy cómodo y tuve la suerte de estar sentada sin nadie a mi lado, tenía todo el doble asiento para mí. Llevé conmigo un libro bastante grueso para leer en el viaje, era el libro de Philip Roth, *Operación Shylock* que Marcel me había regalado. Me di cuenta que casi todos los escritores que me gustaba leer eran judíos, Modiano, Jabes, Bashevis Singer, pero también me gustaba mucho Tahar Ben Jelloun. A veces me preguntaba si no era judío. Hay algo judío en sus libros, parece hablar de comida judía cuando habla de comida, sus marroquíes siempre me parecen judíos, como los marroquíes que veo en el *Marché aux puces* los domingos que comen salchichas *Merguez* una detrás de otra y hablan un francés mezclado con árabe marroquí. Marroquíes, tunecinos y también algunos algerinos de pueblos pequeños como Tlemcen y Ain-Temouchent, pero nunca de Argel, ellos ya son personas de la capital y nunca comerán en restaurantes tan populares, comen en restaurantes franceses de calidad, y como todos los judíos a lo largo de la historia son más franceses que los franceses.

«Un libro loco», así describió Marcel al libro. Recuerdo haber leído libros suyos en el pasado. Eran divertidos pero también había partes que me cansaban.

Me tumbé en al asiento y me cubrí con la manta ligera que traía conmigo. Todo mi pensamiento se centraba en las palabras de Marcel que no iba a volver, lo dijo como si supiera algo que yo no sabía, o tal vez si lo sé, pero quería ser yo la que anunciara la noticia cuando llegue el momento. Allí las mujeres me necesitan y aquí hay miles de ginecólogos, aquí seré una ginecóloga más con un buen salario y allí podré ayudar a las mujeres de mi pueblo, mujeres que necesitan mi ayuda, el salario será mucho más bajo, pero lo que pasa es que todos los médicos que vienen de África a estudiar aquí se quedan en vez de volver a sus países, y al final Marruecos se queda sin los ciudadanos que más necesita. No es que sea fácil, ni tampoco estoy juzgando a nadie. Pero si no puedo ser madre, por lo menos puedo ayudar a las mujeres de mi pueblo a ser madres, es algo más importante que el salario y que toda la comodidad que París me puede proporcionar. Y aparte de eso París últimamente me carga, me ahoga. Ya no es la iudad a la que llegué o tal vez veo las cosas de otra forma. No sólo la belleza de sus calles, inmuebles que parecen partes de museos, de pronto veo más y más los rostros de las personas, son caras sin sol, como el cielo de la ciudad, como si toda la ciudad estuviese llena de deprimidos que no pueden conectarse con el mundo sin poder dar ni siquiera una sonrisa a la persona que está enfrente de ellos.

Las miradas del metro me fueron conquistando, y cada día viajaba al sol de mi Tánger y mi Casablanca, de Tetuán y de Chefchauen, recuerdo que Farid, mi novio del liceo me dijo que echaría de menos el sol, y entonces le dije que a mí me gustan la nubes, me gustan las nubes por que eso hace que las personas sean más serias, el sol hace payasos de todos, payasos que no llegan a ningún lado. Ves, países de sol, como Marruecos, son países subdesarrollados, pero cuando llegas al frío tienes que encontrar soluciones a muchos problemas, descubrir tecnologías para sobrevivir, y eso te obliga a avanzar. Y recuerdo que él me dijo: «Sí, pero, y qué les ayuda toda la tecnología si no saben ser felices». Diez años de estudios en París pasaron hasta que comprendí su inteligente frase. Que tal vez oyó de su abuela, porque parece una sabiduría antigua. ¿Para qué vives? ¿Para qué avanzas? Al final sólo los negros africanos se ríen en París, o los árabes, o los judíos, no todos, algunos, los que todavía no se han vuelto franceses, sus hijos ya serán como los parisinos, ausentes, faltos de expresión, llenos de cultura y de costumbres, pero sin risa. Y después me di cuenta de que se ven pocos bebés en París con sus madres, mujeres y más mujeres, solas. ¿Quién pare a los niños? Vi los partos en el hospital, pero, ¿qué hacen después con los niños, cómo es que desaparecen, por qué no se los ve?, y si se los ve sólo en domingos, una madre con un hijo, o dos, nunca más de dos, y con seguirlos unos minutos empieza la madre, que si no hagas esto y no hagas lo otro, una bofetada, a veces les pegan, son sólo palos, es la violencia de los fuertes contra los débiles, en pleno día, sin que a nadie le importe, sin que nadie se pare, y después los mismos que pegan van a todo el mundo en *medecins sans frontieres*, salen en la tele y hablan de los niños de Algeria o de Brasil. No dudo que la situación sea peor en otros países pero yo nunca vi una madre pegar a su hijo a la luz del sol, delante de todo el mundo. Tal vez les da vergüenza. Viajé una semana con Marcel a Israel y no vi ni a una madre pegar a su hijo, hasta vi un niño que pegó a su madre y ella ni le pegó. La verdad es que me resultó un poco extraño, pero me dijeron que en Israel no pegan a los niños. Tal vez por eso después se convierten en soldados que creen que todo les está permitido, hasta pegar a niños, ser conquistadores y sentirse liberadores. La verdad es que Israel me pareció un país muy marroquí, una filial bien desarrollada de Tánger o de Casablanca, pensé que así sería Marruecos si invirtiera en ella unos cuantos millares de dólares, pero tal vez es mejor que no se parezcan a Tel Aviv, y vi que construían más y más inmuebles, como si todo el país estuviera aquejado de la locura de construir sin parar, como si de eso dependiera su destino. El problema es que me sentí muy en mi sitio, entre los puestos de *shuwarma* y los piropos insoportables de los israelíes, que se dirigían a mí en hebreo, como si fuese una de ellos. Podía entender lo que me decían sin entender una palabra. Sabía que no debía responder ni dar la vuelta y sobre todo no sonreír, cada sonrisa en estos casos me causó horas de arrepentimiento.

La noche cae antes de pensarlo y pensé que París ya estaba detrás de nosotros. Me sentí aliviada, como si me hubiesen quitado un buen peso de encima. ¿Por qué la gente admite vivir en una pesadilla así? Tal vez de verdad no vuelva, creo que ya no volveré, pero lo pensaré unos días más.

Nos paramos en una estación de gasolina. A pesar de que hay servicios en al autobús muchos corrieron a los servicios de la estación. Por lo visto no es tan cómodo hacerlo en un autobús mientras se viaja. Después fui a la cafetería y me fui con mi café a una mesa. El chico que antes se paseó por mi asiento se sentó a mi lado. Después del estrés que pasé aceptando que tenía que viajar, me sentía más relajada.

—Leí ese libro —dijo apuntando al libro de Roth.

—Yo todavía no, así que no me lo cuentes, voy a leerlo en el viaje, por lo menos eso espero.

—Soy escritor.

—Pues muy bien, y judío también seguramente.

—¿Cómo lo sabes? No tengo una nariz judía. —Sonrió.

—Es muy simple, todas las personas que me dirigen la palabra son judíos. Novios, amigos, amigas. ¡Ésta es mi vida!

—¿Y no te gustan los judíos?

—No. No empieces con eso, no soy antisemita. No me gustan, sí me gustan. Mi novio, Marcel, es judío, y mi mejor amiga es judía, pero no soporto a los israelíes, no me gusta lo que hacen a los palestinos.

—Yo vivo en Israel.

—Ves, lo que me faltaba, voy a ver a mi madre que está enferma, en Marruecos, y me he encontrado con un israelí que me va a decir que está bien pegar tiros a los niños.

—Todavía no he dicho nada, yo también nací en Marruecos, y ahora viajo a Granada, voy a presentar mi libro allí y a leer mis poemas, el libro se llama *Esquina en Tetuán*.

—¡Ah! Además eres de Tetuán, *Inta Diana*, eres de los nuestros.

—Sí, de Tetuán.

—Y ahora me vas a decir que tu apellido es Benzimra.

—¿Cómo lo sabes? Sí, Benzimra, me llamo Moshe Benzimra.

—Sí, porque mi novio se llama Benzimra también, de Tánger, tal vez es familia tuya.

—Puede ser. Pero no muy cercana. Mi padre era hijo único, algo raro en una familia marroquí, porque mi abuela no podía tener más hijos. Así que familia muy cercana no tengo mucha, y hay muchas ramas de Benzimra en Tetuán, es como decir Fátima, a todas las que trabajaban en casa las llamábamos *Fátimas*, menos una que se llamaba Habiba. No, espera... había otra que se llamaba Zohra.

—Zohra, bonito nombre, es el mío. Y todos los judíos tenían amas de casa que se llamaban Fátima, mi madre era una de ellas.

—Espero que no te hayas enojado. No era mi intención. Y además si hubiera tenido cierto aire de superioridad por tener *Fátimas* en casa, mi situación económica desastrosa en Israel me lo habría quitado del todo. Pero sí que hubo *Fátimas*, no sé si es algo tan bueno crecer con cuatro *Fátimas* en casa, pero así crecí, no hay nada que hacer, ni puedo cambiar el pasado, pero sí me gustaría que Marruecos fuese el país árabe más desarrollado del mundo, me haría feliz, créeme.

Nos llamaron al autobús, y él sonrió. Ni me preguntó si podía sentarse a mi lado. Por lo visto fui un poco violenta con él y no quería molestarme. Israelí, marroquí, y parecía ser un hombre delicado. ¿Qué tendrán estos Benzimra? Adonde voy, los encuentro, tal vez sea un apellido muy común entre los judíos marroquí, pero ¿tanto?

Intenté de nuevo leer el libro. Pero mis ojos estaban cansados.Y leer con la pequeña luz del autobús se me hacía difícil. No entendía de qué hablaba el escritor. Me dormí. Dormí mucho tiempo porque no recuerdo que el autobús se parara en Burdeos. Me desperté a las tres de la mañana, todo el autobús dormía. Seguí tendida en la posición que estaba, pero no pude volver a dormirme. A las seis llegamos a San Sebastián. Toda la ciudad dormía.

El escritor me saludó. Me propuso quedarme con él en San Sebastián durante doce horas y después seguir en el autobús siguiente,

—Tengo que llegar lo antes posible, mi madre está enferma.

—Pero el autobús es para los que tienen tiempo. ¿Por qué no viajaste en avión o en tren?

—Tengo miedo de los aviones, y el autobús era más rápido que el tren, tenía que esperar mucho al tren, tal vez en este caso debí haber viajado en avión y sobreponerme a mis temores, pero no lo hice.

—¿Y a lo mejor no quieres ver a tu madre antes de que muera?

—Pero ¿qué clase de pregunta es ésa? ¿Qué sabes tú de que está enferma? No, no se va a morir antes de que llegue, tengo unas preguntas que hacerle, preguntas importantes.

—Entonces sí, vivirá hasta que se las hagas. Buen viaje.

Media hora nos quedamos en San Sebastián pero no me bajé del autobús, ni la mayoría de los otros pasajeros, hacía frío y estaba oscuro y todos queríamos quedarnos en nuestros asientos.

Después Burgos, Madrid y otras ciudades que no recuerdo, pequeños pueblos, veinte minutos de descanso, treinta minutos, y en Madrid una hora para comer. Burgos, ciudad de inmuebles con poco interés, y rápidamente llegamos a Málaga.Y yo leyendo esta novela extraña de Roth *Operación Shylock* y no llegaba a entender completamente de qué escribe, sólo pude leer cien páginas y en Algeciras olvidé el libro en el autobús. ¿De verdad piensa que los judíos deberían volver a Polonia? O es un chiste, y ¿entonces?, ¿qué pasará? Los palestinos van a creer que van a dejar sus tierras, los judíos tienen tendencia a decir una cosa y lo contrario en el mismo libro además, y entonces vienen los árabes y sacan lo que les va bien y citan lo que les parece y después dicen que los judíos son así o asá. Este pueblo está lleno de ideas, sobre todo los que viven en la diáspora, pero no materializan ninguna idea, debe ser años de Talmud lo que les lleva a eso, el libro que a los antisemitas tanto les gusta, un libro temeroso para el que no es judío, un libro que sólo un judío puede entender, parece estar escrito en un código, sólo los que nacen judíos o se convierten pueden entenderlo, de la misma manera los judíos asimilados odian el Talmud. ¿Cómo puede uno imaginar un libro con miles de autores, en el que todo es discutible y en el que cada idea tiene una idea contraria? Pero cuando leí unas páginas del libro sí entendí de qué hablaba, y gracia a él tal vez se pueda entender a los judíos y un libro como el de Roth; pero no a los escritores israelíes, que son completamente diferentes, no pueden escribir con tal libertad contradictoria, porque el judaísmo es una religión que se hizo completamente en la diáspora aunque diga que el judaísmo no tiene sentido fuera de Israel.

Es un poco como un hombre que cambia de sexo, cuando es hombre se viste como mujer, y todos creen que es mujer, ven la mujer en él, pero cuando cambia de sexo todos ven al hombre que se convirtió en mujer, o es como un miembro amputado, cuando ves a alguien sin mano lo que ves es la mano ausente, todo lo que ven en el judío diaspórico es la falta de tierra, pero ahora que tienen un país, todo lo bueno de ellos es lo que tenían en la diáspora. ¿Hablará Roth de eso? No sé. Son las cuatro y voy hacia el barco que me llevará de Algeciras a Ceuta. Media hora, un barco rápido, el último rápido de hoy, me senté en un asiento que daba al mar, es un alivio ver agua en vez de carretera. Cuando llegué a Ceuta sentí que algo iba a pasar, algo importante, la última vez que sentí eso era cuando quedé con una amiga y llegó con Marcel. Cogí la maleta con las ruedas y me fui al centro en un taxi. Quería sentarme en un café durante una hora antes de ir a Chauen, pensé en tomar un taxi en la frontera donde esperan los taxistas durante horas para ganar el máximo posible durante el día.

Entré en Las Campanas, cafetería que recordaba vagamente de viajes que hice con mi madre cuando tenía ocho o nueve años. Estaba sentado justo enfrente de mí, le miré y sentí un pequeño escalofrío, sus ojos verdes me penetraban como un rayo láser, me sentía cautiva por él, lo que los franceses llaman *coup de foudre*, amor a primera vista. Cuando vino la camarera no había forma de que me saliese una palabra de las muchas que sé en español, lo intenté en francés y en árabe, y él se metió en nuestra conversación y explicó a la camarera lo que quería, después se sentó a mi mesa.

Intenté disimular mi excitación tan extraña. Era lo último que me faltaba en esa hora antes de ver a mi madre, un hombre, y seguro que también era judío, ¿pero cómo podría ser no judío? De todas formas decidí no preguntarle su apellido, lo único que falta es que sea otro Benzimra, con el nombre me basta, me preguntó él primero, «Fátima», dije, y no puedo explicar por qué no dije mi nombre verdadero. Era un extranjero pero me resultaba alguien muy familiar, conocido de siempre, como si fuésemos primos, o marido y mujer desde hace unos años.

—Me llamo Alí —respondió.

Bueno, tal vez es un musulmán, pensé, o judío, Alí es también un nombre judío. No pregunté. No quería saber más. Me contó que volvía de Tetuán. Fue a visitar la tumba de su abuelo, es lo que van a hacer los judíos en esa ciudad, pero no pregunté más, qué importa, qué importancia tiene, habló de Madrid, su vida en Madrid, que quería vivir en una ciudad mas pequeña, como Tetuán, pero su mujer, de la que vive separada, y su hija le dejaban en Madrid. Me invitó a dar un paseo. Acepté. Le pregunté a la camarera si podía dejar la maleta una hora en la cafetería, y le dije que después me iba a Marruecos,

—Espero que mi jefe no se entere de esto, estoy aquí hasta las ocho, no vengas después porque va a ser un lío. Anduvimos unos minutos y muy pronto estábamos en la entrada del hotel en el que estaba, y mas rápidamente en su habitación. No recuerdo haberme encontrado en las manos de un hombre en tan poco tiempo, hasta con Marcel duró doce horas: nos desnudamos. Añoraba las manos de Marcel en las últimas semanas en las que no nos vimos, pero estas manos no eran ajenas, su miembro circuncidado aprobaba mi pensamiento que era un judío o un musulmán, pero no pregunté nada, seguí sin preguntas. Me hizo un masaje muy largo en la espalda, y después hicimos el amor, fue como un relámpago, rápido, pero algo como nunca, mis amigas me contaron sobre un hombre así, el primer hombre que de verdad me hizo sentirme mujer, no porque el acto sexual fuera fenomenal, fue porque todo coordinaba, todo se adaptaba entre los dos, llegamos al orgasmo los dos juntos, después se durmió, como si se hubiese desmayado, estaba muy contenta, tenía miedo, no puede ser, me dije, no puede ser que esto haya pasado, estoy viajando a ver a mi madre enferma y me pasa tal cosa, o es que es un sueño, o la tensión tan fuerte en la que estaba, la tensión entre los dos. No sabía qué hacer, irme, dejar mi número de teléfono en París, pero ni siquiera sé si volveré, creo que no, de alguna rara manera este encuentro reforzó mi decisión de quedarme en Marruecos. No sé qué relación hay entre las cosas, escribí en la nota: «Si el tiempo quiere volverá a encontrarnos, y será mucho mejor que lo que está permitido imaginar». Y tal vez nos encontraremos en otra vida. Eran ya las siete y media y corrí por la maleta a la cafetería. Cogí la maleta y enseguida un taxi a la frontera, y de allí un taxi a casa de mi madre.

Llegué justo a las últimas horas de vida de mi madre. En esa tarde dijo sus últimas palabras coherentes.

—Gracias por venir.

—Te tenía que preguntar algo muy importante, si me operaron cuando era pequeña, cuando tenía un año.

—No a ti, a Yusuf.

—¿Y quién es Yusuf?

—Tu hermano, le operaron y se murió, y después viniste tú. Hace mucho tiempo.

—Y... nunca hablaste de él.

—Hay muchas cosas que nunca te conté.

—Como... ¿quién es mi padre?

—Mejor que no lo sepas, murió hace un mes.

—Quieres decir que sabías quién era y nunca me lo dijiste...

—Nunca me preguntaste.

—Dijiste que no sabías dónde estaba, me lo dijiste cuando tenía doce años, y no pregunté más. ¿Quién es?

—Era judío.

—Su nombre.

—Es lo que puedo decirte, era judío y murió hace un mes. Me envió un regalo, está allí en la mesa, dentro de un sobre. Se acordó de ti y de mí. Podrás hacer algo con ese dinero.

—Sí, eso, llevarte al hospital.

Pero estaba muy mal y llevarla al hospital no era tan fácil y podía empeorar su situación si la llevaba a Tetuán o a Tánger. Mi abuela me contó que vinieron unos señores y preguntaron por Yusuf. Ella también sabía toda la historia y nunca me la contó.

—¿Y quién era ese Yusuf?

—Tu hermano, pero murió cundo tenía un año. Hace mucho tiempo.

—¿Y quiénes son los que vinieron?

—Eso sí que no sé, creo que tu madre trabajó en su casa o algo así, y después vino un hombre con un traje y tu madre firmó que Yusuf había muerto.

—Pero no murió Yusuf, soy yo Yusuf, yo, Zohra.

—Hija mía, entiendo que tu madre está muy mala, pero ya ves muy bien que eres una mujer, una mujer muy bella, no puedes ser Yusuf.

Volví al cuarto de mi madre pero ya estaba en estado de coma. No podía decirme quién era el hombre que vino y le tomé la mano, le decía, «Soy yo, Yusuf, ¿verdad?», y ella cogía mi mano con más fuerza, como diciendo eso es lo que quería que nadie supiese en mi vida y ahora tú lo sabes...

Dos días después falleció, una mujer ciega, sin nada, amputada, una vida de sufrimiento. Después del entierro en Tánger fui con el sobre y el dinero al hospital francés de Tánger y les presenté mi currículo, el director me aceptó inmediatamente. Dijo que podía empezar a trabajar al día siguiente. Le pedí una semana para organizarme. Llamé a Marcel y le dije que me iba a quedar, por lo menos un año.

—¿Sabes cuál es la última frase que me dijo mi madre?

Pensé en esa frase un millón de veces en los últimos días, tal vez eso explica mi relación con los judíos, pero todo vive en una bruma, sabía que tendría que buscar a mi padre, mi padre muerto. La cuestión era sólo cómo y cuándo. Y a los que son sus hijos, es que tengo hermanos y hermanas que son judíos.

—Antes de que sigas hay una mujer que te llamó, llamó a tu apartamento, pasé por casualidad, buscaba un libro que dejé en el apartamento, es una mujer que vive cerca de mis padres, se llama también Benzimra, dice que tu madre trabajaba en casa de sus padres y quiere hablar contigo, dejó un numero de teléfono, 45568878. ¿y qué dijo tu madre?

—Mi madre dijo que mi padre era judío, murió hace un mes y medio.

—Eso explica todo.

—No, Marcel, no… eso no explica nada, absolutamente nada…

موبس بنعروش

Mois Benarroch

على أبواب طنجة

EN LAS PUERTAS DE TÁNGER

ترجمة: مزوار الإدريسي

ISBN: 978-0-359-40586-2

Gates to Tangier (arabic edition)

«على أبواب طنجة»

مويس بنعروش: ذاكرة الهوية[1]

عبد القادر الشاوي

تتألف هذه الرواية من قسمين:

في (السفر إلى الدار) رحلة افتراضية إلى مدينة تطوان يقررها مجموعة من الإخوة، كل من منفاه (نيويورك، باريس، القدس)، مباشرة بعد أن توفي الأب تاركا لهم وراءه وصية ملغزة تنص، حرفيا، على أن حقوق الميراث لا يمكن أن توزع بالقسمة المقدرة إلا إذا تم العثور على أخ (يوسف)، من علاقة غير شرعية مع مغربية مسلمة (فاطمة الباز)، عاشرها الأب ضدا على جميع الموانع، لفترة، قبل أن يهاجر نهائيا إلى إسرائيل.

يكون السفر الذي تترابط في رحلته المضنية مصائر الأخوة القادمين من مناطق متباعدة، ويكون البحث الذي استنفد أغراضه بدون جدوى، وتبرز الحقيقة المؤكدة أنْ لا وجود لأخ يمكن العثور عليه، ولا أمل بعد ذلك إلا في العودة السريعة إلى نقط الانطلاق التي بررت سفر كل واحد من الباحثين، كما تأكد لهم، عن الوهم.

وفي (العودة إلى الدار) ما يشبه الرحلة العكسية للسفر السابق مع الفارق المؤلم هذا: لا وجود لأخ من أم مغربية مسلمة، وتطوان التي كانت موطن الميلاد والنشأة والذكريات وتكوّن الهوية لم تعد موجودة إلا في الذكريات الحزينة، والشعور اليهودي المأساوي بالانسلاخ

---

1 - يتعلق الأمر برواية صدرت بالإسبانية بعنوان: En las puertas de Tánger, Ediciones DESTINO, enero 2008, España للكاتب اليهودي مويس بنعروش، المولود بمدينة تطوان عام 1959 المقيم حاليا بالقدس.

والتمزق بين الولاءات هو الشعور الحقيقي بالهوية المتناقضة أو الممزقة بين انتماء إلى بلد (المغرب، تطوان) لم يعد موجودا إلا في الذاكرة، وبين بلد آخر (إسرائيل) يوجد وجودا فعليا على أرض مغتصبة، يقمع الاختلاف، ويطمس التعارضات، ويكرس أخرى بين أولئك القادمين من الشتات الغربي والقادمين من الشتات الشرقي على حد سواء، بين الأشكيناز والسفارديين.

يمكن أن نلاحظ، منذ البداية، أن السفر إلى الدار الأولى (المغرب) يكاد أن يكون مشابها للعودة إلى الدار الأخرى (إسرائيل) من الناحية الرمزية. الدار، رغم الفارق، واحدة في الحالتين إذا فسرنا الدلالة المنصرفة إلى المكان على أنه اللاوطن. فلا الدار المغربية أفلحت في الإبقاء على عنصرها اليهودي ركنا من أركان بنيانها، ولا (دولة) الدار الإسرائيلية عندما هجَّرت اليهود المغاربة وسواهم إلى الأرض المغتصبة ضمنت ولاءهم الوطني وحققت مرادهم من الاستقرار على أرض آمنة وفي مساواة ممكنة. لقد تخلص المغرب من يهودييه، و لم تجد إسرائيل الخلاص في شتاتها اليهودي.

تتدرج الرواية، من حيث توالي الأحداث وتواترها في الزمن، انطلاقا من مبررشعوري هو الباعث السردي بالذات على أن الصوغ الروائي شرع في التكون لتنظيم المسار العام الذي يجب أن تتراكب فيه الأحداث المروية اللاحقة. ويمكن تسمية هذا الباعث بالوصية: فالسفر متعلق بها، والوصول إلى تطوان من دقائق تنفيذها، والبحث عن الأخ المغربي (يوسف) من أركانها، والخيبة التي مني بها البحث اللامجدي عن هذا الأخ من نتائجها السلبية، والعودة، في النهاية، إلى حيث المنطلق من تجلياتها.

ويبدو لي أن العنصر الجوهري الذي تَمَثَّلَهُ الروائي في سبكه لهذا المبرر السردي (الوصية) هو القول في موضوع الهوية الخاصة، الفردية والجماعية، باليهود المغاربة، وهو الموضوع الذي يمكن اعتباره

أطروحتها المباشرة في التعبير عن تجربة وجودية فريدة.

لا أريد مواصلة تحليل المجرى العام الذي تتوالى فيه الأحداث في هذه الرواية، ظنا مني أن موضوع الأطروحة التي شُيِّدَت معالمها من خلال باقي العناصر الروائية الممكنة (الشخوص:إسحاق، سيلبيا، ألبرطو، فورتو، وطبيعة البناء: دائري تترابط فيه الأحداث انطلاق من فكرتي الذهاب والإياب، واللغة: تتولى التشخيص وتمعن في التكرار وذات نمط شذري في بعض الأحيان، والخطاب: تمزق الهوية وانكسار الذات) يعطي الانطباع بأن الغاية من اصطناع التعبير الروائي هو التخريج الواعي للعناصر الدالة على تلك الهوية، الفردية والجماعية، المشار إليها قبل قليل. بل ويمكن القول بتعبير آخر إن الوصية، التي من مقومات تنفيذها الحرفي البحث عن الأخ المغربي من الأم المسلمة، هي المكون الرمزي الدال على تلك الهوية للاعتبار المتمثل في تشخيصها الحاسم لحقيقة الكيان الفردي[2]. ومن عناصر تلك الهوية تحديدا ما يمكن الاصطلاح على تسميته بالانتماء المفارق الذي يمثل في حياة الشخوص، على صعيد الرواية، ضربا من الولاء المستحيل لقيم وجغرافية وذاكرة.

أريد أن أشرح هذا على النحو التالي: عندما رُحِّلَ اليهودي المغربي إلى (أرض الميعاد) المنزوعة بالعنف والاغتصاب من سكانها الآمنين فارق، في سبيل الوهم كما يشعرنا بذلك أيضا أحد شخوص الرواية، وضعه الإنساني الذي كان في حقيقته وضع أقلية اجتماعية ودينية تعايشت لفترات طويلة، ولو تحت تعسفات الإكراه الذمي، في مجتمع لم يكن لها بديل عنه تجربة وممارسة. ففيه تلقت مقومات وجودها الاجتماعي، وضمن العلائق اليهودية العامة تكونت خصائصها والملامح الدالة على وجودها، ولم يكن الأفق المفترض والمنظور لتطورها إلا في إطار التعايش الممكن أو المفروض، لا فرق، إلى جانب

2 - يقول ألبرطو في الرواية: إن فكرة الأخ الميت (يوسف) يمكن أن تكون رمزا لنقص في الخصوبة في اللقاء اليهودي الإسلامي بالمغرب. فالطفل الذي ينجبه اليهودي والمسلمة يموت، ولم تقم هناك أية علاقة بناءة بين اليهود والمسلمين إلا في القرون الوسطى. أما فيما يتعلق بالحاضر القريب فإن التعايش لا يوجد إلا في أذهان بعض الأساتذة في باريز وفي نيويورك فقط. ص 174

الآخرين المغاربة. واليهودي المغربي هو مغربي بانتمائه إلى وطن، لأنه لم يكن مسكنا له، فحسب، بل موئلا لأحلامه وتطلعاته، ويهودي بانتمائه إلى الطائفة العرقية والدينية لأنها تعريفه الشخصي وملاذه الإنساني... إلخ. أما القيمة (القيم) الحقيقية في هذا الانتماء المزدوج فكامنة في الاندماج الذي تحقق للطائفة اليهودية، مع افتراض جميع الصعوبات والإكراهات التي قامت في وجه ذلك، أو في التعايش أيضا الذي كان سمة دالة على تداخل المصالح أو تفارقها، وعلى تواشج الروابط الاجتماعية أو تنابذها، وكذا على انصهار بعض العوامل التي من المحتمل أنها آخت بينهم وبين المغاربة في المصير.

أمام ظهور الوطن الجغرافي الموعود (إسرائيل)، وخاصة بعد تقسيم فلسطين، اكتشف اليهودي المقتلع في جميع الأوطان الأخرى أن الحلم الإيديولوجي الذي طالما بشرت به الحركة الصهيونية صار حقيقة استعمارية ثابتة يمكن أن توفر للشتات فرشا وائتلافا وللانتماء مرجعا وللوجود موطئا. فكان في النشاط المحموم الذي قامت به تلك الحركة الصهيونية لحث اليهود، وإرغامهم في كثير من التجارب، على الهجرة إلى فلسطين المحتلة سببا لمعانقة الحلم الذي زين لهم بكثير من الوعود الناعمة المبشرة بالاستقرار والرخاء والديموقراطية. فكانت هجرة اليهود المغاربة، أولئك الذين كان قد مضى على وجود كثير منهم في الشمال الإفريقي قرابة خمسة قرون، من الهجرات القوية التي أفرغت المغرب، ولما لم يكن الوعي قد أدرك، في تلك المرحلة، مقدار الخسارة المحتملة، من عنصر بارز من عناصر تكوينه التاريخي المختلط.

وسيبدو مع مرور الوقت وتطور مختلف الأوضاع التي نشأت في إسرائيل بعد انقشاع الحلم الاستيطاني في نفس الآن، أن (الانقسامات) التي أريد لها أن تؤلف إراديا الكيان اليهودي المنسجم لم تفلح، في الواقع، في طمس التعارضات التي نشأت، منذ البداية، بين القادمين من مختلف الأقطار والسياقات. وهذا ما يفهمنا لماذا تجعل رواية مويس بنعروش («على أبواب طنجة») من هذا الموضوع سببا وجيها للحديث عن مختلف التناقضات التي تفتك بالكيان اليهودي، وخصوصا

بين اليهود الأشكيناز الذين، بحكم السلطة والوجاهة، يحتكرون كل شيء، وبين اليهود السفارديين الذين يعانون أبلغ معاناة من ذلك الاحتكار (حتى في المجال الأدبي والثقافي كما يروي بنعروش)[3].

ثم هناك الذاكرة التي لا تمثل عنصرا من عناصر الهوية اليهودية فحسب بل وكذلك ملمحا من ملامح الوجود المختلف والخاص، على صعيد الشعور والإحساس والتذكر جميعا. وحقيقة هذه الذاكرة أنها تعرضت للتلف التدريجي، بينما صار من المؤكد أن التحولات الزمنية والحدثية التي لحقت بها غيرت كثيرا من معالمها، أو لعلها ألحقت كثيرا من الأعطاب بمراجعها. يجيب فورتو عندما يُسأل: هل تثير فيك العودة إلى تطوان عاطفة ما؟ قائلا: «لست في أحسن الظروف لكي أجيب، لست أدري، فقد تجنبت دائما تلك اللحظة، ولكنني كنت أعرف بأنني قد أعود في يوم ما لإقفال دائرة وإنهاء فصل».

تتلاشى الذاكرة في علاقة بالزمن، ويغدو من المؤكد أن التغيرات التي لحقت بالمكان نفسه، بعد الهجرة على نحو خاص، محت جميع العلامات الدالة على وجود معين كأنما كان عابرا وزائلا. أما المورث الذي يؤرخ للأثر الإنساني في التعاقب والسيرورة فقد اندثر بالمرة تاركا أعمق الفراغات المذهلة في الاستدلال على شيء ذي معنى، بل ويبدو أن مفهوم التذكر نفسه في علاقته بالذاكرة أصبح سديميا لا يحيل على أية معرفة.

وبناء عليه صار من المؤكد أن الهوية، من خلال هذه العناصر الدالة، فسدت أوضاعها واضمحلت معالمها وتفرقت إحالاتها إربا، وقد نقول تحولت إلى أثر بعد عين أيضا. ويغدو الأمر بالغا في تشخيص التمزق الذاتي عندما يكون اليهودي السفاردي ملزما بالعيش في الدولة المحلوم بها (إسرائيل) على أمل مستحيل بالعودة إلى الوطن

---

3 - يقول ألبرطو: عندما سألتني صحفية عن موقفي من الوضعية السياسية في إسرائيل أجبتها قائلا: إنني مع قيام دولة مزدوجة الهوية، لكي يكون هناك أشكناز أقل. أو قوله: عندما يتكلمون عن الأغلبية اليهودية فإنهم يشيرون إلى الأغلبية الأشكنازية، لأنهم يخافون من اتحاد السفرديين مع العرب لما بينهم من التشابه، غير أننا نرى أنفسنا مختلفين كثيرا، رغم أننا أقرب ما نكون إلى العرب منه إلى الإشكناز ص 90

الذي احتضن ميلاده (المغرب)، ويزداد التمزق إيغالا في المعاناة والإيلام عندما ندرك أن البقاء في الوطن المحلوم به يعد معاناة وجودية يومية، مثلما هي العودة المستحيلة إلى الوطن الأصلي معاناة إحساس بالفجع. الحقيقة اليومية الباردة أن إسرائيل لا تداوي غربة الوجود، والمغرب لا يشفي ألم الفراق. وفي خضم المعاناة يولد الإحساس الدائم باللاجدوى والانقضاء.

إن رواية («على أبواب طنجة») تلمح بصورة قوية إلى هذا الإحساس المتأصل في الذات اليهودية المغربية داخل إسرائيل. وهو الإحساس الذي لا يستوي مع النوسطالجية الأسيفة ولا يقارب الترك المؤلم، ليس حنينا شعوريا صرفا ولا استيهاما مفارقا، بل حقيقة وجود كما يمكن الاستدلال عليها من خلال قول سيلبيا ذي المعاني المبطنة بالإيحاء الفلسفي: «كنا نحلم بأن نعود من قبل إلى الحجر، وها نحن اليوم نبكي هذا الحلم الذي أصبح حقيقة. كنا نحلم بأن يتحول الحجر إلى رمل، ولكن الحجر تحول إلى موت الإبن قبل الأب» (ص 99)، أو من خلال هذا القول أيضا: اليهودي لا يوجد في الحاضر. إنه يوجد فقط في الماضي والمستقبل، وقد أضيف إلى ذلك قولي: أي في مساحة بين الحنين والوهم.

(«على أبواب طنجة») هي أول رواية يكتبها مويس بنعروش مباشرة باللغة الإسبانية. فقد سبق له أن كتب بعض محاولاته السابقة بالإنجليزية، وله في الكتابة بالعبرية محاولات أخرى. وديوانه الشعري (زاوية في تطوان) يستهل قصيدته الأولى بالقول: أنا كاتب مغربي في المنفى، الأمر الذي جر عليه الكثير من المشاكل، كما صرح لي بذلك في لقاء خاص، بسبب العداء الذي يفهم من مواقفه وتصوراته تجاه الوضع القائم في إسرائيل، وبالخصوص فيما يرجع للتسلط الإشكنازي على مجالات الحياة العامة والاحتقار، الضمني أو الصريح، الذي يستشعرد اليهود المغاربة بسبب أصلهم السفاردي. ألا يمكن أن نجد في هذه الوضعية الذاتية، لغة وحياة، نوعا آخر من التمزق الوجودي الأقصى الذي تترجمه الرواية، تفصيلا، في فكرة البحث المضني عن الأصل

المفتقد الذي لا يستقيم معه وجود ولا هوية؟.

إن اليهودي السفاردي هو يوسف الباز ذاك المبحوث عنه في الوصية من خلال رمزية الوهم. والمعادل الموضوعي لقلق الهوية في الذات اليهودية (السفاردية)، في هذه الحالة، هو الانشطار الذي يكابده الكيان الفردي كلما كان ارتباطه بالتجربة الاجتماعية ونقده لها في ذات الآن مبررا شخصيا للحياة والممارسة.

فكِّرْ بي، لكنْ لا تغتمَّ، ولا تتألَّم، ولا
تَرغب في تغيير الطُّرق ولا المصائر.
إِسْطر بن دَحّان
بقَرةُ مَشاعٌ

الجزء الأول

الرّحلة إلى البيت

You cannot count the miles until you feel them.

TOWNES VAN ZANDT

- يا له من ابن عاهرة! -هتفتْ، متفاجئةً من تلفّظها بتلك الكلمات-.

خيّم صمتٌ مطبق على مكتب المحامي إيلان أوث في شارع ابن يهوذا 7 بالقدس. صمتٌ شبيه بالذي يسود بعد عملية إرهابية. بدا الحاضرون الجالسون حول مائدة طويلة في حال صدمة. خمسة بالغين يُحاولون استيعاب الموضوع، الذي نزل عليهم كالصاعقة.

- هكذا، لا زيادة ولا نقصان، أرسلَ إلينا هذه القنبلة -واصلت إسْطِرِيّا القول- بعد وفاته.

- وإذا لم نبحث عنه؟ ماذا سيحدث لو لم نذهبْ بحثا عنه؟

- حسب الوصية، سيمكث المال في حساب مُغلق مدّة خمس سنوات، وبعد انتهاء هذا الوقت، يُمكنُكم الحصول عليه. ما تقوله الوصية هو أن عليكم بذل قُصارى جهدكم للعثور عليه.

قام إسرائيل، الأخُ الأصغر للإخوة، مرّة وأخرى، بحركة لَفٍّ للْكِيبّا السوداء التي كان يعتمرها.

- أنا لا أفهم ذلك؛ هل حقيقة أنه يرغب في أن نذهب للبحث عن ابنه...؟

- ابنَ الزِّنا ذاك -قال مسعود، الابن البِكر-. ماذا يعني كل هذا؟ إنه لم يتكلم عن هذا الأمر مع أحد أبدا؟

سألتِ الأم، وهي تنظر إلى المحامي:

- ألم يكن بوسعه أن يموت حاملا سرّه معه إلى قبره؟

شرع صبرُ المحامي ينفد.

- لا أخبار لديّ، ذاك هو المكتوب في الوصية؛ الشيء الوحيد الذي يُمكنني أن أشرحه لكم هو الجانب القانوني في المسألة، ولا شيء أكثر. وأعتقد أن الترتيبات في هذا الوقت واضحة كفايةً. يُمكنُكم أن تُبطلوا الوصية، لكنْ لا يتهيّأ لي أن ذلك أمر سهل.

- يَلزَمنا أن نقوم بكل ما يُمكن كي نعثر على ابنه -قال داود-.

- من يلزَمه ذلك؟ أجميعا؟ أو هل يكفي واحد منا؟ الأمر الآن يقتضي أن يوقف خمسة أشخاص حياتهم ليبحثوا عن الابن...؟

- أنا لن أذهب، أكيد أنني لن أذهب إلى المغرب بحثا عن الابن الزَّنيم لزوجي؛ ذلك، لا...

- حسنا -قالت سيلبيا-. لا أعتقد أننا سنحل هذه المشكلة ونحن جالسون في هذا المكتبَ. أعتقد أن علينا العودة إلى البيت، وأنْ نفكر في كل هذا، وإذا كانت لديْنا أسئلة فسنُهاتفك، يا سيد أوثْ... شُكرا جزيلا. -وأومأت للآخرين كي ينتبهوا إلى وجوب انصرافهم-.

- سؤال آخر -قال ألْبِرطو-. سؤال مهم، كمِ المال الذي نتذاكر في شأنه؟

- لديّ هنا أرقام حسابات -قال المحامي- ولست أدري كم من المال يوجد بها. هنالك حساب في سويسرا.

- لم يبق شيء ذو بال -قالت الأم-؛ حوالي ستمائة ألف دولار، شيء أقل من ذلك، ذلك ما فضُل.

- ذاك كل شيء، ذاك ما بقي من الثروة الأسطورية الطائلة لعائلة ابن زِمْرَة؛ هي أقل من مئة ألف دولار لكل واحد؛ أذاك ما بقِي من الثروةَ التي كان بوسعها أن تشتري أمراء ووزراء وملوكا، وانْ تخرجَ أيّ يهودي من السجن؟

- هو ذاك -قال إسرائيل-، الإشكنازيون يغتنون هاهنا ونحن نُفقّر، حتى لن يبق لنا، بعد جيل آخر، شيءٌ.

- ها نحن قد بدأنا مع هذا -قال ألبرطو-. ها قد بدأنا...

- حسنا، ليس هذا هو الوقت؛ شكرا جزيلا، يا سيد أوثْ، سنُهاتفك إنِ احتجناك.

*

- إلى أين تمضي، يا بني؟
- أمضي وحيدا.
- أتَرى أحدا ما؟
- أراكم جميعا، لكنكم بعيدون جدا.
- ومتى ستعود؟
- قد عُدتُ، أعود دوْما.
- إلى أين تعود؟
- إلى البحر.
- أيُعجبُك؟
- الأمواج لا تترك أثرا.
- دائما هنالك صخرة تنتظر.
- أنا الصخرة.

مدريد
فورْتو/مسعود

أنتظر دائما حدوث شيء، أنتظر دوما. وحين يحدث شيء، أنتظر حدوث شيء آخر. قضيت ثلاثين سنة بعيدا عن تطوان، دون أن أذهب إلى هناك. كنتُ هناك دوما، أقيم في هناك أبدي، في هناك لا ينتهي، كلمة تنتمي إلى الماضي، كلمة تنتمي إلى النسيان، كلمة تنتمي للذاكرة. ثلاثون سنة وأنا أفر من هذا السَّفر. حكى لي ألبرطو أنه كان هناك، وقال لي إنه أمضى سنوات رائعة هناك، وأن كل دقيقة كانت أعجوبة. لكن آخرين، آخرين كثيرين، تكلموا عن الأزبال، وعن القذارة التي كان عليها كل شيء، وأن المدينة كلها قذارة، وأنها مليئة بالموروس، كما لو أن الموروس لم يعيشوا أبدا هناك. ولربما لم يكونوا هناك، ولربما لم يكونوا جزءً من حياتنا، بالرغم من أنهم كانوا يعيشون معنا، إلى جانبنا، كانوا دائما دوائر تتماسّ معنا، لكنها لا تخترق حيواتنا، كانوا أكوانا متوازية، يجلبون إلينا حاجياتنا، فاطمة، كانت تتكفل بأشغال البيت، وكانت تشتري البرتقال والسمك. ونحن كنا الشيءَ نفسَه بالنسبة إليهم، أولئك الذين يُحرِّكون الاقتصاد، والذين يمنحون العَمل. يحنُّون إلينا، يتساءلون لماذا مضيْنا، وهل كنا نَشْعر أننا غيرُ مرتاحين، وأعتقد أنّ ذلك غير صحيح. لم يكونوا جميعا يُحسُّون أنهم بخير، على عكس بعضهم مثل أمي والجدة؛ كانت النساء يشعرن بالتضايق في المدينة، كنَّ يتكلمن عن إسرائيل باعتبارها شيئا واجبا، دائما كانت النساء هن اللواتي قرَّرن الذهاب إلى إسرائيل، وفضَّل الرِّجال مثلي شيئا أشهر كمدريد أو باريس. من كان الحق معه؟ لست أدري، لكنني عندما وصلتُ إلى إسرائيل زائرا عام 1977 شعرتُ أن الوقتَ متأخر جدا بالنسبة إلي، وكان متأخرا جدا كي أغيّر حياتي متخليا عن مدريد، وعن

رائحة الحبَّار، والثرثرة حول قطع المازَّة، كان الوقت متأخرا جدا، قلتُ لأبي، وهو تفهَّم ذلك، أما هي فلا. كانت تريدني بجانبها، وهو كان يُفضل أنْ أكون في مكان آخر، في جزر ميورقة، حيث ابن عمي كان يودّ أن أذهب إلى هناك لأسيّر فندقا أو أشتريه، أو في كندا.

- هذا ليس لنا -قال لي ألف مرَّة-.

- أفْهمك، ربما سيكون ذلك للجيل القادم.

- الأحفاد، ربما سيكون الأمر أفضل بالنسبة إليهم، لكني أنظر إلى إخوتك وأخواتك، ولا أحد منهم يشعر أنه في بيته حقيقة، لا أحد يرى أن الأمور على ما يُرام، حتى أخوك إسحاق، الذي لم يكن متَّفقا أبدا، يشعر أنه على أفضل حال في نيويورك.

- لا أعتقد أننا كنا سنكون أفضل في نيويورك، أعتقد أننا أفضل في مدريد، أو في باريس، أو في القدس، لكنْ في نيويورك، أليس ذلك بعيدا؟ ربما لا يكون كذلك، المكانُ الأبعد بالنسبة إلى إنسان وُلِد في المغرب هو القدس، أيمكنُك أن تتخيَّل ذلك؟

- قلتُ ذلك بصوت عالٍ، وأنا جالس بجانب أختي العزيزة سِيلْبِيا.

- ماذا؟ -قال-، أيّ شيء يمكن أنْ أعتقد فيه؟

- لِست أدري، لم يتخلّ عن التفكير، لم يتخلَّ عن التفكير في ما تعنيه كل هذه الرحلة، وأي معنى لها، وعمَّ سنبحث، عن أخ، أخ لا نعرف عنه أي شيء، لربما كنا سنبحث عن أخ ميت، ولربما كان قد مات، فالناس يموتون شُبَّانا كما تعلم. ثلاثون سنة هي أعوام كثيرة. ثم إنه في المغرب، مع كل المخدّرات الموجودة لا يُعرَف العددُ الهائل الذي تفتك بهم.

- أنا أيضا أفكّر بالأمر دون توقّف.

طلبتُ ويسكي من المضيفة، قنينةً برُمَّتها، وكؤوسا وثلجا. دعوْتُ الجميع. بالرغم من أن شراب خ&ب ليس هو الويسكي الذي يُعجبني

أكثر، فجميعنا يُعجبنا الويسكي، وكان حَلًّا معقولا لتهدئة الجوّ المتوتر.

سنة 1974، تشتتت العائلة: ذهب البعض إلى القدس، وأنا بقيت في مدريد كي أتمّ دراسة الطبّ. لكن الحلم كان بعد ذلك هو الابتعاد. فاتسعت المسافة فيما بيننا، وشرع الكلام في التغيُّر، كلامُها، وكلامي، وكلامُ إخوتي. كانوا يتكلمون عن أشياءَ لا أفهمها، ولا يمكنني فهمها، ولا أرغب في فهمها، التمييز، والعنصرية، والقمع، لكن أمي لم تكن ترغب في أن تفهم ولا في أن تسمع الحديث عن الهجرة إلى بلد آخر، إلى أي مكان خارج القدس، ولو أني اقترحت عليهم القدوم إلى مدريد.

- هنا ستتدبَّرون أموركم جيدا، فالمال ليس مشكلة.

لكن عاما انقضى، وتلاه آخر، وقُدِّم اعتذار وآخر، فالإخوة الصغار ستكون لديهم مشاكل التكيُّف مع مدريد، بخلاف لو كانوا توجَّهوا إليها من تطوان مباشرة.

- إن لديهم أصدقاء جدُدا -كانت أمي تقول-، ويتكلمون العبرية، وذاك هو الأهم، الأهم أن نتكلَّم العبرية.

ربما كانت في ذاك على صواب، لكن كثيرا من الأصدقاء لم يكونوا على صواب، وهذا أمر أعرفه، وكنتُ أعرفه دوما... كثير من الأصدقاء هم هنا في مدريد... لستُ أدري لماذا أواصل التفكير في كل ذلك. ربما لكي أهرب من ذاتي نفسها، ومن الوضع الذي أنا عليه، ومن وفاة والدي، ومن الوصية الغريبةَ التي تركها لنا، أعدو بأفكاري، وأعود كل مرَّة إلى هذا الأخ الغريب، نصف الأخ. ماذا سأقول له عند العثور عليْه؟ ماذا؟ ربما، ببساطة لا شيءَ. أنا المُطالَب بالتكلّم، الابن الأكبر، أنا الذي عليَّ أن أستهِلّ الكلام.

- إنَّك هاهنا، يا يوسف، أنتَ، يا ابن أبي، لم أكن أعْلم أنَّ لأبِي ابنا آخر، لكنه هو تذكَّرك، وذكرك في ذلك الإرث، هنا، أترى؟ وَقعْ تحصُلْ على مئة ألف دولار، وربما أكثر بقليل، وذاك كل ما في الأمر، فنحن إخوة، شكرا جزيلا، نحن سُعداء جدا بالعثور عليك، لكننا لن

نلتقي بعد ذلك أبدا. ستتوصَّل بشيك من قبَل محامينا، في غضون شهر أو شهرين، إلى أنْ نُسوِّي كل الوثائق القانونية، ذاك كل ما في الأمر...

ربما سيكون ذلك ما قد يحْدُث، وربما... ماذا؟ سأشرع في البكاء، وسأقول له إنه بديل إسرائيل، الذي وُلد أثناء حرب الأيام الستة، ومات في حرب لبنان. كان الإسرائيلي الوَحيد في العائلة، أحَبَّ الأرضَ ولغتَها، الوحيد، ومات في لبنان، والآن، أنتَ، أنتَ، يوسف أنت، أنتَ أخي، أتفْهَم ذاك، أنتَ أخي، وكفى.

هكذا سيمُرّ كل شيء، أو ربما لن يكون كذلك، فالرسائل هي أبسط شيء، وأيْسرُ، من أنا، لديَّ سبعة وأربعون عاما، لم سأحتاج أخا الآن، عندي ابنٌ، لمِ أحتاج أخا؟

- ذاك هو السؤال الذي نطرحه جميعا -قالت سيلبيا-.

- وإذن، ماذا لو نبحثْ عن عنوانه ونبعث إليه رسالة، إنْ كان موافقا سيبعث إلينا ردّا من قبل محاميه، وإلا فسنكون قد قُمنا بما طُلب منَّا في الوصية، أليس كذلكَ؟

- ألم تُفكر في أن أبانا لربَّما كان قد رغِب في أن نعثر عليه، وأنْ نراه. ألم تُفكر في ذلك؟

- أنا لا أعرف ما رغب هو فيه. أبانا الآن ميّت، وليس بوسعنا أن نسأله شيئا. أو لربما كنت قد تكلّمتَ معه، وقال لك شيئا عن كل ذاك، فقد كان أقرب إليك منا نحن جميعا، وكان أقرب من رُوط، وليس منّي، ليس مني كثيرا. هل تكلم عن هذا معك؟

- لا. أبدا. لم يتكلّم معي بصورة محدَّدة أبدا، لكن هنالك بعض الجُمل قالها لي، ربما كانت لها علاقة بكل هذا، أو لديْها الآن معنى جديد، ربما، ربما أتخيَّل ذلك. قال لي منذ سنة إنه لو مات قبل أمي، فلْنعتنِ بها، وأصرّ على ألا يتكلَّم عن المال، أحيانا كان يقول لي إنه قد ترك في المغرب ما هو أغلى من المال. كانت له جُمل غريبة، ربما تأخذ لها الآن معنى مختلفا.

حان وقت الغذاء، فسألت سيلْبيا إن كان الأكلُ كاشير، فردّت عليها مضيفة شركة إيبيريا بأنّ الوجباتَ كلها كاشير على متن هذا الخط. يلزم عمل شيء أثناء هذه الرحلة. الغذاء على متن الطائرات تسلية أكثر منها تغذية. يعوض الأكل ساعات الجلوس الطويلة دون عمل أي شيء. لكن الأفكار لا تهادنني، بينما أحاول معتمدا أفضل مهاراتي فتح علبة الأكل، دونَ أن أترك شيئا يقع على ملابسي أو ملابس أختي، لا يزال لدي قليل من الويسكي، لكن الطعام يفتقد المذاق، ليس مثل الوجبات على متن الخطوط الفرنسية صوب نيويورك. هنا يَصل إلينا من نيويورك إسحاق، طبيبُنا التَّجانسِي، أكيدٌ أنه سيشرع، مرة أخرى، في مناقشتي بصدد كيفية تسميمي لمرْضايَ، لكن الحقيقة هي أني أصف لهم يوما تلو آخر مضادات حيوية أقل، وأدوية أقل؛ لقد اكتشفتُ أن تسعين بالمئة منهم يرغبون في أن يتقاسموا معي مشاكلهم، أكثر من رغبتهم في أن يُعالَجوا من أمراضهم، هم أيضا لا تروقهم الأدوية كثيرا، وأكثر من نصف هؤلاء ينتهون في المزبلة: أن تكون طبيب العائلة فذاك أمر ممتع، يكون لك وقت أكثر للتحدث مع المريض، وأحيانا يُمكن التعرف على كل مشاكل العائلة، وفي كثير من الأحيان يكون ذلك مفيدا. هو الوحيد الذي سافر إلى تطوان منذ أن رحلنا عنها، وقال إنه ليس في عجلة من أمره فيما يخص المال، لكنه يرغب في المجيء صُحبتنا، وأن نلتقي مجدَّدا في مدينتنا. الحقّ معه، لقد فررنا طيلة كل هذه السنوات من المدينة، جميعا فررنا كما لو كنا امرأة لوط، ولو تجرَّأنا على النظر وراء فإننا سنتحول إلى تمثال من ملح؛ ممَّ نخاف كثيرا، من مدريد أو من باريس؟ مجرَّد تحليق ساعتين بالطائرةَ كان بالإمكان أن أمضي نهاية أسبوع، ذاك ما كانتِ زوجتي تطلبُه مني دائما. في ذلك الزمان، أثناء تلك الأيام التي كانت تحبُّني، طلبتْ مني مرّات كثيرة أن نُسافر إليها نهايةَ أسبوع، وكان جوابي دوما «ماذا لديَّ هناك كي أبحث عنه، يمكننا أن نذهب إلى باريس، أو نيويورك، أو ماديْرا، أو سريلانكا، أو الهند، أو مَدْراس، أو طهران، أو أي مكان، وليسَ إلى المغرب». ولم أكن الوحيد الذي يُجيب هكذا، كذلك كانت إجابة أبي، وأمي، وكل إخوتي. ماذا ضاع

منا هناك؟ كل شيء، أقول، ضاع منا كل شيء هناك.

- أتُحرك مشاعرك العودة إلى تطوان؟

- ليست هذه أفضل الشروط. لست أدري، لقد تحاشيت هذه اللحظة طِيلة حياتي، لكنني كنت أعْلَم أنه سيكون عليّ أن أعود ذات يوم، أنْ أغلق دائرة، أن أنهي ذاك الفصل. لم أفكرْ أن الأمر كان سيحدث هكذا، وأني سأعود باحثا عن نصف أخ لا أعْلَم عنه شيئا، لستُ أدري إنْ كانتْ هذه اللحظة الأنسب، لكن هي كذلك حسب ما يبدو، لأننا نسافر في ذلك الاتجاه، تل أبيب -مدريد- مالقة، تل أبيب -مدريد- مالقة... المسار المعاكس لمسار 1974، كنتُ في تلك الفترة في مدريد، لكنني قرأت آلافِ المرات في كتب ألبيرْطو عن ذلك الصباح الذي استيقظ فيه بريسْتينْكا وسافر إلى سبتة، كما لو أنه كان هناك. كيف تتذكر أنتَ ذلكَ؟

- أنا كنتُ سعيدةً. لا تنس أن ذلك كان بعد فشل الانقلاب العسكري لأوفقير، في تلك الفترة حدثتْ محاولات عديدة لاغتيال الملك، ونحن كنا نخشى أن يحْدُث ذلك، لأن وقعه علينا كان سيكون سلبيا. شعرنا بارتياح. أتذكّر أني أيقظْتُ إسرائيل وحملتُه في يديّ، بملابس غير كاملة إلى السيارة؛ وكانت أمي تحمل روط، بينما كان أبي يتكلم مع السائق، بالضبط وقت شروق الشمس فوق البحر. كان منظرا رائعا. عند الحدود، كنّا خائفين نوعا ما من حدوث أي شيء، رشا أبي شرطيّا، جميعُنا قلنا إننا ذاهبون في عطلة إلى ميورقة، أخيرا وصلنا إلى جزر ميورقة منذ سنتين، أبي وأمي وزوجي وأنا، كذلك جاءت روط وزوجها، وأمضينا أوقاتا ممتعة، للأسف أنك لم تأتِ، كانت عطلة خرافيّة.

فجأةً سكتت، حين اعتقدت في أنها كانت ستقدّم لي تفاصيل كثيرة، جُملا، وذكريات السَّفر العائلي، سكتت. الأشياء في راسها واضحة جدا، البيت، والزوج، والأبناء الثلاثة، والاستقرار الفرنسي النموذجي، كل شيء أمان، المرهمات تمنح الأمان، باريس، الضمان

الاجتماعي، البيت، السيّارتان، الزوج وتأمينُ حياته، الأطفال الذين سيذهبون للدراسة في مدرسة من الطراز الرفيع، كل شيء محكم التنظيم، أما أنا فمُشكل كبير، زواجي حماقة. لا أحد يعرف شيئا عن ذاك، لا أحد يعلم ما يحدث لي، ولربما هم يعتقدون أنني أعيش حبًّا كبيرا، حبا كبيرا لا نهاية له. وربما هم يعتقدون أن لا حاجة لي في الإرث، وأنه يكفيني مال زوجتي، والمال الذي أكسبه من عملي طبيبا. يكفيني لأي شيء؟ أيكفيني لكي أدفع رهنَ بيتي الواقع في شارعِ بِيدْرُو طيْشيرا، والسيارة الكبيرة، وحاسوب البنت، منْ يدري لأيِّ شيء يكفي شيء ما، ليس كافيا لابتكار السعادة، ليس كافيا لإعادة ابتكار الإحساس بدفء يوم من أيام عيد الفصح، حين كنا نعود من البيعة وكنا نحسّ برائحة صحون الأعياد، والبيت نظيفا، والنساء يرتدين أفضل ألبسة الحفلات ربما في ذلك الزمان كانٍ للحياة معنى، ربما فيٍ تلك اللحظة فقط، لكن ما أدراني فيمَ كان يُفكر أبواي، وبم كان يحلمان، ربمٍا هما أيضا لم يكونا يَعْلمان من أين كان سيحصُلانِ على النقود، كي يُغطيا النفقات حتى نهاية الشهر، أو أنهما كان يُفكران في أنهما لن يخرجا من المدَينة في الوقت المناسب، وأن الملك سيُغتال، وأن كل شيء سينهار. بالنسبة إلي، في أعوامي العشرة، كان ذلك المكان يبدو لي الآمَن في العالم، والأوضح، لم أسمع أمي أبدا تنشغل بأمر المال، مثلما حال زوجتي، علما بأنَّ لدينا أكثر مما كان لديهما في تلك المرحلة، فلدينا الطبّ العمَومي والطب الخاص، وكل أصناف التأمينات الموجودة في العالم، ولا يكفينا ذاك، ولسنا مسرورين، هي تريد أن تذهب إلى أغلى محل للحلاقة، وإلى المتاجر الأبهظ، وإلى ما لستُ أدري، ما أراه فقط هو أننا في كل شهر ندفع أكثر إلى البطاقات البنكية، دون أن أستطيع النبس ببنت شفة، فالمال مالها أيضا.

ليس البيت مكانا آمنا، ليس آمنا كما بدا لنا من قبل، لقد كان رمزا للأمان، مثلما كان رمزا للحرية، المكان الذي تُمكن العِودة إليه دائما عندما تنطق السماء رعُودا، كثرة المال تساوي أمْنا أقل، وتسهيلات أكثر وخدَمات بدهيَّة أكثر، مما يُضخم الخوف من فقدها. ربما تُعانقني،

أُحبُّ أن تعانقني أختي، ولماذا لا أعانقُها أنا، لَم لا؟ أُطوِّقها بذراعيَّ فقَط، وهي سبتسم بالتأكيد، سيغمرها السرورَ لكني لا أستطيع، لا أستطيع معانقتها، لا أستطيع مَنْح الحب. أبتسم لأختي. أين هو الحب الذي تبادلناه عندما كنا صغيرين، العناقات التي تبادلناها، والنقاشات التي خضناها، والنزهات التي تجوَّلناها معا، أين نحن الآن، لماذا نحن بعيدون جدا عن بعضنا، القدس وباريس ومدريد ونيويورك، أمشتَّتون في نصف الكرة الأرضية؟ عاشت عائلتي طيلة خمسمائة عام في المكان نفسه، في كيلومترين مربَّعيْن، كنا نمشي من بيت إلى بيت، لكن في المكان نفسه طيلة خمسمائة سنة، والآن تفصل بيننا مسافة خمسة آلاف كيلومتر، ربما غدا العالَم أصغر، يُمكن أن يُزار، لكننا صرنا أبعد عن بعضنا، أريد أن آتي إليك لأبكي وأتحدَّث عن زوجتي، وأحكي لك عن طبْعها الصعب، لكنني لا أستطيع ركوب طيَّارة لأجلِ ذلك. هنالك أيضا، لما كان الجميع قريبين لم يكن بالمستطاع التحدث عن الآلام، أشياءُ كثيرة تحوَّلت إلى النسيان، لم يكن الناس يتحدَّثون في ذلك الوقت، كانوا ينسون فينتهي كل شيء.

كنا نلتقي في الأعراس والمآتم، وفي الختانات، في عُطل أيامُها معدودة، وكنا نسعى جميعا إلى أن نكون مسرورين، ونسعى إلى ألا نتحدث عن المشاكل، والحيوات المنفصلة، والمسافات، المسافات التي تتعمَّق حدَّتها أكثر كلما عُدنا إلى التلاقي، لأنه أنذاك، آنذاك، كنا نرى كيف أن كل واحد قد سار في طريق مختلف، وأن كل واحد قد مضى إلى لغة مختلفة، وإلى ثقافة مختلفة: سيبدأ ألبيرْطو في التحدُّث إليَّ عن المشاكل مع الأشْكينَزيم، أكيد أنه على صواب، لكنْ أيّ علم لي بذاك! أنت ستتحدَّثين لِيَ عن كلبك المريض، وإسحاق عن الطب التجانسيّ، وروَط، عن أيِّ شيء يمكنني أن أتحدَّث معها؟ عن ابنها القادم، ثلاثون سنة، ستة أطفال، ماذا تفعل طيلة الوقت، أطفال، أطفال، لا شيء غير إنجاب الأطفال، وزوجُها يدرُس في مدرسة للتفقه في التوراة تابعة لحزب شاص، ويُنجب أطفالا. يعيشان على قليل من مال العائلة، والإعانات الاجتماعيةَ، ويُنجبون مزيدا من الأطفال، عمَّ يُمكنني أن أتحدَّث معها،

عن أيّ شيء، عن تَنُّورات زِوجتي التي تساوي الواحدة منها تقريبا كلّ ما تصرفه هي في شهر، عالم بالمقلوب، عالم غريب، رأيتُها قبل الدّفن، منذ خمس سنوات، وهي الآن لا تستطيع المجيء معنا، هي في الشهر الثامن من الحمل بالطبع، لا تستطيع ركوب الطائرة، هي بحاجة إلى المال أكثر منا، وتستعجله أكثر من أيّ منا، وإسرائيل الذي مات، مات نهائيا، دون أن يترك أبناء، مات ومضى.

يُمكنني أن أتحدّث معه، ولأجل ذلك لستُ في حاجة إلى كلمات، ولا إلى أفكار. الموت من أجل الوطن موتٌ له وِجهةٌ، وموتٌ له معنى.

انتهى الأكل، أعيد الأطباق، أرى الذين يخشون السفر في الطائرة، كان بعضهم يجلس من قَبل في جناح المدخنين، وكانوا يُدخنون طيلة السفر، الآن يكتفون بالتّململ، وأن يمضوا من ناحية إلى أخرى، وأن يَعرقوا...

تمنحنا المضيفة ابتسامة مفتعلة، تُقدّم علامة تجارية لشركة إيبيرْيا؛ لم أستوعب أبدا كيف أن الشعب الذي يعرف كيف يضحك طبيعيا أمكنَه أن يُقدّمَ إلى العالم مُضيفات يفتعلن الضّحك، يُفاجئني ذلك أكثر من رحلة إلى رحلة، والأدهى هو حدوث ذلك في الرحلات الداخلية. سيَكون مفيدا معرفة من يَنْتَقيهنّ.

إسحاق

عندما سأعود سأقول لها ذلك، أخيرا سأقوله لها، انتهى كل شيء، يا ساندي، انتهى هذا، لا يُمكِننا أن نواصل على هذه الحال، لا يمكن أن نواصل العيش معا، لا يتعلّق الأمر بشيء، لستُ أهدِّدك، ولا حتى أنا راغب في الانتقام من ذاتي، لستُ غاضبا، ببساطة كل شيء انتهى، لا أستطيع مواصلة العيش معك، ربما أستطيع أن أكون صديقك أو عشيقَك، لكن لا يمكننا أن نكون زوجا وزوجة، لا يمكن أن نواصل إطالة هذا، ليس بوسعي فعل أي شيء، لا، لا آمل في أن تتغيَّري، ولا في أن تتخلي عن الصراخ في ابننا سام، لا أنتظر منك أن تسكتي، ليس لديّ أي حل، ولا أي وسيلة لأجل ذلك، ليس في 8CH ولا في 200M، لن يغيّر المحلول شيئا. ولا يمكنني أن أعالجك، أن زوجك، تحتاجين إلى طبيب آخر، هذا إنْ كان لديك مُشكل، لكنْ ليس أكيدا أن لك مشكلا، ربما لم تكوني تعانين أي مشكل، هذا انتهى ببساطة. هل تتذكّرين لاشسيس، ذاك العلاج الذي يُتحدث عنه دون توقف، لقد جرَّبناه مرَّة، هل تذكرين، وأتذكّر تلك المرة، فأنفجر ضاحكا، وكل شيء يمرّ بي مثل موجات البحر الأبيض المتوسط، بعد ذلك يعود الصمت، والشمس، والأمواج الصغيرة التي هي مداعبة أكثر منها ألم، وحينئذ أحنّ إليك، لكنّ هذا لا يمكن أن يستمر هكذا، ذلك الرَّجل الصغير يسكن رأسي، ويقول لي إن هذا لا يمكن أن يستمر هكذا، أطلقك كل يوم، وأعود مع عودة الذكريات، لكن ماذا أفعل مع الحاضر؟ أين يكون الحاضر؟ أين هو حاضرُنا؟ أتذكر هذا البيت الشعري لجاكسُون برْاون الذي يقول إنّ أفضل الأزمنة هي تلك التي كنا نجتهد فيها، الجهد يصنع من كل شيء مطاطا يُعرقل الاتصال، اللااتصال بين رجل وامرأة، بين الرجال، كل شيء يعود ويعود مرّة أخرى ولا أستطيع أنْ أحسم، أي قرار يمكنني أن أتخذه، ربما مادّة السِّيليكا، أو أي نوع

من النَّاتروم، الناتروم موررياتيكوم، ناتروم سولفوريكوم، الناتروم، الملح، يناسبني الملح، ملح المائدة، ملح البحر، الملح في كل النواحي، ملح ومزيد من الملح، رجل مُملّح، أحسّني مشدودا إلى الملح، لا أستطيع السباحة في المسابح، لا ملح فيها، أسبح في البحار فقط، البحر، مزيد من البحر، لمس البحر، رؤية البحر، بمجرد ما أحس البحرَ أتحوّل إلى آخر، ولهذا السبب لم أغادر هذه الجزيرة منذ عَشرة أعوام، مانهاتن. عندما تصير الأشياء صعبة أخرج فالأفضل الخروج إلى البحر، رؤية المياه المالحة، الإحساس بأنّ البحر يصل إلى مكان بعيد، إلى مكان آخر فيه حياة، وأناس آخرون، وأن المياه توحّدنا إلى أن تفنى الحياة، جزر مفقودة، أشخاص لن يتكلموا معي أبدا، يربطهم بي ملحُ البحر، عبر ذاكرة ماء البحر، ذاكرة الملح، المعادن، كل تاريخ العالم موجودٌ فيه، في مياهه، القراصنة وأسلافي الذين خرجوا من السّفاراد، من إسرائيل، الذين خرجوا بحثا عن عالم جديد هنا، لأن اليهود الأوائل الذين وصلوا إلى هنا كانوا سفارديّين، استهلوا النزوع اليهوديّ في الولايات المتحدة، في نيويورك، وفي أمريكا، على ألا ننسى المهتدين الذين عرفوا كيف يعيشون في مجتمعات تتستّر على يهوديّتها في هذه القارّة برُمّتها، هنا نحن. أدخل حالة انهيار وأشرع في الحديث عن البحر، البحر الذي أحلق فوقه الآن بالذات، لو غرقنا لما عثر أحدٌ على أشلاء أيٍّ منا، سنتحول إلى بحر، أشلاء أجساد في الماء أو داخل أسماك ستؤكل من قبل أسماك أكبر حجما أو أصغر، أو التي ستنتهي حياتُها في طبق، سنصير أسماكا، سنصير بحرا، سنصير بحرا.

قد فعَلها، ولَدٌ من الخادمة، لكنَّه لم يُفسّر شيئا، هل كانت علاقةً طويلة أو فعلا وحيدا؟ يولد الأطفال من الصيغتيْن، إنهم لا يشترطون كثيرا كي يولدوا، الأمرُ سيّان بالنسبة إلى الحَييّ المَنوي إنْ نجم الأبناء عن حبّ أو عن أيّ شعور آخر، لكنها كانت عشيقته قبل الزواج، لما كانت تشتغل في بيت أبويه، بنت في الخامسة عشرة من جبل شفشاون، وهو كان في الثلاثين؛ هي أنجبت الولد في الثلاثين من عمرها، تقريبا في الأربعين، ربما فكرتْ في أن ما بقي لها من الحياة القليل، وأنها كانت

فرصتها الوحيدة، و لم يكن يهمّها أمْر الأب، وإذا كانت ستبقى خادمة طيلة حياتها فعلى الأقل يكون لها ولد، أو لربما حدث ذلك مرّة واحدة حينما كانت أمي في المستشفى إثر مغص في الأمعاء، وبقي هو في البيت مع الخادمة، والأبناء في المدرسة، وهي تكوي، وتُهيّئ الطعام وتقدمه، تقوم بكل شيء، ودون أن تنتبه تكون هي بديل المرأة الحقيقية، الشيء الوحيد الذي بقي هو الجنس، وربما حين فهمت ذلك كان الوقت قد فات، أخبرَته بأنها حامل من خمسة أشهر، وربما، شهر آخر ربما وآخر، وآخر أيضا، لم تكن إلا حالة واحدة فقد ظل وفيًا دائما، أو ربما كانت هناك حالات أخرى خلال أسفاره إلى طنجة، وجبل طارق، والصويرة، كان معظمَ الوقت خارج البيت، كان يمضي الوقت خارج البيت، وإذا حدث ذلك مرّة واحدة فلم لا يكون عشرين، وإذا كان الأمر كذلك فلربما كان له أبناء في المغرَب كله، وربما حتى في أوربا، في مدريد، في إسبانيا، من يدري، لن نعرف ذلك أبدا. من يمكنُه أن يُقدم أجوبةً عن كل هذا. ماما؟ لا أعتقد في أنها تعتقد في شيء، هي لم تحك شيئا لأحد، لا شيء عن شيء، لم تتكلم عن هذا مع أيّ أحد، لم تعترف أمام أيّ، ربما حكتْ ذلك لعشيقة أخرى، أو لطبيب نفساني، لا نعرف، ربما لصديق حميم...

سيلْبِيا

كلما ركبتُ طائرة أصابتني نزلة برد، قَبل الطائرة، كلُّ شيء يبدأ ساعةً قبل الوصول إلى المطار. السعال الجاف، ثم عطسة أو عطستان، وبعد ذلك أعطس دون توقّف، لا أخشى الطائرات، أبدا لم أخَف الطائرات، ربما كان ذاك في اللاوعي، ربما بسبب الهواء المكيَّف في المطارات، لست أدري، وها أبي تعثّر مرة أخرى في الحجر وأنجب ولدا آخر، أنا لا أعرف عنه أي شيء، أبي، أبي، حتى أنا لم تحك لي عن ذلك، حتى لابنتك الأثيرة، ربما حكيتَ لروط، أو ربما رغبتَ في أن تتناسى ذلك، ربما نسيتَ ذلك إلى غاية اليوم الذي كتبْتَ فيه الوصية، لديك حسابات سريَّة في مصارف سويسرا... وولَدٌ في المغرب، ربما هما شيئان متلازمان، وأتذكر كيف سافرتُ إلى مدريد سنة 1977، عامين بعد وفاة فرانْكو، وكيف سافرتُ إلى العمّ ألْفونصو، وكل شيء كان غريبا جدا، في ثلاثة أعوام كنا مختلفين جدا، الذين انتهوا إلى إسبانيا والذين حلوا بإسرائيل، من ناحية كنَا أكثر تأكدا من ذواتنا، كما لو أن كل الماضي قد مُسح، الإذلالات، الإحساس بالعيش تحت حُكم آخرين، كل شيء مُحيَ وكل شيء بقي؛ من ناحية أخرى، بدا لي أنهم أكثر رضى عن حياتهم، لديهم الكونتْري كلوب والمسبح، وألعاب التِّنس، وقاعات السينما الحديثة، مدريد هي المدينة الحديثة، القدس هي القرية، لكنَّهم لا يزالون يحملون معهم ذاك الخوف ذاته خوف الغربة، ذاك الخوف اليهودي ذاته الذي لا يمكن تحقيق شيء دونه، ربما نحن أيضا نجلب معنا ذلك الخوف ونُحوّله إلى الآخرين، فالأشْكنَزيم عندما يُعاملوننا على أننا أغبياء ويعتقدون أن بوسعهم استغفالنا، هل تتذكر يا أبي، كانوا يرغبون في أن تستثمر مالك في معمل هسْتَدْرُوت العمومي، لحسن الحظ أنّك كنت ذكيا بما في الكفاية فقلتَ لهم إنك بعد شرائك البيتَ لم يبق لديك مال، ذكي جدا، لم أفْهم لماذا قلت

ذلك، قلتَ هنالك مستثمرون من الخارج، لكنهم يرغبون في معمل خاص، لكنَّك استسلمتَ بعد ذلك، مثلما حال كثيرين قبلك وبعْدك، واليوم، أين هي اشتراكيتُهم؟ لقد تحوَّلت إسرائيل إلى بلد للرأسمالية المتوحّشة، والذين كانوا يُسيِّرون نقابات الهستدْروت تحوَّلوا إلى مُدراء بنوك، وهم يسحقون الذي كانوا يضطهدون سابقا، ابتكار إسرائيلي، رأسمالية الشيوعيِّين، سيصدّرون الفكرة في وقت قصير إلى روسيا وإلى بلدان أخرى كانت شيوعية. ما يبدو لي مُضحكا هو أنه بعد زواجي من رَايْمُون، عزيزي رايمون، وذهابي للعيش في باريس بشارع فيكتور هوغو، لا أقل ولا أكثر، غدوتُ يهوديّة في وقت قصير، لم نقل لأي أحد إننا يهوديّان، بالرغم من أن اسمنا العائلي يهوديّ أصيل، لكنْ ليس الجميع يعرف أيّ الأسماء يهودية؛ قُلنا لأبنائنا أن يتصرفوا مثل الجميع، وألا يلفتوا الانتباه، وألا يقولوا إن أمهم من إسرائيل، شيء لا يُصدَّق... الديموقراطية الفرنسية هي شكل للمسيحية مُعقّد ومُطوَّر ينتظر أن يكون الجميع مثله، من قبل كان الشعارُ أن يصير المرء مسيحيًّا، واليومَ أن يصير فرنسيا، مواطنا مثل الجميع. هناك دينان فقط يطمحان إلى أن يغدوا كونييْن، المسيحية والإسلام، واليومَ حين يقذفون المدرسة اليهودية بالحجارَة أخشى أن أبعث بأبنائي إلى هناك، بالضبط مثلما كنَّا نخشى أن يرمينا الأطفال المغاربة بالحجارة، عندما كنَّا نخرج من مدرسة التحالف الفرنسي، ربما كان الأمر في إسبانيا مختلفا، لكن الأمور في باريس تمضي كل يوم من سيئ إلى أسوأ، وما يحدث لنا، كما الأمر دائما، هو أننا نحن اليهود نبحث عن مُبرِّرات: الفلسطينيون، المغاربة الذين وصلوا إلى فرنسا، الانتفاضة الجديدة، وأنه لا شيء، أمْرٌ عابر، وفي الأخير سنرحل عن المكان بحقيبة وبضع بذلات، ذاك ما سيحْدُث، حسنا، عليَّ أن أكف عن التفكير في ذلك.

– أتحبين قليلا من الويسكي -يقول لي ألبيرطو من الخلف-.

– نعم.

– هذه العائلة لا ترفض الدعوة إلى الويسكي أبدا.

- ربما يساعدني على علاج الزكام، وربما يسبب لي صُداعا. سنرى.

ظننْتُ أنيه سيأتي لقضاء الشهر، وأنِ أعود حالا، لكني ها هنا، في رحلة بالطائرة إلى مدريد، كما كانت الجدّة تقول، تكون الأسفار حين تتقرَّر، إننا نبحث عن يوسف الباز، الأخ، نصف الأخ، في الثلاثين تقريبا، أو السابعة والعشرين، ربما، حتى ذاك ليس واضحا، نعرف من تكون أمُّه فقط، والآن على أبنائي أن ينتظروا بعض الأيام إلى حين عودتي، بكتْ لي الصغيرة في الهاتف، لكنْ عليها أن تنتظر، كم يومًا سيتمر كل هذا؟ أسبوعان، أسبوع، ربما تكون السيدة الباز، خادمتنا، تنتظرنا في البيت نفسه الذي كبُرنا فيه. اشتريْتُه، ستقول لنا، بالمال الذي بعث به إليّ أبوكم، ستحكي لنا كيف كبُر ابنُها والذكاء الذي يتمتع به، وأنه ذهب إلى بلجيكا، أو ستحكي لنا أنه قد تورَّط في حكاية تهريب للمخدرات، وأنه الآن في السجن، لا، أبدا لن تحكي ذاك، ولو كان في السجن، ستقول لنا إنه ذهب إلى هولاندا، وأنها لا تعْلم أين يحيا، وأنه يُهاتفها بين الفينة والفينة، أجل، بالطبع، يُهاتفني ويُرسل إلي مالا عبر الويسْترْن يُونْيُون، كيف ستنطق ذاك، بإسبانية ممزوجة بالعربية، وسنقول لها لماذا جئنا أو أننا سنحتفظ بذلك سرًّا، لستُ أدري.

- من يرغبُ في أخ؟ -يسألني أخي-.

- نعم، ذاك ما نتساءل بصدده جميعا، إنْ كان منْ بيننا من يرغبُ في أخ آخر الآن. لا مصلحة لنا فيه. لقد سافرنا لأن الإرث يرتهن إلى ذلك، أصحيح؟ ربما يكون هناك بعض الفضول، أو ربما تكون فرصة للذهاب إلى المغرب جميعا، فرصة لن تتكرَّر أبدا، لكن بسبب المال خاصة، ذاك ما كان يقوله أبي دوما، «لا ثقةَ حين يتعلّق الأمر بالمال».

- أيّ علاقة لذاك بما نحن فيه؟

- لست أدري، لكنْ هنا يصلُ الأكل، وعلينا أن نفعل شيئا.

- أجل، ذاك سبب وجود الأكل، كأنه تسلية.

لكنْ حتى صحن مليء بالأكل على متنِ الطائرة لا يكفي للحيلولة دون تناسل الأفكار، ولا يوقف الزّكام، أطلب من المضيفة مزيدا من الكلينيكس، كنتُ أفضّل أن أرى أخي الأصغر، الذي مات في الحرب، لا أن أرى أخا جديدا. إنها الطريقة الوحيدة لتتحوَّل إلى إسرائيليٍّ حقيقي، مغربي يموت في الحرب يتحوَّل إلى إسرائيلي حقيقيّ، إنه حتى تلك اللحظة نصف إسرائيلي، يَلزمُ أن يكون الموتى لا يُهدّدون أحدا. مُتْ وتحوَّل إلى واحد منا. لا أريد التفكير في ذلك، كان عمر أخي الأصغر سيكون اليوم ثلاثا وثلاثين سنة، أو أربعا وثلاثين سنة، متزوّجا، وله ابن أو ابنتان، إنها سنّ رائعة، كان عمره سيكونِ ثلاثا وأربعين سنة، ولكنِه ليس هنا، ولا أَحد يتكلّم عنه. جميعا نُفكر فيه، لكن لا أحد يتكلّم عنه، لقد خُتم الموضوع، مع ثلاثمائة جندي آخرين انفجروا رُفقتَه، إنه هو الذيَ أريد أن أراه، وليس يوسف، الذي لا أعرفه، ماذا يمكن أن يُضيف ذاك، لِنَبحثْ عنه، لكن ما نبحث عنه هو المال.

ألبِرْطو

أُكتبْ، أُكتُب، صُنِع العالَمُ كُلُّه كي يسع في كتاب، كي يُكْتَب في صفحة، المرءُ الذي يموتُ هو كتاب، إنه قصيدة، أحدٌ ما يَقتُل، لنكتُبْ عن ذاك، هجوم إرهابي، عاشقة للنهار، كل شيء كلمات، أرى أفكار إخوتي، كتابا، أنا جالس هنا قبالةَ حاسوبي المحمول، إخوتي أمامي، وأنا أكتب، أكتُبُ عنهم، لا أفكر، لا تُفكر، بعد ذلك سيأتي المنطق، المنطق الوحيد هو أن كل الأشياء كلماتٌ، كل ما يحْدُث كلمةٌ وكلمة أخرى، يأتي إسحاق من نيويورك إلى مدريد، يجري مع الكلمات، تُفسّر الكلمات كل شيء أو لا شيء، ماذا يهم، المهم هو التوثيق، أبي مات، إذن حسن جدا، لدينا كتاب، ساكتُب كتابا، سأكتُب كتابا عن أبي، عن أخي الميّت، عن الطلاق، عن المرأة الثانية، سواءٌ وُجدتْ أمْ لم توجد فيمَ يَهُمّ، يُمكن الكتابة عمّا يوجد وعمّا لا وجود له، عَمّا حدث وعمّا لن يوجد أبدا، الصفحةُ تحتمل كل شيء، يتحمّل القارئُ القليل جدا، إنه لا يقرأ مُعظم الكتُب، أو يرمي بها في الزِّبالة، لكنّ الصفحة، الصفحةَ هي هي الجنة بالنسبة إلى كُتّاب مثلي، أنا أقصف الصفحة، الأشكينازيم يُغيظونني، ما المشكلة، يُمكن أن يُكتَب، يمكنني أن أجيبَ، كانت عليّة فشلا، مرّة أخرى ما أهمّيته، مثلما قال بوكوفسكي، الرائع في الكتابة هو أنك يمكنُك أن تعثر على زوجتك تُضاجع أفضل أصدقائك، وعوض أن تقتُله تمضي لتكتُبَ عن ذلك قصيدة عظيمة، ويُمكنُكم تلك الليلةَ ذاتَها أن تجلسوا أنتم الثلاثة وأن تشربوا جعة معا، أو على الأقل يُمكنك أن تكتُبَ عن ذلك، وأن تكتب أكثر، هنا توجد سِيلبِيَا التي تلتفت وتسأل:

- عمّ تكتُبُ بسرعة كبيرة؟

- عن كل شيء، الويسكي، والمُضيفة، ومراقبة الجوازات...

- كفى، لا تكتبْ كثيرا عنّا، أنتَ لا يمكن أنْ يُقالَ لكَ أيُّ شيء،

فأنتَ في الأخير تكتبُ كلَّ شيء في كُتُبك.

- لا تشغلي بالَك، فإنَّ لديَّ قراءً قلائل.

- وإذن، لِمَ تكتُبُ عنَّا، أُكْتُبْ حكاية عن القمر، فإنها تُباعُ أفضل.

أجل، هو ذَاك، كلٌّ واحد لديه أفكار بصدد ما عليَّ أنْ أكتُبَه، مثلا، أنا أحتاج على عجل الحصول على المائة ألف دولار من الإرث، فقد نفدَتْ تعويضاتُ العَمل عن نصف الحصّة الذي كان لديَّ في مؤسَّسة سُوخْنُوتْ مدَّة عشر سنوات، انتهت، عمَلٌ مملٌّ، لكنّه كان مكنني على الأقل من أن أكتبَ براحة طيلةَ عامينْ، وذَاك هو المهم، الكتابة، أقول لنفسي ولا أصدِّق ذلك، أجل هو ذاك، إنه مَرض، هَوَس؛ أن أكتبَ فقط، دمَّرْتُ حياتي كي أكتُب، دمَّرْتُ عائلتي، ربما ابني، أو ربما أنه نشأ في حضن أمِّه، لو كان معي لدَمَّرْته أكثر. أحتاجُ المالَ، لهذا أذهبُ بحثا عن أخي الغريب، أخي السّرِّي، أخي الذي لا أعْلم إنْ كان حيًّا، لا أعرف، هنا في الصفحة يمكنني أن أذهبَ للعيش في باريس أو مدريد، لكنّ حياتي أعيشُها الآن في القدس، منذ وقت طويل، حياتي هي القدس والقدس قد انصهرتْ مع حياتي، شاعرٌ مقدسي، كاتب من القدس، لكنني لستُ من أولئك الذين يكتبون مثل أغْنُون، أنا لستُ كذلك، لا أكْتُب مثل أغنون، أنا فوق ذاك وتحت كل شيء، أنا أكتُب مثل ألبرْطو بنْ زمْرا، وحدَهُ ألبرطو بن زمْرا يكتب مثل ألبرطو بن زِمْرا، ولا أحَد يفهم عمَّا يكتُبُ.

ما العمل، طلبْتُ من إسحاق أن يُعطيني علاجا تجانُسيًّا، لأني لو طلبت من فورْتُو شيئا من قبيل ذلك لسَخر مني، لكنْ في التَّجانسيَّة يُمكن علاج كل شيء، علاج الألم بعد وفاة والدي، لقد وصفَه لي عبر الهاتف. «خذ دواءَ إغناتيا... إغناتيا 7CH.» رائع، أليس كذلك؟ يُمكنُ حتى معالجة ألمِ الموتَ لدى شخص مات منذ خمس عشرة سنة، لا يهمني إنْ كان يُساعدُ أو يُعالج، الأقراص التي تعالج ألمَ الحنجرة لا تُساعد في ثمانين بالمائة من الحالات، وإذا ما تكلمنا عن السرطان فإنَّ كل العلاجات المعتوهة لا تُساعد في شيء، لكن على الأقل فإن

النظريات التي تقفِ خلف التجانسيَّة هي أكثر أدبيَّةً من النظريات التي تستند إليها الألوباتيًا القائمة على علاج بنقيضه، والتي ترغبُ في استئصال الأمراض فقطَ. يوجد في التجانسيَّة تناغم بين كل شخص ونبتة في التراب، هنالك شخص هو ناتْروم لديه تآلف مع الملح، يا للرَّوعة، شخصٌ هو تجسيد للملح، وهناك شخص آخر يناسبه سُمُّ الحيَّات، لاشيسيسْ، وهناك شخص تناسبه النحلة، آبيسْ، وكل شخص يُطوِّر نوعا من الخصال حسب هذه المتوازيات، ويُمكنُهُ أنْ يُغيِّرَ طيلَةَ حياته فيغدُوَ نبتةً أو شيئا آخر.

وأبي احتفظ بسرِّه حتى الموت، حتى ثلاثين يوما بعد وفاته، لكنَّه لم يحملْهُ معه إلى قبره. ممَّ خاف؟ أيكون قد خشي من أن تتزوَّج ابنتُه الصغرى من ابنه السّري في المغرب؟ أيُمكن لمثل ذلك الشيء أنْ يحدث؟ محتمل جدا، مستحيل، يلزم أن يكون قد شعر بأنه مُتَّهم بترك ابنه هناك، مع أمه، وأنه اختفى، وربما فكر في الاهتمام بعائلته وبالابن غير الشرعي. لكن، بأي معنى يكون غير شرعي؟ ابن مع فاطمة الباز. من سيُصدّق ذلك؟ لكن ربما لم يكن ذلك شيئا خارج المألوف، وأنه حدث مرات عديدةٍ أكثر مما نعرف، ربما حدثٍ ذلك لكثير من الآباء، لكن أبي وحدَه منْ فكر في ألا ينسى ابنه، وأنه فكر فيه، وعانى من أجله، وحنَّ إلى ابن لم يَرَه قط، أو أنه رآه لما كان عمره عاما واحدا.

كيفَ يُصان سر؟ تقنيًّا يبدو شيئا سهلا، لكن كيف عاش ذلك في دخيلته؟

أتَريْن؟ يمكن أن أكتب عن هذا رواية برمّتها، معاناة الأب، ليست فكرة سيئة، لكن الآن عليّ الكتابة عن سفرنا إلى مدريد، ومن مدريد إلى مالقة، كتاب رحلة، يومية السفر، أكره كتب الرِّحلات، لكن هذا الكتاب سيكون مختلفا، لقد لاحظت أن أغلب الكتب المؤلَّفة من قبل مغاربة هي كتب رحلات، أو أنهم يدرجون رحلات، كلهم يرغبون في العودة، العودة إلى ما لا وجود له إلى الماضي، إلى الجالية اليهودية التي لا وجود لها. أتذكّر أني سُئلتُ إنْ كنتُ سأعود إلى تطوان، وأني قد قلتُ إن هذا الكلام ليس حتى سؤالا، فتطوان دون جاليتها اليهودية

ليستْ تطوان، ليست المسألة قضية مناظر وجبال وبحار، لا علاقة للأمر بذاك، فالجالية كانتْ تحيا حياة موازية لحياة الجالية المسيحية والمسلمة، ذاك ما كانت عليه تطوان. الشيء نفسُه كان في فاس أو الدار البيضاء، جاليات كانت في الواقع مستقلة، وكانتِ العلاقات يومية، لكن كل ثقافة كانت توجد مستقلة عن الجاليتيْن الأخرييْن اللتيْن كانتا هناك تخترقانا جميعا، وهنا فقط، في إسرائيل، اكتشفنا إلى أي حد نحن مغاربة، ولسْنا يهودا حسبُ، والشيء نفسه حدث في مدريد، أو في باريس، أو نيويورك، لقد اكتشفنا هويّتنا المغربية. لكن، حين نعود إلى المغرب، نكون حين العودة بعيدين عن المسلمين، ونكون يهودا مجددا. إلى أين مضيتم؟ سألنا. أين أنتم؟ إلامَ تحوّلتُم دون يهود؟

مدن عاش فيها اليهود طيلة مئات السنين وآلاف الأعوام، غدتْ فجأةً خالية من اليهود، بقي مائة في طنجة، ثلاثمائة في فاس، وعشرون ألفا في الدار البيضاء. طيلة ثلاثِمائة سنة كان في تطوان أكثر من خمسة عشر بالمئة من اليهود، الحياةُ كلها كانت تدور حول اليهود، كل بنايات وسط المدينة بناها يهود هاجروا إلى الأمريكتيْن، ثم عادوا إلى مدينتهم، وهي الآن مثل جسد دون كليتيْن، لا يشتغل في الحقيقة، وذاك ما يحدُث في كل المغرب، شيءٌ ما ينَقص، إنهم يعرفون ذلك، يعلمون أن شيئا يُفتَقد هناك. الجزائر دون يهود -قال كاتب في التلفزة- بعدَ 1962، وجدت الجزائر نفسَها فجأةً، للمرّة الأولى في تاريخها، دون يهود، وهذا لا يقل حقيقة عمّا جرى في بولونيا ولتوانيا ومصر وليبيا والعراق وسوريا. لقد خلقت الصهيونية بيتا لليهود، وفي ذلك المسير تركتْ بلدانا بكاملها دون يهود، وتحوّلتْ مدن برمّتها إلى أماكن مقفرة، ليست الصهيونية وحدَها، بالطبع هنالك الاستعمار الذي بدأ هذا، لقد أفهم اليهود أنهم مختلفون عن المسلمين، وأنّ بوسعهم الوصول إلى باريس أو لندن، هم الذين بذروا أسباب منفاهم، لأنهم لم يرغبوا في العيش إلى جانب هؤلاء البدائيين.

والآن، المغاربة المسلمون غُرباءُ عن أنفسهم، لقد ظهر المنفى في بلدهم، لأن المغرب دون يهود هو مغرب في منفى. لكن يهود المغرب

هم غُرباءُ في كل العالم، حتى في المغرب. إنهم الآنَ ليسوا هناك، فهم غرباء في باريس، لأنهم ليسوا فرنسيين، ولأنه يُنتَظر منهم أن يكونوا فرنسيين، لكنهم في القدس أكثر اغترابا من أيّ بلد آخر، لأنه يُمنَع عليهم أن يكونوا مغاربة، ذلك هو المخجل. كان أبي يقول إنه من إسبانيا، وهو أمر صحيح أيضا، لكن السبب ليس هو المذكور، كان يقول ذلك لأنه سئم من أن يُقال له بأنه مغربي ذو ثقافة، كأنه كان يعرف مغاربة مختلفين.

- أُكتبْ دونَ توقُّف، قد نزلت عليكَ ربَّة الكتابة، آه... -هذه نكتة من أخي فورْتُو-.

- أجل، لا تزعجني.

-لن أزعجك، لكن توجد هنا قنينة ويسكي اشتريتُها. خذ كأسا بلاستيكية، ماذا ستٌّ tehayyeará الروح.

يبدو كأنهم يتحدثون بجانبي دون توقف، لكني لستُ متأكِّدا، ربما أسمع كلمات كثيرة، لأن ذاك ما يتصوَّرونه، وأسمَعُ أفكارَهم، إنا أيضا بمقدوري أن أقول إني جئتُ من إسبانيا، الإسبانية لغتنا، لقد تعلم كثير من يهود تطوان وطنجة العيش على تلك الكذبة، خصوصا أولئك الذين يقولون، إن آباءهم من إسبانيا، تقريبا لم يكن من يهود في إسبانيا في سنوات الخمسينيات، واليوم بالذات هناك قلة، ويُفاجئني عدمُ عودة مزيد من اليهود إلى إسبانيا، ربما عمل فرانكو على تفادي حدوث ذلك، فذهب كثير منهم إلى فرنسا، خلالَ سنوات الموجات الكبرى للهجرة في سنوات الخمسينيات والستينيات، كان عليهم الخروج سريعا، وأنْ يتركوا كل شيء، أن يتركوا خلفَهم خمسمائة وألفيْ سنة منِ التاريخ، وأنْ يواصلوا السير إلى الأمام، كأنه نداء جينيٌّ داخليٌّ، لا فهْم له ولا تفسير، كأنه أمرٌ وليس شيئا يمكن أن يُقرَّر في شأنه، والآن لا يمكن القول إنْ كانوا على حق أم لا، وإنْ كان بوسعهم اتخاذ قرارات أخرى، إنّ مئات من المفاصل قادتْ إلى ذلك القرار بترك المغرب، والاستعمار والصهيونية واستقلال المغرب سنة 1956، ومحاولات اغتيال الملك

الحسن الثاني، والصهيونية المتمسّحة التي كان يعتقدها بإيمان شديد يهود المغرب، وآلاف أسباب أخرى، يبدو كأن كل شيء انقلب على رأسه في تلك الأعوام القليلة كي يُفرَغ المغرب من اليهود، لا يمكنني أن أقول إنه كان شيئا حسنا أو سيئا، فهو فوق الحسن والسيئ، ذاك ما حدث، ذاك ما حدث، كان قدرا، ذاك ما بَنى إسرائيل. دون مغاربة ما كان لإسرائيل أن توجد في سنوات الخمسينيات، لا أحد سيقبل مثل هذا الكلام، لكن كانت هناك حاجة استُجاب لدعوتها اليهود المغاربة بحماس، لكنهم مكثوا في الخلف، أو تُركوا في الخلف، لقد سُلبوا كل ثروتهم، وعلى الخصوص سُلب منهم نظامٌ تربويٌّ نموذجيّ، نظام التحالف الفرنسي، ما يثير الضحك في كثيرا اليومَ هو أنَّ الآباءَ المغاربة من اليهود يُعتَبَرون عديمي الاهتمام بتربية أبنائهم، في حين كان ذاك محور الحياة المجتمعية اليهودية منذ منتصف القرن التاسع عشر، وكان الشغل الشاغل للمُسيِّرين اليهود، كان يُضحَّى بكلّ شيء في سبيل تربية الأطفال، لمساعدة الأطفال الذين لا يستطيعون دفع مصاريف الدراسة. في سنة 1960، كان خمسة وتسعون في المائة من الأطفال اليهود في المغرب في المدرسة، إنّ نسبة خمسة وتسعين بالمائة نسبة مئوية لا تصدَّق ورائعة، وكانت ثمانون بالمائة من هذه النسبة المئوية في مدارس التحالف الفرنسي، التي فُتحت أبوابها حتى في قُرى صغيرة بالأطلس، وكان التلاميذ الآخرونَ في مدارس دينية، وبعد، فالتقسيم بيّن كفاية، الذين وصلوا إلى فرنسا ملأوا الجامعات، والذين وصلوا إلى إسرائيل لم يصلوا إلى الباكالوريا، وهذا يعني أننا سنعطي نقطة صفر للتربية الأشكنازية. أيها الأعزاء الأشكناز، لقد فشلتم بصفاقة! ربما كان ذلك ما ترغبون فيه، الفشل في هذه الحال، ربما.

وأبي ترك هناك ولدا، تذكارا في الأرض، لقد وُلد نصفَ عام قبل هجرته، كأنه لم يقدر على التخلي عن المكان الذي وُلد فيه، سمعتُ الحديث عن ابن عمٍّ غادر تطوان إلى مالقة، أصيبَ بسرطان ومات عاما بعد رحيله، لم يستطع أنْ يتصوَّر نفسَه خارجَ مدينته، هنالك أشخاص أكثر ارتباطا من آخرين بالمكان الذي وُلِدوا فيه، أبي ترك ابنًا، إنه ولدٌ

سيكبُر دون أن يرى أباه، لقد ترك نطفة من منيّه، جِذرا كي ينمو في أرضه في الأجيال القادمة.

*

- توقَّفنا لحظةً، و لم يتوقَّف العالَم معنا، وواصل التحليق.
- إلى أين يجري؟ أيّ عجلة به؟ إلى أين يمضي بنا؟
- إلى حتفنا.
- و لِمَ يحتاجُ العالَمُ موتَنا؟
- كَي يجري.
- نحن بِنْزينُه. موتُنا طاقتُه.
- مثل القطّ الذي يأكل سمَكته.
- نعم، لَكن لم يفعل ذلك بسرعة كبيرة، لِمَ لا يكون ذلك بتؤدة.
- سرعة الضوء. يخشى العالَمُ ضوءَنا.
- يخشى إنْ واصلْنا العيْش أنْ نحرقَه.
- نحن أشجارُه، نحن ثمار أشجاره، نحن بذور شجر تُفَّاحه، مستقبله يرتهن إلى موتنا.
- وإذا اختفت الأشجار، حينذاك، فأينَ ستنتهي ذكرياتُنا؟
- عند الشجرة القادمة والثمرة القادمة التي سيلتهمها العالَم في وجبته القادمة.

فيكتور هوغو

كان لوالديْ مارسيل بِنْزمْرَا شقة في شارع فيكتور هوغو، رقم 13، بالطابق الثاني. أخيرا، قَرَّر مارسيل، في ذلك الخميس الخريفيّ من سبتمبر، أن يُقدم إلى والديْه رفيقتَه في السنوات الثلاثة الأخيرة، فاطمة الباز. كانت فاطمة ترتدي ملابس بسيطة وعفيفة؛ غلالة زرقاء طويلة، وسلسلة من الجواهر البيضاء، كانت تُبرزُ بياض بشرَتها وعينيْها الزرقاويْن. كانت زهرة متأثرة جدا بالصالون الَذي كان يُحدث مع كل خطوةِ الإحساسَ الدافئ، الذي يُحدثه الخشب. كان الخشب يُجيبُها ويُذكرُها بأمّهالما كانت ترافقها إلى بيوت أغنياء في طنجة. أيُذكرُها الخشبُ بأمّها أمْ بأشياء؟ «أنت لن تكوني مثلي»، كانتْ أمُّها تُردِّد، وكان هذا اليقين ما دفعَ ابنتَها إلى جامعة باريس المتميّزة لتدرس طبَّ أمراض النساء. ركزتْ محدِّقة لوقت طويل في الصالون، قاطعةً صلَتها بالأصوات التي كانت تتناهى إليها، بينما كانتْ تُقدَّم إلَى السَيدة مرثيدس والسيد موريس بنْزمْرا؛ والديْ مارْسيل. «خشب ومرمر، مرمر وخشب، هذا يُعجبني»، قالت في دخيلتها. في مدخل البيت كان هناك بهو به أثاث من خَشب من السنديان قاتم، عليه هاتف وإلى جانبه مكتبة، التي كانت أثقل -دون أدنى شك- مِن الكتب العديدة التي تحويها، بها أبواب من زجاج. في المقابل، كانت هنالك مائدة كبيرة جيّدة التنظيم، بصحون يبدو أنها من نوع روزنتال، مثل الصحون التي لا تزال تتذكر رؤيتها في طفولتها، صحون موضوعة على قوائم ذات شكل يشبه حرف S. إلى جانبها يُرى الشارعُ انطلاقا من نافذة أخرى مصنوعة من خشب مُصمَت. توجد بين المائدة والنافذة مائدة صغيرة عليها تلفاز تشبه موقدا، وتُعطي انطباعا بأن هناك أشخاصا جالسين حوله، يقُصُّون حكايات عن القطب الجنوبي، الأرائك من جلد ومائدة من خشب في الوسط. وفي الوسط أفضل قطعة أثاث في الصالون،

هي حسب ما يبدو خزانة للمشروبات الكحولية، على بابيْها رسوم صينية. وفي ارتباك، سمِعتْ والدة مارسيل تطلب منها أن تخلع نعليْها، «مثلما في المسجد»، فكرتْ، وطلبتْ منها أن تنتعل شبشبيْن كي لا تطأ البساط.

- يُعجبني الخشب كثيرا-. إنه صالون جميل، ورائع، ولطيف، كلّ شيء في مكانه، وكل شيء جميل جدا.

- أجل، واسمك زهرة، جميل جدا، يأتي من كلمة زُهَر بالعبرية، أي البَهاء -قالت مِرثيدِس-.

رافَقهم موريس جميعا في الحال إلى الأرائك.

- هل ترغبان في شرب شيء؟ هناك مُقبِّل صغير، كأس پيرْتُو أو غْلينْفرديس، هنالك ويسكي يُعجِبُني كثيرا، إنه غْلينْمورانْجي، أنصحكَمَا به.

- أعتقد أني أُفضِّل كأسَ بيرنو ممزوجا بكثير من الماء.

- أنا أيضا مثل زهرة -قال، بالرغم من أنه كان يُفضّل الويسكي.

- يُمكنك أن تشربَ ويسكي -قالت زهرة، وهي تقرأ أفكارَه-. لستَ مُجبَرا على أنْ تكون وُدِّيا كثيرا.

- كان ردّ فعل تقريبا... طيّب، ياأبي، سأشرب ويسكي مثلك.

- أرى أنّ حَنَكَك يتحسَّن، لقد فتحْتُ كذلك قنينة بورْغُوني تعود لـ 1988، وهي سنة جيّدة جدا.

- نعم، لكن ليس مثل 59.

- لا، لا وجود لقنينة مثل 59، ولن يوجد لها نظير.

- وإذن ماذا تدْرُسين -سألت الأمّ بينما كانت تأتي بكؤوس سميكة وثقيلة،

- لقد أنهيْتُ الدراسة، أنا طبيبة نساء، بقي لي شَهْرا تدريب في المستشفى حسب.

طبيبة نساء، كل مرَّة تنطق فيها هذه الكلمة كانت تفكّر في أنها لن يكون لها أبناء أبدا، أو أنها ربما ستكون باحثة، وستعثر على نظام كي تُنجزَ به زرْعا للرَّحم. وبالرغم من أنوثتها الحادة أو لربما بسبب هذه، منذَ أن اكتشفتْ أنْ لا رَحمَ لديها أحسَّتْ كأنها نصف امرأة، حاولت أنْ تُقنَع ذاتَها بأنها ليستْ كذلك، وأن أنوثة المرأة لا تمر عبر الإنجاب، وكذلك عثرتْ على حجج، كانت تعتقد فيها باعتبارها نسويَّة، لكن كل هذا لم يخدمها في شيء، في اللحظة التي نطقِت فيها بكلمة طبيبة نساء. «ربَّما كان عليَّ أن أتعلم الطب النفسي» فكرت، لكنْ ربما كان هذا شيئا مستحيلا. بالنسبة إليها، كان الاعتناء بامرأة أثناء الوضع شكلا للإحساس بأنوثتها كاملة، إذا لم تستطيعي الولادة فمُساعدة الأخريات على الوضع، كلما أمكن، كان أفضل.

- جيد جدا -قالت مرثيديس-، يبدو لي أمرا جيدا جدا أن تتعلّم المرأة طبّ النساء. أنا أيضا رغبْتُ في تعلم الهندسة المعمارية في مدريد، لكن في تلك المرحلة لم تكنَ النساء يُسافرن وحيدات، ولا كنّ يتعلمن في الجامعات، لكنني أصْررْتُ حتى إني كدْتُ أقنع أبي، الذي كنتُ أقنعه تقريبا بكل ما أطلبه منه، فطلبَ من أخي، الذي كان يدرس الطبّ في مدريد، أنْ يكون مسؤولا عني، لكن أخي لم يكن متفقا، كان طالبا، وكان يرغب في أن يقضي وقتا ممتعا، وهكذا تحوَّلتُ إلى ربة بيت، وربَّيت خمسة أولاد، هنا في باريس.

- ليست التربية أقل شأنا من العمل -قالت زهرة-، الآن لا ترغب النساءُ في الإنجاب، يعتقدن أنه أمْرٌ يُقلل من شأنهنّ، لا أطفال يُروْن الآن في باريس، لا أطفال مثلما الأمر في طنجة، هنالك تمتلئ الشوارع بالأطفال، وهو شيء يجعلني دائمة الابتسام.

- أتعرفين، نحن أيضا في المغرب، بالتأكيد، يُرى لديْنا أطفال، يوجد أولاد، لكنهم لا يجدون ما يأكلون -قال موريس.

- أجل، ذلك صحيح، يلزم توفير الأكل لهم. ربما أعود إلى طنجة لأتكفَّل بالنساء هناك.

أفزعتْ مرثيديس هذه العبارةُ قليلا، ذلك ما كان ينقص، أن يعود ابنُها مارسيل إلى المغرب.

- كانت مزحة، فطالما أنا مع مارسيل فسأمكث في باريس.

- مارسيل، لماذا لم تقل لنا إن صديقتك من طنجة؟

- إنها ليست من طنجة تماما، لقدوُلدتْ في طنجة، لكنَّ أمها من الشاون، أتعرفين أين توجد الشاون، إنها الآن تُسمّى شفشاون، وأمُّها عاشتْ في تطوان وفي الدار البيضاء. لقد نشأتْ في بيت جدَّتها.

- نعم، صحيح، أمضيتُ طفولتي في الشاون، في ربوة. وبعض البيوت، روعة. أحيانا، كنتُ أمضي مع أمي إلى طنجة، كان ذلك يوم العطلة، لكنني لم أرافق أمي إلى الدار البيضاء أبدا، فقد كانت مدينة بعيدة جدا بالنسبة إلى فتاة.

كان الوقت الثانية زوالا، وكانت الشمس الخريفية لباريس تَسِمُ الجَوَّ بفرح ودفء، وظلت حاضرةً طيلة الدردشة. كان مارسيل يُفكر كثيرا في شمس المغرب القوية، وفي أيام باريس الغائمة، وبالرغم من أن الشمس كانت تبهجُه حين تخرج في مدينته الجديدة، فإن هذه الشمس كانت تحل دوما متوعّدة بغيوم جديدة ستُغطيها، وبالمطر الذي سيصحبُ هذه كي يُعكر الفرحة.

فوق المائدة كان كأسا الويسكي للرَّجُلين، وكأس بِرْنود، وصحن صغير به فستق وزيتون ولوز. كانوا يشربون وكل واحد منهم كان ينظر جهة السقف. زهرة كانت تتساءل كيف وصل النقاش إلى طنجة، مع مارسيل لم يصل النقاش أبدا إلى ذاك، لكن هنا، في شارع فيكتور هوغو كان يكون واجبا. شعرت زهرةُ أن ذلك كان شيئا لا مفرَّ منه. في اللقاء بين الأقليّات دائما ما ينتهي النقاش إلى مدينة المولد، وليس إلى البلد وحْدَه، يصل إلى المدينة أو القرية. لاحظت نظرة موريس المبتسمة لما كان يتكلم عن الشاون.

تصوَّرتْ مرثيديس أن ابنها يحتاج امرأة أثقف، فزهرة تبدو فتاة من عائلة فقيرة حصلت على منحة، وهكذا وصلتْ إلى الجامعة، وكان

ذلك صحيحا. لقد كانت تلميذة متفوّقة في مدرستها، ولهذا أُرْسلتْ لإتمام الباكالوريا في الرباط، وبعد ذلك حصلت على منحة لتتمكن من التعلم في باريس. شيء ما كان يُزعج زهرة، لكنها لم تتمكن من التعبير عنه، كان شيئا سرِّيًا وغير مفهوم. كان حدْسا أنثويًا يظهر لها باستمرار. كان مارسيل يُفضّل لو أن اللقاء لم يَتِمّ، مثلما قالَ:

- نحن الآن بالغان، ولا داعي لإدخال العائلة في هذا.

لكن زهرة ألحّت على قبول دعوة أمّه، التي كرّرتها كل أسبوع في السنة الأخيرة تقريبا. أخيرا حان الإعلان من قبل مرثيديس:

- الغذاء جاهز، مُرُّوا إلى المائدة من فضلكم.

في طريقها إلى المائدة، فكرتْ زهرة في فيكتور هوغو وفي حُبّه لكُتُبه، وكان يُعجبُه على الخصوص أسطورةِ القرون La légende des siècles، وسمعتَ أمّ مارسيل تقول إنّ المشويَّ لم يُطبخْ مثلما ترغبْ فيه بالضبط، وأنها تأمل أنْ يُعجبها الأكل. كان الطّبق الأوّل كِيشْ لورِّينْ Quiche lorraine.

- آسفة -قالت زهرة- لكني لا آكل الخنزير.

- أنتِ تأكلين كاشير؟ -سألها مارسيل.

- ليس بالضبط.

- ولا نحن نأكل كاشير بالضبط، حسن، حين يكون عندنا ضيوف يأكلون كاشير حينئذ نأكله، لكن منذ سنوات لم أعد أومن بتلك الأشياء.

- لستِ يهوديّة.

- ماذا؟

- يهودية لا تأكل الخنزير! ستكون نباتيَّة.

تردَّدت زهرة لحظة، وتساءلت إنْ كان عليها أن تقول إنها مسلمة، لا يبدو أن والديْ مارسيل شغَلهما كثيرا ألّا تكون يهودية،

لكن يشغَلُهما أن تكون مسلمة، وليست مسيحية.

- ما اسمُكِ العائلي؟

- الباز.

- الباز، أعرف كثيرا من اليهود الذين اسمُهم الباز، وإذن فأبوك كان يهوديًا بعكس أمِّك.

- هل يُمكننا أن نُغيِّر الموضوع؟ - قال مارسيل.

- لماذا؟ -ألحَّ الأب-. أي سرّ في هذا؟ في هذا البيت يمكن لكل واحد أن يأكل ما يشاء، وأنْ يعتقد في ما يشاء، لا أحكام مسبقة لدينا، إن جماعة الغُوليم هي التي لديها أحكام مسبقة عَنَّا. لقد سافر والدي إلى قرية في إسبانيا منذ سبعين عاما، ووجد من يعتقدون أنه إنْ كان يهوديا فسيكون لديْه ذَنَب.

حاول مارسيل مرَّة أخرى أنْ يُغيِّر الموضوع، وأنْ يتحدَّث عن الأحداث الحالية وعن عملة اليورو.

- أعتقد أنها النهاية، حينما سيُغيّرون العملة إلى اليورو فستكون نهايةَ الرأسمالية -قال مارسيل.

- أنتَ متفائل دائما.

- نظريَّتي، وأنا لستُ اقتصاديا، أن ما يدْعَمُ كل الاقتصاد هو المال الأسود، المال الذي يمر من يد إلى أخرى دون أن يأتي أحد، وأنْ يأخذ منه حصة، وفي اللحظة التي سينتقلون فيها إلى اليورو سيختفي كثير من المال، وماذا سيحدث حينذاك، سيكون تقهقر فظيع. إضافة إلى أن دراسة أنجزت توقَّعتْ إفلاس كثير من المقاولات الصغيرة والمتوسطة، التي ليست مهيَّأة لليورو، وفي فرنسا يُعجب الجميعَ الإفلاسُ، وحينذاك ستكون جائزة نوبل للبطالة التي لم يُعرَفْ لها مثال سابق.

فهمت زهرة أن مارسيل كان يسعى إلى تفادي كل نقاش يخص دينها أو أصولها، كما لو أنه كان خجلا. ربما لم يكن الأمر مسألة خجل، لكنه كان يتصور أنهما بالِغان، وأن الأفضل عدم إدخال العائلة

في قراراتهما.

بعد ذلك وصل المَشويّ بصلصة فطريات، فأعجبتها.

- أتَريان، لستُ نباتية -ابتسمتْ- الخنزير لا يعجبني ببساطة.

- وبهذا أعتقد أنكما تحلّان المسألة.

- أتعرفين شيئا، في فترة محاكم التفتيش في إسبانيا لم يكن للخنزير إلا أن يكون حاضرا في الأكل، كانت هنالك امرأة لا تستطيب الخنزير، وقد انتهى بها الأمر أمام محاكم التفتيش. وهناك أمثلة كثيرة من هذا الصنف، إذ كان يُتصوَّر دوما أن الأمر يتعلق بيهودي. الآن كل اليهود يأكلون الخنزير. كيف لهم أن يتّهموهم؟ يضعون في السِّجن كل النباتيين وربما المسلمين، لكن في أوربا حتى المسلمون يأكلون الخنزير، في أوربا الجميع يأكل الخنزير.

شرع موريس يفهم، في غموض، بأنها مسلمة، تذكّر أيضا أن الاسم العائلي الباز كان اسما عربيا أيضا، كان هنالك وزير مصري، يُدهى الباز، ولم يعرف إنْ كان عليه أن يتكلم في الموضوع. ماذا ستتصور زوجته؟ لكنه هو أيضا شعر بالارتباك، فاقترن ابنُه بغيّيم، لم يكنْ ليهُمّه، «لكن مع عربية» فكر، «إنهم أعداؤنا، ولقد خرجنا من المغربَ لأجل ذلك»، قال في سريرته.

- ليست لدينا أي نية في أن نتزوج -قالت زهرة.

- من تكلّم عن الزواج؟ -قال مارسيل.

- لستُ أدري. لكني أردْتُ أن أحدِّد ذلك، لأنه لربّما تصوَّر أبواك أنّه إنْ جئتُ للأكل في بيتكم، فلأنَّ لديْنا رغبة في الزواج، ليس الأمر كذلك.

- أنت أيضا من تلك النساء اللواتي لا يرغبْن في الأبناء؟

- قالت مرثيديَس.

ابتسمت زهرة في خجل، وبالرغم من أن الوقت كان الثالثة حسب، وأنَّ نوبَتَها كانت تبدأ في السادسة، فقد قرَّرت استعمال عملها ذريعة

كي تنصرف بعد الأكل.

- عليَّ أن أمرَّ بالبيت، وبعد ذلك الذهاب إلى المستشفى، أيها العزيزان! تشرَّفت بالتعرف عليْكما، أعجبني الطعام كثيرا، ولا رغبة لي في فاكهة، لأنها تُسمن، عليّ أن أمضي -ودون أن تترك لأيّ كان الوقتَ لكي يقوم بردَّة فعل، جَرتْ نحو المِعطف، وخرجتْ سريعا.

ظلَّ البيت صامتا، لم يعرف والد مارسيل إن كان عليه أن يتكلم في الموضوع، لقد تصوَّر أنها عربيَّة، لكنه لم يعرف إنْ كان بوسعه أنْ يتأكد، وأمُّه التي بدأتْ تنتبه هي الأخرى، هي أيضا لم تعرف كيف يكون ردّ فعلها.

- لا نيَّة لنا في أنْ نتزوّج، إننا نعيش معا فقط -قال مارسيل.

- أجل، واضح، أحيانا تبدأ الأمور هكذا -قالت الأم.

- كنْتُ أعرف، كنتُ أعرف أنه لا ينبغي أن أجمعكم معا، كنتُ أعرف جيدا أن هذا سينتهي سيئا، وإضافةً، ليس مسألة تعنيكما ما أفعله.

- حسن، لا ونعم، أنت ابنُنا -قال موريس.

- طيِّب، انتهى هذا، لديّ خمس وثلاثون سنة، وأنا الذي أُقرِّر مع من أعيش. إضافة إلى ذلك ليست لديّ أي نيَّة في الزواج بها، ليكن ذلك واضحا، إننا مُسجَّلان في البلدية باعتبارنا عشيقيْن، إنه ما يُسمَّى كُونكوبِيناج.

- كون -كو- بي -نا- ج! -نطق الأب الكلمة مرّةِ وأخرى، كأنها كلمة لا وجود لها- تخيَّل لو أنّنا لم نتزوَّج أمّك وأنا لما كان لك وجود.

- وماذا؟

- هو ذاك، ما كان لك أنْ توجد.

- ولو لم أكنْ قد وُلدتُ لما كانتْ لنا هذه المناقشة، وحينئذ ما كنتَ تستطيع أن تقول لِيَ تلك الجملة. لا نريد أنْ يكون لنا أولاد. -تساءل مارسيل مرات عديدة إن كان قد قال لهما بأن زهرة لا تستطيع

إنجابَ أولاد، ربما كانت الجملة ستُهدِّئهم، لكن ربما حَدَث العكس. لكن عوض قولِ ذلك اهتاج وقال-: ما المشكلة؟ ألأنَّها مسلمة؟ لو كانت مسيحيةٍ لما قلتُما شيئا، هل هذا صحيح؟ أيّ أهمية إنْ كانتْ مسلمة أو لم تكنْها؟ إنها ليست متديِّنة في شيء، لا تأكل الخنزير، لكن السبب بالأحرى يكمن في أنها لا تأكل الخنزير، وليس لأنها متديّنة، لكن بسبب أنه لا يُعجبُها، وليس بسبب الدّين، إنها باريسية مثل كل الباريسيات، واسمُها زهرة، ليس غير. وماذا؟

- طيِّب، توقَّفٍ، حسنٌ -قال موريس-، أنتَ على حق، لسنا نَحْكم هنا، لكن فكر في الأمر، إنه صحيح، لو كانت مسيحية لما تصرَّفنا بالطريقة نفسها، لكن ليس لأننا عنصريّون، إنه ببساطة شيء غير مألوف.

- وإذن، بوسْعكما التعوّد على الفكرة، لأنها ستغدو مألوفة أكثر فأكثر.

- ماذا؟ -قالت مرثيديس- أهذا يعني أنكما إنْ رغبتُما في الحصول على ابن فسيكون عربيًّا؟ طفل عربي؟ إلهذا فررْنا من المغرب؟ هنالك كانوا يُجبرون بناتنا على الزواج بمسلمين، وهنا تقومون بذلك بمحض إرادتكم. أنتَ ترى ما حصل لصُول هاتْشويل، التي ماتتْ وهي تُقدِّس اسمَ الرَّبّ كي لا تتحوَّل إلىَ الإسلام، وأنتم تقومون بذلك بمحض إرادتكم.

- أنا الذي اعتقدتُ أني أنحدِرُ من عائلة ليبرالية ومتفتّحة، وأننا كُنّا منفتحين على الجميع.

- أنا أيضا فكّرتُ في ذاك، لكن حسب ما يبدو، فإنهم ليسوا منفتحين لقَبولنا؟ أرأيت ما يقولون عن إسرائيل في التلفاز؟ مرَّة أخرى نحن المسؤولون عن كل شيء، كما لو أن لا شيء قد حدث في القرن XXم، إنهم يقتلوننا ونحن المسؤولون عن كل شيء.

- وما علاقة هذا بإسرائيل؟ ما علاقة صديقتي بإسرائيل؟ ربما كانت لها علاقة بالمحرقة... وبصُول... والتّصاديك... ومع مَنْ

أيضا؟ ومع مُوشي رابنُو؟ كل ما أريدُه هو أن أن أعِيش معها، أنْ أخرج للتنزّه صحبتَها، أنْ أعودَ إليها بعد العمل، أنْ أضاجعَها، أن أذهبَ معها مسافرا في عطلة، ولأجل كِل هذا أحتاجُ شخصاً يتفهَّمني، وهي تتفهّمني، هذا البلد لائكيٌّ، أتتذكرون، الدين مات هاها، انتهي، نحن فرنسيون، أتفهمان؟ هي فرنسية وهناك تنتهي الحكاية.

– ذاك ما كان يفكر فيه كثير من اليهود في ألمانيا قبل وصول النازيِّين.

– طيّب، كنتُ أعرف أننا سننتهي إلى النازيّين، وهكذا لن يمكن مناقشة أي شيء، لقد قتلوا كثيرا من اليهود، الذين كانوا يُعتبَرون ألمانا، هم حدَّدوهم باعتبارهم يهودا. حين يفهم النازيّون، ونحن أيضا، حينذاك سنفهم أن ما كان النازيون يرغبون فيه هو قتل الناس وليس شيئا آخر.

– ومُصادفةً، حينَ يَعنُّ لشخص أن يقتل الناسَ أن يبدأ باليهود، مثل العرب الآن. يتصرّفونَ سيئا ويقتلون يهودا، يرتكب وزير أول إسرائيلي خطأ فيقتلون يهودا، يهودا يعيشون في فرنسا، فيضعون لنا قنبلة في بيعتنا أو في روزِنْبرْغ، هكذا هم الأغيار.

– أرى أنك في حالة نفسية يهوديَّة متشائمة جدا، ربما ذلك بسبب الانتفاضة، أو ربما لأن كل يهوديّ يصل إلى لحظة يرى فيها كل شيء أسود، إذن لديّ أخبار سارة أبْلغك إيَّاها، زهرة لا تستطيع الإنجاب وأن يكونَ لها أبناء، لن يكون لكَ حفيد مسلم، أيُطمئنك هذا؟ سأنصرف.

– أريدِ حفيدا يهوديًّا، ذاك ما أريده، لديَّ ما يكفيني بسبب زواج أخيك من غُويَّا، وأن تسوقه إلى الكنيسة، هي الأخرى كانت ملحدة أيضا، لكنها تمضي الآن إلى الكنيسة، ولَدٌ لابْنِزمْرا يذهب إلى الكنيسة، من ذا الذي سيُصدِّق ذاك؟ كانتْ أختي على حَق، كان علينْا أن نذهب إلى إسرائيل، وليس إلى أي بلد آخر.

– أجلِ –قالِ موريس–، لكنْ كان عليْكَ آنذاك أن تعيش في حيٍّ فقير ببئر الشفا مِثلها، وليس في أفضل مقاطعةٍ في باريس.

*

- أين أنتَ، يا أخي؟
- في اليابان.
- وماذا تفعل في اليابان؟
- في اليابان أبحث عن اليابان.
- وهل تعثر عليه؟
- نعم. إنه يابان من ورق وورق مُقوّى. أكتُبُه في صفحة. إنه حروف في صفحة.
- متى ستعود؟
- تغدو الساعات بطيئة والمهد الآن لا يبكي.
- أرى ابنَكَ الآن في غيمة.
- إنها الغيمة التي أراني فيها حافيا والغيمة التي أخترق.
- لم يَفُتِ الوقتُ بعدُ، هل تعلَمُ ذاك؟
- لا يفوت الوقتُ أبدا، لكني لا أستطيع العودة. فقد تحوَّلتُ إلى طائر.
- الطيورُ تعود.
- وتمضي طائرةٍ.

مطار باراخاس

ألبِرْطُو

كان ذلك السّفر الأغرب في حياتي. أكان من الممكن أن يكون مختلفا؟ باراخاس، مطار مُتْعَب، مليء بالدهاليز والمقاهي والمطاعم المختفية والمتوسّطة. تعثر في المطاعم على أكثر المطاعم تواضعا وعلى أسوإ المقاهي. لا تحتمل أن يعود إليها الزبون، أو أن تستمرّ تجارةُ صاحبها أكثر من عامٍ أو عامين. لا أحد يهمّه أمرُها كثيرا، والنُدُل لا يعرفون أبدا من سيترُك لهم بقشيشا ومنْ لن يفعل، لكل بلد عاداته، بعضُهم يترك عشرين في المائة، الأمريكيون يتركون دولاراً، والفرنسيون يتركون قطعا نقدية لا قيمة لها، والإسبان يتركون الصَّرف المتبقّي، والألمان لا يتركون شيئا، خصوصا إذا وُضِع في الفاتورة أن الخدمة مُضمَّنة.

وصلنا قبل وصول طائرة إسحاق من نيويورك، وعليه فقد ذهبنا نحن الثلاثة إلى انتظار وصول طائرته، وبعد ذلك كان البرنامج هو الصعود في الطائرة الأولى إلى مالقة، حوالي الخامسة مساء. شاهدتُ في قاعة الانتظار شخصا بدا لي أني أعرفه، أعرفه كثيرا. أيكون أخي الذي مات؟ إسرائيل يتجوَّل عبر المطارات، الرَّجل ذو الحقيبة يشبهه، ليس الرَّجلان يتشابهان حسبُ، إنه يشبهه بالضبط قبل وفاته، كأنه لم يكبُر. نظرْتُ إليه، نظر هو إلي بدوره، وعُدنا إلى تبادل النظرات، مرَّةً وأخرى، بدا أنَّه شخصٌ لا وجهةَ له، شخص يحيا في المطارات، اليهودي التائه، أو رجُل المطارات، رجل يركب طائرة، يصل إلى مطار، يُهاتف، يجلس ساعتيْن في مطعم مع حاسوبه المحمول، وبعد ذلك يركب طائرة أخرى، لا ينام أبدا في المكان ذاته الذي استيقظ فيه، ولا اسم له أو له كل الأسماء. نظر إلي مرَّة أخرى، وتقدَّمني كي يُحيِّيني، حينئذ شرعت أنظر إلى ناحية أخرى. ماذا يُمكنني أن أقول له؟ أأقول له إنه يشبه ميِّتًا؟ إنه يشبه أخي؟ واصل المشيَ ثم التفت نحوي.

أخيرا قلتُ له دون رغبة كبيرة شَلُوم بالعبرية، فرَدّ عليّ أَلِخِم هاشلوم، مثلما اعتاد يهود المغرب أنْ يفعلوا.

– إننا مسافرون إلى تطوان –قلتُ له، كأن ذلك كان أمرا محسوما. كان واضحا أنه من تلك المنطقة، وبدا لي منطقيا أن أقول له ذلك.

– أنا أيضا، عبر مالقة.

– ما اسمُكَ؟

– يوسف.

– يوسف؟ يوسف ماذا...؟

– يوسف إسرائيل... اسم العائلة إسرائيل.

– أجل، أجل، إنه اسم عائلي شائع في تطوان، لقد درسْتُ مع فتاة اسمُها العائلي إسرائيل في المدرسة، ألغرِيًّا، كانتْ تُدعى ألْغرِيًّا.

– صحيح؟ إنها عمَّتي، عمَّتي.

– وكيف هي؟ ... ومتى وُلِدتَ؟

– سنة 1980، منذ عشرين عاما.

طيِّب، ليس هو، لا يمكن أن يكون هو، إنها عشر سنوات من الفرق.

– أتعرف شيئا؟ –قال–، أنتَ تُشبه، ولا يُمكن أن تتخيَّل كم تُشبه عَمًّا لي تُوُفِّي منذ خمس سنوات، أتعرف، لقد مات في إسرائيل منذ خمس سنوات، في عمليَّة إرهابية، في القدس، سنة 1996، هل تتذكر، كان يُسمَّى دافيد زهار، ذاك كان اسمَه، مات في العمليَّة الإرهابية ذات الحافلتيْن، لهذا كنتُ أنظر إليك بتلك الطريقة، لهذا...

ماذا هذا؟ أهو كتاب؟ أقصّة؟ ماذا هذا؟ إنه كتاب لأُسْتر؟ ألنْ ينتهي هذا أبدا؟ أأقول له إنه يُشبِه أخي المُتوَفى أم أترُكُ ذلك لما بعدُ؟ ليس كافيا أنْ أشبِه عمَّك؟

– نعم، حسن، كثير من اليهود يُشبه بعضُهم بعضا. –مهما حاولْتُ ألا أقول له ذلك–. أنتَ أيضا تُشبِه كثيرا...

- من؟

- لا، دع الأمر، أُفضِّل ألاّ نتحدّث عن ذاك.

- حسنَ، كما تشاء، عليَّ أن أركَب طائرة مالقة.

- آه! -قلتُ مخفِّفا عن نفسي-، طائرتُنا ستُقلع في الخامسة، إننا ننتظر أخانا الذي سيأتي من نيويورك كي نسافر صُحبَتَه.

- ربما نلتقي في تطوان، في البيعة أو في المقبرة... أكيدٌ أنكم ستصعدون إلى المقبرة، لكي تزوروا أجدادَكم.

- ربما في البيعة، فأنا لا أذهب إلى المقابر، ربما يذهب إخوتي إلى هناك.

- حسن، شلوم.

بعد ذلك بحثتُ عن إخوتي، لم يكونوا بعيدين جدا، فسألتُهم: «هل رأيتُم؟»، لكنْ لا أحدَ منهم عرَف عمَّا أتحدَّث، ولا أحدَ منهم رأى يوسف إسرائيل. لقد أصرُّوا علي أنهم لم يروا أحدا، وأننا كنا معا جميعا، فشرعتُ أسأل نفسيِ كثيرا إنْ كان ذلك قدِ حدث، وهل يكون تفكيري الأدبي قد شرع يتدخل في حياتي؟ نظر إلي أخوايَ كأني فقدْتُ عقلي قليلا، أو كأنّ السَّفر شرع يُحدِث لي اضطرابات.

*

- أترُكُكَ، يا بُنيّ.
- لكنَّك ستَمكث هناك.
- سأمضي، بلدي لا يُطيقُني.
- طالما أنا هنا، فأنتَ أيضا هنا.
- لكنْ لا أحدَ يعرف ذلك.
- تعرف ذلك النملة التي تبحث عن الخبز.
- سأعود.
- أعرفُ.
- ولو أني سأكون قد تغيّرتُ كثيرا.
- أنا أيضا.
- لن تتعرّفني، ولن أتعرّفكَ.
- سيمنَحُنا الطريقُ اسمًا.

سِيلْبِيَا

تسألينني، يا ملكتي، عمَّا حدث في باراخاس، كان أمرا يُشبه خلطا لأوراق اللعب، ربما كانت أوراق لعبة التَّارُو، إذ حين يخرج الرَّقم ثلاثة عشر يكون الموتُ، ملك الموت، لكن هذا الموت ليس موتا مادِّيًا، إنه تدْمير شيء كي يُبْنى شيءٌ جديد. أعتقدُ أننا جميعا تغيَّرْنا في تلك اللحظة، جميع الإخوة وأنصاف الإخوة، والعائلة، والعالم تغيَّروا تماما. تصرَّف ألبرْطو بطريقة غريبة، لكن السبب هو أنه تكلم، حكى ما حَدَث له، وأنا لم أحك ذلك لأحد. حتى الآن لستُ متأكِّدة جدا من أن كلَّ هذا قد حدث فَعلا، أن أكون متأكدةً ولو أني رأيْتُه يُعرَض أمامي في شريط مُصوَّر، حين تحدث الأشياء. إننا جميعا ننتظر وصول إسحاق من نيويورك، وأرى امرأة بشعر قصير جدا، تُشبه، ليس تُشبه، ليس ذاك شَبَها، إنها مطابقة لإسحاق، كأنه عاد من عالم الموتى بوجه امرأة، ربما كانت أكبر قليلا، ربما كان خطأ للزمن، دنوْتُ منها، فأجابتني بالفرنسية، شَعَرها كان قصيرا وذكوريًّا، بدتْ لي مُراهقة، ولو أزيح عنها الماكياجُ لكانت إسحاق تماما. لم أفكر أبدا في أنه كان لإسحاق مظهر أنثوي، لكنه أيضا لم يكن ذكوريّا جدا، وتلك المرأة هي أيضا لم تكن أنثوية، لكنْ ليس بشكل مُبالغ فيه.

- عُذْرا، منْ تكونين؟ - سألتُ، ماذا كان يُمكنني أن أسألها؟ ماذا كان يُمكنني أن أقول؟

- ماذا تعنين بقولك من أكون؟ فيمَ يَهمّك ذاك؟ - ردَّتْ عليّ بنوع من الحَنَق، وواصلنا الحديث بالفرنسية.

- أُعذريني -قلتُ-، وجهُك أليف لديّ، ربَّما كان الأفضل أن أقول ذلك هكذا. هل تعيشين في باريس؟

– أجل، بالقرب من باريس، وأدْرُس في باريس. ما اسمُكِ؟
سيلْبيا.

– سيلبيا؟ سيلبِيا ماذا؟

– ناحُون.

– لا يُذكِّرني اسمُك بأيّ شيء، لا أعتقد أن بيننا معرفة.

– لا، الاحتمال أنَّ لا معرفة بيننا، لكنَّك تُشبيهين كثيرا شخصا أعرفُه.

– آه، الآن أشبه شخصا تعرفينه، ألديْكِ حكاية أخرى؟ هل أنتِ بخير؟

– لا –قلتُ–. لا، لا أشْعُر أني بخير، لا، أنتِ تُشبهين أخي، أخي أنا، الذي ماتَ منذ عشر سنوات – وبكَيْتُ.

– عُذرًا، أُعذريني، آسفة –قالتْ– آسفة كثيرا. كيف لي أن أعرف ذلك؟ أشبه أخاك. حسن، هي أشياءُ تحْدُث، أحيانا يتشابه الناس. هل تريدين أن تشربي شيئا؟ أين كنتم تعيشون؟

– في إسرائيل، وهو مات في حرب لبنان.

– وأنا من المغرب، وأنت تعتقدين أنه يجب أن يَهمَّني أمْرُ جنديٍّ إسرائيلي مات في حرب لبنَان، تعتقدين أنه يلزمني أن أبكي لأجله، ليست المطاراتُ كالمارسْتانات، أنا، هنا، أقدِّمُ منديلا ليهوديّة مات أخوها أثناء قتله عرَبًا وفلسطينيِّين، وتريدين أيضا أنْ أشفق عليْكِ؟...

ربما كانت تلك اللحظة المناسبة كي أعتذر لها، بسبب إزعاجي إيَّاها بحكايتي، إنها من المغرب، ويُمكن للناس المنتمين إلى البلد نفسه أنْ يتشابهوا، وربما أهلُ المنطقة نفسها... طبعا إنه السبب الذي يَجعلُنا نفرض نفسَنا على أشخاصٍ آخرَين. ماذا كان عليَّ أن أقول؟ ألديْكِ إجابة، يا مَلكتي؟ ربما كان يُمكنني أن أقول لها فلتَذهَبْ إلى الجحيم مع لُبْنانيِّيها، وأنْ لا دخْلَ لأولئك مع مغربية؛ وأن أخي مات هناك، دون سبب، مثل غبيّ، مثل كل الأغبياء الذين يموتون في الحروب... لا،

أخي الصغير ليس غبيًا، هو ليس كذلك، لكنْ أتعرفين ماذا حصل لهذه الفتاة، عندما مضتْ، لقد سقط منها ملفعُها الوردي الشّفّاف، أتَريْنه، وأنا احتفظْتُ به، إنَّه لديّ هنا، كما لو أنه سيصلحُ لي ذاتَ يوم في شيء ما، لسْتُ أدري متى، ولا لماذا، لكنَّه يبدو لي شيئا مهما جدا.

أتعرفين، نظرْتُ إلى إخوتي، ولم يروْا شيئا، لم ينتبهوا إلى أني قد تحدَّثتُ معها، لا شيء، والو، كما لو لم يَحْدُث، ونظرْتُ إلى ألبرْطو، وحينذاك تحدَّث إليَّ عن ذلك الإسرائيلي الذي التقى به، لكنْ حدثِ كل هذا، لم يَمُرَّ أيّ وقت، حَدَث أنّ الوقتَ في باراخاس قد أخطأ وجهتَه. ماذا حدث في تلْك الثانية؟ ربما ساعات، أو أعوام أو حيوات. كنا جميعا مرتبكين. أنكون قد عشْنا حُلما؟

إسحاق

أخافني بفزَع طيلة ثوان، وكلّ شيء كان غريبا، أصل فأراهم قُبالَتي، إخوتي الثلاثة، فأسرع لأقبّلهم، أمضي ناحيَتهم، وفجأة يختفون، لا أراهم، كنتُ متأكّدا أني قد رأيْتُهم، وأنهم كانوا أمامي، لكن لا شيء فجأة، كأنهم لم يكونوا هناك أبدا، أنظر جهةَ اليمين، إلى اليسار، إلى الخلف، إلى الأمام، ولا شيء، لا أحدَ. امرأةٌ مسلمة بمنديل يُغطي رأسها وبسراويل، يبدو أنها مغربية من مظهرها، تصيح على ولديْها يوسف وزهرة، فأتذكر أن اسمَ ذاك الأخ المجهول والمختفي كان يوسف، ورأيتُ أن الاثنيْن، الوَلديْن الاثنيْن يُشبِهان إسرائيل كثيرا لمّا كان صغيرا، وأنّ الطفلة تشبه رُوط، الأخت الصغيرة والمحبوبة، التي لديْها الآن معمَل أبناء، الآن لديها ستة أبناء، أكثر من كل الإخوة الآخرين مجتمعين، معمل أحفاد، ينتقد الأجداد تديُّن الصّغار، لكنهم يفرحون كثيرا حينما يجيء الأحفاد إلى البيت. مات الجدّ، وستواصل الجدّة المساعدة برعايتها للأطفال وباقي الأشياء، راسمة تلك تلك الابتسامة على محياها، ومُصوِّبةً إلي نظرةً منتقدة، لأن لي ولدا واحدا حسبُ، بينما الآخرون لديهم اثنان أو ثلاثة في كل أسرة، الأوربيون المألوفون لهم ولدٌ وكلبٌ ومرثيديس، ذاك هو الحلم، حسنٌ، ليس حلمي، لقد رغبْتُ في مزيد من الأولاد، خمسة آخرين، لكن لهذا السبب أحتاج العثور على زوجة أكثر أمومة، وهؤلاء النساء إمّا شديدات التَّديُّن وإمّا يُشبهْنَ أمّي؛ أنجذبُ لأكثرهنّ فتنة، النحيفات واللواتي لسن أموميّات جداً، اللواتي يُغيِّرْن الأسرَة والرِّجال، امرأة جديدة لم توجد منذ مئة سنة، تلك اللواتي يَجْذبْنني، خصوصا إذا كنَّ مُتحكمات، يَقُلن نصف الحقائق، لكنّهن لا يكذبْنَ، يلْعبْن بأنوثتهنّ كما لو كانت حسابا بنكيا ذا أسهُم كثيرة وحركة كثيرة ويوميّة للبيع والشراء. وها أنا أواصل اللفَّ والدوران في باراخاس، باحِثا عن إخوتي الذين اختفوا فجأة. وكأنّ شيئا لم يحْدُث،

اختفت المرأة المسلمة فجأة، وفجأة ظهر إخوتي أمامي، وجميعهم يُرَوْنَ بوجوه مرتبكة، ليستْ بأقل ارتباكا من وجهي، وأنا أربطك كل هذا بوفاة والدي ووصيّته الغريبة، شلوم، قُبُلات، لما رُوط لم تأت، آه، نعم! دعوني أتوقع، إنها حامل، أليس كذلك، وكدْتُ أسأل، لماذا لم يأتِ إسرائيل، وأن أواصل كما في تلك النكتة التي سمعتها قبل وقت ليس ببعيد، ذلك أني واصلتُ حالي ميّتا كما من قبل، لكني لا يُمكنني أن أقول تلك الأشياء، أن أصوغ نُكتا حول أخ، دائما تُشْحَن الرأسُ بكل أصناف الأفكار الغريبة في اللحظة غير المناسبة.

- أتنتظرونني منذ وقت طويل؟

- لا، لا -قال فورْتُو-، لكنْ طائرة الثالثة مضت، وعلينا أن ننتظر طائرة الخامسة، على أيٍ فذاك هو البرنامج الأصلي، لو أنك وصلْتَ ساعةً قبلُ لأمكننا ركوبُ طائرة الثالثة. ما يمكننا فعله هو الذهاب إلى شرب شيء وأنْ نجلس في مكان ما.

- لكن دون أكل، فقد أكلتُ قبل قليل، إنها المرة الرابعة التي آكل فيها في اثنتي عشرة ساعة، مع فارق الساعات، عشاء قبل الخروج، وبعد ذلك عشاء آخر في الطائرة، وفطور، وبعد ذلك الغذاء، ولم أنم بتاتا، ومن أكلة لأكلة، ما أحتاجُه هو بعض فناجين القهوة.

إسرائيل

أعيش منذ الأبد في هذا المطار الذي مررْنا به عام 1974ِ، وطرْنا إلى مارسيليا. أحيانا أكون طفلا، وأحيانا امرأة، ورجُلا، أنا كل ما كنتُه وكل ما يُمكن أن يكون قد حدث، لكنني هنا دوْما. لماذا هنا؟ لماذا ليس في ناحية أخرى؟ لماذا أبحث هنا عن معنى موتي، كما لو أن الموت كان له معنى. أتذكر الجندي العربي الذي كان قبالتَنا داخل بناية، طلبْنا منه أن يستسلم، كلما طلبنا منه ذلك كان يبكي ويُرتّل آيات من القرآن، ويُطلق رصاصة ناحيتَنا. كان وحيدا، محاصَرا بعشرين جنديًا، و لم يكن باستطاعته الهرب، كنّا قد قتلنا رفيقَه وبقي وحيدا. طلبنا منه بالعربية، مرّة وأخرى، أن يستسلم، لكنه واصل إطلاق الرصاص وتلاوة القرآن. استمر ذلك، طيلة ساعتيْن، إلى أن أطلق عليه أحد الجنود قنبلة يدوية فقتله. حلّ الصمتُ، بعد ذلك، صمتُ الموت. كُنا قد تعوّدنا تقريبا على تلاوته، وعلى قرآنه، وبعد ذلك حدث إطلاق رصاص مشتّت. ولما ذهبنا لفتح البيت اكتشفنا أنه مغلق عليه، وأنه لا يستطيع الخروج ليستسلم. نظرت إلى جسده الممزَّق، كان طوله يُعادل طولي، والشعر ذاته، وربما كان وجهه شبيها بوجهي. وعرفْتُ في تلك اللحظة، عرفْتُ أني أنا أيضا سأموت، انتبهْتُ إلى أن الحرب لا معنى لها، لستُ أدري كم منّا شعروا بالشيء نفسه، لكنْ قبل موتي كان ثلاثة جنود آخرين من وَحدتي قد ماتوا، ودون أن نقول ذلك، فكرْنا جميعا في أن هذا الميت قد جلبَ لنا النحس، وكان الإعلانَ عن موتنا. بعد ذلك حدثت العملية الإرهابية في طيرَ Tyr، وهناك كان موتَي رفقة أغلبية جنود قاعدتي، لأني في ذلكَ اليوم أحسست أن ذلك الجندي الموصَد عليه في ذلك البيت، ذلك الجندي الذي يبكي على حياته وعلى موته، ذلك الجندي هو أنا، فكرتُ في أنه لا يُمكننا أن نكون أعداء، وأن السبب الوحيد الذي نتماثل في سبيله هو بسبب مُسيّرين يتحكمون فينا، لكن

في تلك اللحظة، كان الجندي الذي قتلناه، ذلك الجندي، كان أخي، هو كان قابيل ونحن هابيل، كنّا إخوة، بشَرًا، أفرادا من الشعب نفسه شعب الإنسانية، وبعد ذلك تحوَّلتُ إلى قابيل، وذاك شيء لم أستطع أبدا وأنا حيٌّ أنْ أعبِّر عنه، ولهذا أعود إلى هذا المطار، أكون أبًا أحيانا، وأحيانا أمّا، وأحيانا طفلا، وأحيانا طفلة. أنا كلّ إخوتي وأخواتي، وأتساءل ماذا سيحْدُث، ماذا سيحدث لو أن أبويّ توقّفا هنا. لو أنّنا مكثنا في مدريد. هل كنتُ سأصل إلى حرب لبنان؟ ربما نعم، ربما كان لا مناص من ذلك، دائما إسرائيل تُعجبُني أكثر مما تُعجب الآخرين، منذ اليوم الأول، منذ ما قبل وصولي، ربما لأني كنتُ أعرف أني سأدفن هناك، شابًّا ووحيدا، دون أبناء وبِكرا.

فورْتو

كنت هنا عام 1974، المطار كان أصغر، كانِ أبي يناديني فورْتو، وأمي تناديني مسعودا، كان يبدو لها اسمًا أفضلَ وأحنَّ، وكان جدي يناديني مسعودا دائما، هكذا كانت الأشياء في ذلك الزمان الغابر. ماذا نفعل الآن هنا؟ نحن الأربعة دون إسرائيل، الذي أحسُّه بقوّة في هذه اللحظات والساعاتِ الطويلة التي لا تُطاق.

الآن، نحن الأربعة هنا، كأن شيئا لم يحدُثْ، كانَّ ميّتًا لم يكنْ، كما لو أننا لم نكن قد افترقْنا، كما لو أنني لم أعش مسافةَ أمتار من هنا، في مدريد، حتى زوجتي لم أهاتفْها، كأننا الصورة التي بقيتْ من ذاك اللقاء، هنا نفترق. هنا بقيتُ، ذهب إسحاق للدراسة في باريس، وبعد ذلك ذهب إلى نيويورك، وذهب الآخرون إلى القدس. وهذا تحوّل إلى حلقة لا نهائية، إسرائيل مات في لبنان، وسيلْبيا تزوجتْ بفرنسي، وذهبتْ لتعيش في باريس، ووحدَه موتُ أبي جَمَعَنا من جديد، لنبْحَثَ عن أخ لا نرغبُ في العثور عليه، طلبًا لقليل من المال نحتاجُه، ثلاثون سنة تقريبا لم تمرَّ، تقريبا ثلاثون سنة من الأسئلة ومزيد من الأسئلة بقيَتْ معلّقةً في الهواء، ومن إجابات لا معنى لها، الزمن هناك. والآن نمضي لرؤيته، لنرى كَيف توقفَ الزمن في مدينتنا، ينظرُنا الزمنُ هناك، أعرف ذلك، سنعود وسنفهم كلَّ شيء، سنعود وكل شيء سيكون له معنى، يمكننا أن نُعيد تركيب قطع لعبة اللغز «وجع الرأس»، هنا نراه، هنا نرى كيف أقلعت الطائرة وعادتَ لتحُط، سيعود العالم ليصير ما كان، ستقول لنا أمُّنا إن كل شيء على ما يُرام، وستقول بعد ذلك إنه «يلزم أن نُعطي دفعةً للحياة»، وأبي سيُفسِّر الخير مرَّة أخرى، وسيقول: «لا تعتقدوا في شيء مما يقوله السياسيون، دائما هنالك شيء خلفَ كلامهم». وإذن، ذاك ما يختفي خلف تلك الجملة، إنه ابن آخر، ابن غير شرعيّ.

*

- التحليق لا يُصيِّرك طائرا، والطائراتُ ليستْ حرَّة.

- أيَّامٌ يبدو فيها كل شيء واضحا وناصعا، لكنْ في الأخير جاءتِ الأمواج، ومَحا زَبَدُها كل شيء، حتى ذاكرة الزبد.

- يبتلعُنا البحر شيئا فشيئا في أمان، فصبْرُهُ لا نهايةَ له.

- وعلى كل حال نحن جُزُر بين مياه صاخبة، وفي كل يوم بِوسْع المياه أنْ تُطوِّقنا.

- لكن البحر هو أيضا حياتُنا، ومَنْفَذُنا، وطريقُ العودة، وإمكانية الغَرَق.

- لو كان بحرا لكان قد ابتلع كلَّ شيء.

- إنه يأكُلنا شيئا فشيئا، لدى الأرض لهفة لترانا تحتها.

- لكلِّ واحد مهمة في الحياة، لكنّ الجميع بعد الإنسان.

- خَلَقَنا كي نكونَ فريسةَ الأرضِ والحيواناتِ والإنسان.

- فريسةَ الجميع، فريسةً لذواتنا نفسها، قمَّة الخلق، ومُهمَّتنا هي أنْ نُؤْكل، مهمَّتنا أن ننهي حيواتنا، يومَ موتنا نُتمّ مهمّتنا، ستشبَعُ ساكنةُ الأرض من لحمنا، ويمكن للأرض أنْ تخلق نِفطا مما هم يأكلونه، وسيُسافرُ آخرون في سياراتهم.

- مثل المطر الذي يملأ البحر، وبعد ذلك يخلق الغيمة التي ستُعطينا مطرا.

- هكذا نحن نمضي ونعود، وكل الأسئلة تغدو وتروح معنا إلى كل الأمكنة.

مالقة

ألبرطو

مرّة أخرى مع الْغويسْكي، هكذا ينطقُه الإسبان، وليس ويسكي. أحيانا يُعجبُني أن أعتمر خودةً تؤطّر كلّ أفكاري، وهكذا يمكنني أن أتفادى إزعاج، الذي يمكن أنْ يصدر عن رقن كل هذه الحروف، أحلقُ إلى مالقة، ساعة وربع من التحليق، ساعتا تأخر، الجعَةُ لا تقدّم ها هنا، تقوم المضيفات بكل ما في وُسعهن كي لا يلتقين بالرّاكبين، كي لا يطلبون منهن كوكاكولا، تدبَّر جاري الخلفيّ أمرَه في الحصول على مشروب، وكذلك زوجتُه، التي حصّلت على مشروبيْن، وبعد ذلك حلّتْ بالمضيفة نوبةُ صَمَم، لم تعد تسمع الطيور، فاختفتْ في اتجاه مقصورة الطائرة، حسن، ماذا سيُفعَل معها، يُميِّز المغاربة بعنصريّة دائما، لكن لحدّ الآنِ لا يزال عندي ويسكي وأنا أشربه، أريد قليلا من الصودا حسب، أتذكرُ الصحافيَّة التي استجوبتني وسألتْني إنْ كنتُ عنصريًا، لأني لم أصوّتْ على أحزاب خمسة وتسعون بالمائة من أعضائها أشكنازيون، سألتْني إنْ كنتُ عنصريا و لم تكنِ تنتظر إجابتي، لم أكنْ مستعدًا لكي أجيبَ، كان يمكن أن أقول إني أفضل مومسات روسيات، وبالإضافة يمكن أن يُقال إنه تمييز إيجابي، بعد سنوات من مضاجعة مومسات مغربيات، نريد الآن المولدافيّات، والأوكرانيات، والروسيات البيضاوات، روسيات بألوان أخرى، زرقاوات، روسيات وأوكرانيات، مومسات من أوزبَكستان، ومن طجكستان، ومن مومسْتان، جميعهن يُعجبْننا، وأنا على الخصوص، لكنّ لا تُعجبُني المومسات الشقراوات، وخصوصا بنات البلد، لن يُساعدك الويسكي، الحاسوب سيُساعدك أكيدا، إن حاسوبًا يكون شبيها بامرأة طيّبة، الحاسوب يُلبي كل رغباتك، كل الرغبات التي تودُّها، أو الصّحافيّةُ الأخرى التي سألتني عن رأيي في الوضعية السياسية وقُلتُ إني من أنصار دولة ثنائيّة الوطن، وحينئذ أجابتني: «كي يكون هناك قلة من الأشكنازيين» فضحكتُ، لكني

طلبْتُ منها في الحال ألَّا تكتب ذاك، قلتُ لستُ من قال ذاك، وإنما هي التي قالتْ ذاك، وفي تلك اللحظات تفهمين أنَّ الخوف يتملَّكهم، حين يتكلمون عن أغلبية يهودية فإنهم يُحيلون على أغلبية أشكنازية، يخشون اتحادَ السيفارديّين مع العرب، إننا نبدو بالنسبة إليهم متشابهين كثيرا، لكننا نرى أنفسنا مختلفين كثيرا، وإنْ كنا كثيري الشبه بالعرب منه بالأشكنازيم، وإذن ذاك هو الخوف الذي يتملَّكهم، كذلك يخافون من ألّا يكون قد بقي لهم شيء، لكنني لا أخاف من أن أبقى صفر اليديْن، لأن يهوديَّتي ترتكز على أساس صلب، ولن تقدر على انتزاعها مني أيّ عَلمانية أو أرثودوكسية متطرِّفة، وعلى الأقل ستستمرّ يهوديَّتي في السنوات المئة القادمة، طيِّب، إذا لم يتحوَّل الجميع إلى أشكنازيم. لقد كتب بارُوخ كيمرْلينْغ كتابا حول هذا، لكنني لم أقرأه لأني لم أستطع شراءه، كان باهظا جدا، ولا سنتيم لديّ، لستُ أدري بمَ سنعيش إذا لم نحصل على ذلك الإرث، كيف سيُمكنُني أنْ أواصلَ الكتابة مثلما وعدْتُ نفسي، الكتابة فقط، في مواجهَة كل شيء، على كل شيء، بالرغم منهم، بالرغم من الجميع، أن أواصل تأليف كتب ومزيدا من الكتب حتى التخمة، إلامَ سيُواصلون عدم الاكتراث بي، عشرة كُتُب، عشرون، ثلاثون...

ما عدد الكُتُب التي سيُكَفُّ بها عن تجاهل كاتب ذي قيمة؟

أريد أن أعرف ذلك، لديَّ فكرة لتأليف رواية جديدة، لكنني أحتاج مالا لأجل ذلك، كثيرا من المال، ستة أشهر في باريس، وستة في نيويورك، وستة في كراكاس، سيُسمَّى الكتاب السيرة الذاتية لمنحيم بنعيم، خمسة فصول عن رجل في الأربعين من عمره، يحكي حياته، سيكون كل فصل سيرة ذاتية مختلفة، ما يجمع بينها هو أن المؤلف وُلدَ في المغرب، وانه كاتب، أحَدُ احتمالاته أن يُهاجر إلى إسرائيل، والاحتمالات الأخرى، أن يُهاجر إلى مدريد، أو نيويورك، أو كراكاس أو باريس، تكون حياته في كل فصل مختلفة عن الأخرى في الفصل الآخر.

ولدي فكرة أخرى، رجل في الخمسين من عمره، يعشق امرأة في الثامنة والعشرين، هو متزوج، وهي عزباء، يُفزعه فارق السّن، قرّرا الالتقاء مرّة في السنة طيلة خمس سنوات، يوم واحد، وسيكونان ذلك اليوم معا طيلة أربع وعشرين ساعة، وإذا ما استطاعا تنفيذ ذلك الوعد طيلة خمس سنوات فإنهما سيتزوجان، وسيعرفان بأنَّ حبّهما حقيقيّ، التقيا طيلة أربع سنوات، وفي السنة الخامسة، هو أو هي، أو الاثنان، لم يحضرا إلى الموعد، وأريد أن أكتب كذلك ذلك الكتاب، الذي تخرج فيه عائلة باحثة عن ولد مفقود.

الغويسكي والويسكي شرعا يلعبان برأسي. لمواصلة العيش عليَّ القيام بما يفعله الكتَّاب اليابانيون، نشرُ كتاب كل ستة أشهر، وفي أقصى حدّ مرّةً كل سنة، لأن كتابا في إسرائيل له صلاحية تناهز ثمانية أشهر في المكتبات، خصوصا في الشبكة الكبرى لُوبُوْسْكي، التي تمتلك ثمانين بالمئة من المكتبات في إسرائيل، إنه شبه احتكار، ثمانية أشهر هو الحد الأقصى، حذار! إنه حقل ألغام، حياتُك حياتنا، وحياة الكتّاب الإسرائيليين، الآن فهمت أننا نحن الإسرائيليين سنكون ضحايا الجميع دائما، وإذا عرفت أن الحقيقة لا تساعدني كثيرا، وإذا انتَقَدْتُ مواطنيَّ فسأخشى دائما أنْ يستعمل أحمقُ نقدي كي يقتلني أنا وأولادي، لا يمكنني أن أكون بريئا مثل النبيين إشْعياء وحزقائيل. لا تزال أقوال إشعياء تُقرأ علينا، ربما لو كان له أولاد لكان النصارى قد اغتالوهم، وإذن هنالك حدٌّ عند هذا المستوى الذي يمكن للمرء أن ينتقده، لا يمكنني أنْ أضع أبنائي موضع خطر، أوسْلو ماتت أيُّها الإله الجبّار، أطلبُ منك أنْ تنظر إلى أشيائنا الجميلة وليس القبيحة، وأن ترى الجميل أكثر من القبيح. أعدكم بشيء واحد، أعزائي القراء، هو أنْ أكتب ما أفكر فيه، في الصفحَات التي تقرأون، لا أخفي شيئا، لقد جلب الأشكنازيم كل حياتهم البولونية إلينا في إسرائيل، لا شيء تغيّر، صديق يجلب صديقا آخر، يُعيّن القاضي زوجتَه، ويُحاكمُ أختَها، ولا قانون في إسرائيل، النظام القضائي فاسد، وسيثور الشعبُ في غياب العدالة، وكما هي الحال دائما، فإنّ هذه الأرض تطلب العدالة، ولا تقبل بشيء آخر، ولا

تَسامحَ مع الجور، سيحيا أعداؤنا على ظُلْمنا، ولا شيء، لا شيءَ يُمكن أنْ يوقف رحلةَ عودتنا إلى تطوان، لا أريد السفر إلى تطوان، ماذا ضاع مني هناك؟ لم أفكر أبدا في أني سأعود إليها، لكنْ لأجل مائة وخمسين ألف دولار، ولو أن أحدهم لربما سرق منها نصيبا، حسابات بأرقام في سويسرا، من يدري؟ أنا أعتقدُ أنه كانت هناك أموال أكثر، أحدٌ ما حوَّل المال إلى حسابه، أكيد، لكنّ شيئا سيبقى، وفيم سيهمني نصف أخ، فيمَ سيهمني سُحْقا، ربما يكون متزوِّجا بأربع نساء، ولديه أربعون ولدا، من يدري، يا أفندي.

دائما يُقال عن كل عربي غني إنه سليل يهود، وكيف لن يكون كذلك، جميعُهم في المغرب كانوا يتزوجون يهوديّات، ولم يكن عليْهنَّ أن يدْخُلنَ الإسلام، اليهود القلائل الذين استمروا على دينهم اليهودي هم الأقلّ حُمْقا من حيث الجينات، أولئك الذين لم ينقلبوا إلى المسيحية، أو الإسْلام، لأن الأكثريَّة غيّرتْ دينَها، والأكثرية قامتْ بذلك دون صعوبات كبيرة، وتتحدَّث إلينا الخرافات عن أولئك الذين ضحُّوا بأنفسهم كي لا يرتدوا عن دينهم، لكن هؤلاءِ قلة قليلة جدا، والآخرون ارتدُّوا كي لا يُكرَهوا على دفع جزيات الذمّيّ، لقد خلق كل جيل من المتحوِّلين إلى الإسلام والمسيحيّين يهودا أكثر تصلبًا، كل جيل، الذين كانوا الأثرياء والأكثر تصلبًا، والأكثر ذُهانيَّة، جيلا بعد جيل إلى أنْ جاءَ الصَّهاينةُ، الذين قرَّروا أنْ يكونوا مرْضًى، مثل كل الشعوب الأخرى، تبًّا لكل الذين هم يضادُّونَك، وأخيرا تعلَّموا من الفرنسيِّين، والإسبان، والبولونيِّين، والروس، والعرب، أنَّ السبيل إلى العيش هو تحطيم الآخرين إلى أقصى حدّ ممكن، تحطيم أعدائك وتحطيمُ مواطنيك كذلك، إنها جوقة كل بلد، وإنه البلد الحديث، لا رحمة في البلد الحديث، الشَّرُّ والحرب فقط، لكني لا أزال أترجَّى أن يكون لكل هذا معنى، معنى يعلو على الزمان والمكان، معنى ضمن المعنى الأعمق للكلمة، والإنسانية، معنى صوفي، معنى مسيحيّ، دائما ما يكون المعنى مسيحيًا، أرجو أن يكون معنى لمعاناة الجميع هذه في إسرائيل، ومعاناة الأشكنازيم معنى بسبب المحرقة، ومعاناة العرَبِ بسبب طردهم،

ومعاناة السّفارديّين لأن ثقافتهم مُحيَتْ، ليَكُنْ لكلٍّ هذا سبَبٌ، ولْيَكن له معنى، ولْيَظهر فجْرًا. وهنا يُعلنونَ لنا أننا سنَحُط، وأنه يجب إيقاف تشغيل الحاسوب، نَحُط في مَالَقة. من هنا مرَرْنا في طريقنا إلى مارْسيلْيا وإلى القُدْس سنة 1974، بعد حرب أكتوبر، تنتظرُنا العنايةُ الإلهية على الأرض، تَطلب المضيفةُ مني أنْ أوقِفَ تشغيل الحاسوب.

تنتظرنا العناية الإلهية على الأرض.

ألبرطو

- وَاو Wa، لنَرَ متى ستعثر على عمل جاد، وتتخلّى عن العمل باستمرار دون أن ترَبح مالا.

- A wadel، فورْتو، نلتقي مرّة واحدة في السنة، ودائما تقول لي العبارة نفسَها، يُمكنك أنْ تُغيِّر قليلا.

- عشرةُ كُتُب ولا تفعلُ شيئا لنفسِك، ولا حتى للآخرين، يا ألبرطو.

- للآخرين بالتأكيد أفعل، للذين يقطعون الأشجار، وإلى سائقي الشاحنات التي تحمل الأشجار، وإلى صناعة الورق، وإلى مصدِّري الورقِ ومستورديه، وإلى الجرائد، والصِّحافيين، ومديري الشّركات، والموظفين في وزراة الثقافة الذين يمكن أن يُقرّروا إنْ كانوا سيشترون كُتُبي للمكتبات أوّلا، وللناشرين، والمترجمين، والأبناك، لنْ تُصدِّق ذلك، لكنْ حتى البنكيِّين يهتمُّون بالأدب في بلدك، إسبانيا، لقد دُعيت من قبَلهم مرة إلى مؤتمر، ويُمكنني أنْ أواصل، إذا كان الأدب يمنح شُغلا لأناسَ كثيرين، فإنَّ أناسا كثيرين يعيشون على كُتُبي، عشْرةُ كتب هي كتبٌ كثيرة.

- أجل، جميعُهم يربحون بكُتُبك إلا أنتَ.

- ولا أخسر، هنالك كُتّاب آخرون يدفعون كي ينشروا كُتُبَهم، لكنْ أنا على الأقل لم أدفعْ مالا أبدا، وأحسّ أنني سأربح بكتُبي مالا، بالتأكيد، ذاتَ يوم، أو على الأقل سيربَحُه أولادي، إنه إحساسٌ أقوى مني.

- استثمارٌ على المدى البعيد، لكنْ يُمكنُكَ أن تربح أكثر على المدى القريب، يُمكنك أن تقوم بشيئين في الوقت نفسه.

- أجل، ذاك ما أفعلُه دائما، شيئيْن في الوقت ذاته، لكنْ بشكل ما، ودائما ما يكون الأدب أهمَّ من الأشياء الأخرى، أو أن الأشياءَ الأخرى لا تتحوَّل أبدا إلى أساسيَّة.

- قل لي شيئا؛ كيف يُمكنُكَ أن تتحدَّث معي وأنت تشرب الويسكي، وترقن على الحاسوب في الوقتِ ذاته؟

- مثل التَّنفُّس؟

- ماذا تعني بقولكَ مثل التَّنفُّس؟

- أنتَ يُمكنُكَ أَنْ تتنفَّس وتتحدَّث معي وتشرَبَ الغْويسْكي في الوقتِ نفسه، أليسَ كذلك؟ وأنا بوسعي أنْ أكتُبَ في الوقتِ ذاته.

- قل لي شيئا؛ ماذا سنفعل حينما سنعثر على أخينا المفقود؟

- نصف أخٍ، نصف، لستُ أدري ماذا سنفعل، لكنَّ ما أعْلَمه أكيدا هو أني سأكْتُبُ عن ذاك.

سيلبيا

أهنالك مُصادفاتٌ في الحياة؟ حدوسات؟ منذ حوالي أسبوع هاتَفني ابْنُ عمّي الثاني؛ إسحاق سانانسْ، الذي كنتُ ألعبُ معه كل يوم، لما كنا صغيرين، وكان يقول لي دائما إني كنتُ أجْمَل امرأة في العالم، ربما كانَ عاشقا مثلما يعشق الأطفال. ومنذ أسبوع، بعد زمان طويل، هاتفني من ميامي. قال لي إنه منذ سنة سلّمَه أحدُ أبناءُ أعمامي رقمَ هاتفي، وأنه كان يُفكّر في مهاتفتي كلَّ أسبوع، لكنه لم يكن يدري ما سيقول، لم نلتق منذ وقت طويل. لكنه هاتفني أخيرا، لم يكن يعلم أن أبي قد مات، لكنْ رُبَّما أحس بشيء، وسأل، ماذا حدث. كان قد ذهب إلى طنجة منذ ثلاثين سنة، وبعد ذلك، هاجر مع عائلته إلى إسرائيل، عاش في حَيْفا، كنتُ أعرف أنه قد تزوج من أمريكية، ورحل إلى لندن، وبعد ذلك إلى الولايات المتحدة الأمريكية، وأنه يبيع الملابس في ميامي. هذه العائلة كانت دائما تتعاطى تجارة الملابس وعائلة أطباء، ويحكى أن أوَّل رَجُل من عائلة بنزمْرا وصل إلى تطوان كان مُعالجا، وكان أبناؤه خيَّاطين، ومنذ ذلك كانوا يُراوحون بين الخياطة والطب، هاتَفني وقال لي إنّ أختَه ماتتْ في حادثة سيرٍ منذ ثلاث سنوات، كنتُ ألعبُ معها في طفولتي أيضا، كنا نلعب جميعا نحن الأطفال؛ سألْتُ ألبرطو عنها، لكنَّه لم يتذكرْ شيئا. أجل، سانانس، اسْمٌ يُذكِرُه بشيْءٍ ما، لكنّه لا يتذكّر وجوهَهُم، طيِّب، كان عمره عَشرة أعوام لما رحلوا، وفي تلك السِّن تكون سَنَتان تُعادلان كثيرا من السنوات. أنا أتذكر دائما أشياءَ أكثر من إسحاق الذي يَكبُرني، أو ربما نتذكر أشياءَ مختلفة.

*

- أين المدخل إلى بيتنا؟ أين بابُ البحر؟
- سدَّها سُورٌ من الحجارة.
- قل لنا ألَّا نُصلي لآلهة الحجارة. واليومَ كل ما بقي من مَعْبَدنا حجارة.
- عقابُنا هو أن نعبُدَ الحجارة.
- يَسُدُّ البحرَ حجَرٌ، ولا يُمكن للبحر أن ينقذنا من موتنا، ولا يُمكنه أنْ ينقذنا من حياتنا.
- أين المفتاح الذي يفتح الباب؟
- وأين المدخل إلى قوى الخلق العشرة؟ أينَ رمادُهم؟
- تحوَّلت البابُ هي الأخرى إلى حجر، ولا مفتاحَ يفتح الحجر، صرخْنا، لكنَّ الحجر لا يسمع.
- كُنَّا نحلُمُ فيما مضى أن ننقلب إلى حجر، والآن نبكي هذا الحُلُمَ الذي تحوَّل إلى واقع، كنّا نحلُم أن الحجر يتحوَّل إلى رمل، لكن الحجر تحوَّل إلى موتِ الإبْنِ قبل الأب.

الجزيرة الخضراء

الجزيرة الخضراء، ميناءٌ توجَدُ مدينةٌ إلى جانبه. يَعْبُرُ هذه المدينة آلافُ الإسبان والمغاربة يوميًا في اتجاهات متضادَّة، ويلفّون حول الميناء، الشارع الرئيسُ عمارات لعُمَّال الميناء، حانةُ مازَّات حيث أجلِسُ وحيث أكتُبُ في حاسوبي، أطلُبُ وجبةَ حبَّار وسَلَطةً روسيَّة، وأفكرُ في المغاربة الذين يركبون قاربا في طنجة ويُحاولون الوصولَ إلى هنا. وبعد الوصول، إذا لم يموتوا أثناء الطريق، يكون المسيرُ لا يزال طويلا: تُفتِّش في الحافلات، في المُدن، في محطات الميترو، يأتون من إفريقيا جميعها، وحتى من الصين ومن الشرق الأقصى، يصلون إلى طنجة وينتظرون فرصتهم، وبعد ذلك يتجوَّلون أيامَ السبت والأحد في المقاهي والحانات، ويبيعون أقراصا مُقرْصَنَة، ذاتَ مرة دعوْتُ أحدَهم، وكان أسْوَدَ إلى الجلوس معي، دعوْتُه إلى أنْ يشربَ شيئا، واشتريْتُ منه آخرَ إصدار لصرَّاط في لاكورُونيا. كان يخشى التحدُّث، حكى لي أنه مُسلم، وأنهَ جَاء من الصومال، وكان يخشى أن يتحدَّث عن أيّ شيء عن نفسه، لكنه كان يُفضِّل أن يتزوَّج من إسبانية. شرب كوكاكولا، قال شكرا، وواصل بيْعَ أقراصه، تكلم معي بالإسبانية والفرنسية، وربما، أيضا أخي يوسف مرَّ من هنا باحثا عن حرّيته في أوربا، كي يهرب من من البؤس المغربي، كحالنا نحن سنة 1974، كل العائلة سلكت الطريق إلى إسرائيل. أخيرا أمكننا أن نَنْطق كلمة إسرائيل بحرّية، لكن ربَّما ليس بحرِّية حقيقية، لأننا كنا لا نزالُ في بلد فْرانكو، ولم تكن العلاقات قائمة بين إسبانيا وإسرائيل. ربما كان يوسف قد مرَّ من هنا وسافر إلى مدريد، وبعد ذلك إلى بلنسية وإلى مارسيليا، تماما مثلنا نحن سنوات من قَبْل، هو مرَّ باحثا عن الحرية ونحنُ هاربين من الأرض التي وُلدْنا فيها، والتي وُلدَ فيها أجدادُنا لأنها خَلتْ من اليهود. وزراء الملكِ هم أصدقاء أبي، كانوا يقولون لنا إن كلّ شيء انتهى. ما الذي انتهى؟ الجالية

اليهودية في المغرب. انتهى، النهاية الحتمية. مثلما حال الملكة إيصابلْ الكاثوليكية إزاءَ مُساعديها اليهود وهي تقول لهم؛ إنه قرارٌ لم يكن لَها مناص من اتخاذه، وأنّ على اليهود أنْ يُغادروا إسبانيا. مرَّت خمسمائة عام، وها نحن هنا في إسبانيا مجدّدا، وأحيانا، يقول لك إسباني يَعْلَمُ أنه ينحدر من اليهود؛ إن إسبانيا لا تزال في حاجة إلى مزيد من اليهود، وأنه لشيءٍ مؤسف أن يكونوا قد طردوا. «إننا نحنُّ إلى يهودنا»، قال لي موظف في مطار، ذات مرّة. أجل، البولونيون أيضا يحنُّون إلى يهودهم، حين نكون معهم يستأصلوننا ويطردوننا، وحين نرحل يحنون إلينا، هذه المرة. سأل وزير إسباني وزير المالية الأمريكي، في مرحلة حكم فرانكو، ماذا يمكنُه أن يفعل كي يدعم الاقتصاد، فقال له الأخير: «أجلبْ مليون يهوديّ». يحرك اليهود الاقتصادات؛ وإذا كان هنالك انتقاد لوجود تأثير كبير لليهود في أمريكا فانظروا إلى اقتصادها، إنها تمنح حريّة ليهودها، وتُساند إسرائيل. وعلامَ تحصل في المقابل؟ إنها البلد الأكثر حرية في العالم، والأغنى في العالم، وهي البلد الذي يضم أكثر المليونيرات. ألربما كان يصلح ترك اليهود يحصلون على التأثير؟ ربما كان مبالغا فيه، نوعا ما، القول إن اللوبي اليهودي هو الذي يُملي السياسة الأمريكية، لكنْ إذا كان الأمر كذلك، فلمَ لا؟ لماذا كان الأمر سيكون سيئا جدا؟ أيّ ضرر في أن يكون بلدٌ ديموقراطيٌّ المتفوّقون فيه هم الذين يُقرِّرون؟ وإذا كان اليهود هم الأكثر ذكاءً، فلماذا لا يكونون هم الذين يُقرِّرون؟ إنني أبالغ، لكنْ لماذا هم في إسرائيل شديدو الغباء؟ وربما هم ليسوا كذلك، الأمور تمشي على خير ما يُرام في إسرائيل، ربما ليس هنالك فائزون كثر بجائزة نوبل في الاقتصاد والفيزياء، لكنه بلد ينتصر فيما لم يعرف اليهود أبدا فعله، إنه متوسِّط في كل شيء، في قوانينه الاجتماعية، في حقوق الإنسان؛ في طرُقه، كل شيء فيه في مستوى متوسِّط، ليست الأمورُ سيِّئة ولا جيّدة، إنه أفضل من البلدان الإفريقية أو العربية، لكنه أسوأ من البلدان المتقدّمة، إنه العالم الثاني، فلماذا ننتقد أنفسَنا على أملٍ أن نصير مثل البلدان الغنية في العالم؟

- ماذا تكتب دون توقُّف؟ -يجلس إسحاق بمائدتي، بعْد جولة

قصيرة عبر المدينة.

- أفكارا ليست مهمة جدا، هل تجوَّلْتَ؟ أصحيحٌ أنه لا شيء يستحقّ أن يُرى؟

- هل ترغب في شيء؟

- الحبَّارُ شهيٌّ جدا -قلتُ له.

- حسن، إذن طبق وقدحُ جعّة -وبينما كان النادل ينصرف قال لي-: اعتقدْتُ أنكَ كنتَ تأكل كاشيرَ.

- أجل، صَحيح، آكل كاشيرَ، لكِن حين أكون في إسبانيا فإني آكل الحبَّار، أعْرف أني هنا لا يمكنني أن أحْرِم نفسي منه، فهو جيّد جدا، هكذا أضعُه بين قوسيْن.

- أعتقدُ أنك في سنة وفاة أبينا يُمْكنُكَ أن تكون متديِّنا أكثر قليلا... طيّب، كل واحد وشأنه. أنا لا آكلَ كاشير، لكني كنتُ أمضي كل أسبوع إلى بيعة البرتغاليين في نيويورك، بشارع 33.

- أنا مضيتُ، لكنْ ليس كل يوم، إن منْ يبدو أنه تغيَّر هو فُورْتُو، لقد غيَّر الموتُ حياتَه، لقد باع كل أنْبذة نسخَ التي كانت لديه، وهو يشاهد الأفلام كل يوم، بل يمضي راجِلا حَتى طِفلا كلَّ سبت... ساعة ونصف.

- كل واحد يرى الأشياء وَفْق منظوره.

أُحْضرَ حبَّارُ أخي، فأكلْتُ ثلاثة من صحنه، وطلبْتُ طبَقا آخر من النادل، كَانت الوجبات كبيرة، لكنَّ جوعي إلى الحبَّار شَرِهٌ.

- يُمكنُكَ أن تواصل الكتابة، فلن أزعجك -قال إسحاق.

- لا يهم، لا يهم، سأُغلق الحاسوب، أواصل الكتابة في الفندق، كتبْتُ أنَّ أخانا ربما مرَّ من هنا، في طريقه إلى أوربا، منذ سنوات، ماذا تَظنُّ في شأنه؟

- أعتقد أنه ماتَ، لديَّ انطباعٌ بأنه ماتَ، لستُ أدري لماذا،

وأعتقدُ أن أبي كان يعرف ذلك، لكنه رغبَ في أن نُسافر جميعا بحثا عنه، كان يرغبُ في أن نعرف أنه وُجِدَ. كان سليما، وكان يُمكنُه أنْ يُسافر هو نفسُه، كان بوسعه أن يتكلمَ مع فاطمة.

- ربما فعل ذلك.

- متى؟

- لقد سافر مرّات كثيرة إلى سبتة لتتبُّع حال المنازل التي كان يؤجِّرُها قبلَ أنْ يبيعَها بثمن بخس، وربما يكون قد ذهب من هناك إلى تطوان.

- لم يكن يستطيع الدخولَ إلى المغرب، كان يُمكنُ أن يوقَفَ لإخراجه المال بطريقة غير شرعيَّة سنة 1974.

- أجل، لكنَّ كلّ ذلك انتهى، فكثيرون عادوا إلى تطوان.

- نعم، صحيح، لكنّ قليلين هم الذين أخرجوا مالا كثيرا مثله، وقام بكل أصناف التجارة غير الشرعية لبيع الأراضي التي بقيَتْ هناك، ولا تزال لنا بعض منها بجانب طنجة. أتَعْلم ذلك؟ وهنا أيضا، بجانب بجانب البحر الأبيض المتوسّط، يوجَد شُركاءُ له مِن كِل الأنواع، إنه أمرٌ معقَّد، لستُ أدري إنْ كنا سنرى ذات يوم مال كل هذه الأشياء؛ قال لي أبي إن الملك كان يُريد تلك الأراضي التي بجانب البحر، ولهذا لم يستطيعوا بيْعَها، دائما هنالك مشاكل بيروقراطية.

- وصلتْ سيلْبِيا وفورْتُو، يُعطيان الانطباعَ بأنهما قد تشاجرا، فوَجْهاهُما كان أحمرَيْن. أكلتُ الحبّار الأخير في الصحن، وشربْتُ الجعّة.

- أذاك ما تأكلانه؟ دَنَس -قال فورْتُو بنبرة تعليمية.

- ليَفْعَلْ كلُّ واحد ما يحلو له -قال إسحاق. أجل، لكنْ كان يُمكنُكماَ الانتظارُ قليلا، في سنة أبي...

- فورْتُو، لا تقل لنا ما عليَّ أن آكله؛ أنا، في إسرائيل، دائما كنتُ آكل كاشيرَ، بينما أنتَ، هنا، كنت تأكل كل شيء.

- طيّب، حسن، متى ستُبحر الباخرة؟

- في غضون ساعة، وسنصل حوالي الثامنة، في وقت متأخِّر نسبيًّا، لكن ماذا يُمكننا أن نفعل.

- عليْكَ أن تحيا في الحاضر.

- اليهودي لا وجود له في الحاضر. إنه يوجَد في الماضي أو في المستقبل فقط.

*

- إلى أين تجري؟

- أريد أن أعود لأرى نفسي أمام الجبل حيث وُلِدْتُ. أجري لأجدَني مجدَّدا أمامَه، للمرَّة الأخيرة.

- هل تستطيع فعل ذلك.

- يُمكنُني أن أجري، رئتايَ تنفتحان، وتنفُّسي يطمح إلى ذلك.

- وهل عدتَ إلى العثور على نفسك؟

- نعم.

- وماذا ترى؟

- رأيْتُ أن الطفلَ الذي كانَ ما عادَ طفلا، وأنّ المراهقِ الذي لم يَكْبُرْ ليس مراهقا، كلاهما عجوزان مُجعَّدان، لديهما بَشَرَة تُخيفني. أعْلمُ أني أرى نفسي، لكنَّ ماضيَّ تغيَّر.

- لا يمكن للماضي أن يتغيَّر.

- ذاك ما كنتُ أفكرُ فيه، لكنّه يتغيَّرُ دون توقُّف. كلَّما زرْتُ ماضيَّ أجِدُه يتغيَّرُ. أجِدُه يُخيفني أكثرَ من المستقبل.

تطوان

تتابعت الأحداث مسرعة، بشكل يكاد لا يوصف. عرفنا في أقلَّ من ساعة أين توجد فاطمة. وصلنا ساعة حلول المساء، وذهبنا إلى المقبرة في الحال، هنالك صعدنا إلى قبر جدَّتنا، سيمي بنْزمْرا، وعثرنا على يهودي من المدينة لم نكن نعرفه، لكنه كان يعرَفَ أبَانَا وعائلتنا. لم يكن يعرف أي شيء عن فاطمة، لكنه كان يعرف أن ابنة خالتنا سيمي بنْشيمول، زوجة إسحاق بنْزمْرا، الذي ينتمي إلى فرع آخر منَ عائلتِنَا، كَانت تعيش في الشارع اَلرَئيس محمد الخامس، أو إذا شئْنا تَعَقُّبَ علاقتنا بهم، فعلينا الصعود إلى ثلاثة أجيال أو أكثِر، إلى بَداية القرن XIX. لقد حكى لنا أن إسحاق سيأتي إلى صلاة الظهر منْهَا Minhaa في تفلا Tefilá أي وقت الصلاة، وهناك يُمكِننا أن َنسأله عمَّا وقع لفاطَمَة.

- ولماذا تبحثون عنها؟

- لقد ترك لها أبونا نصيبا من الإرث، ونريدُها أنْ تعرف ذلك.

- يا لِلغرابة! لم أسمعْ أبدا بأن الخادمات يُتْرَكُ لهُنّ إرثٌ طيلة حياتي، كل هذا شيءٌ جديد!

- كانت فاطمة خادمة والِديْه، أو بالأحرى لذاك السبب شعر بشيء خاص ناحيتَها.

- أجل، يُمكن أن يكون، كلّ شيء ممكن. -كان لليهودي وجه شرير، كأنه كان يعرف شيئا كنا نجهله، لكني فضَّلتُ عدم التوغل في الموضوع، منذ أن ذكرْتُ ما قُلتُه فَهِمَ إخوتي أن ذلك سيكون هو السبب الذي من أجله كنا نبحث عن فاطمة، وهكذا لم يكن من شيء يحتاجُ مزيدا من الشرح.

كان زوج ابن خالتي في البيعة، فكل يهودي يكون في استطاعته أن

يذهب إليها يكون عليه أن يفعل، لأنه لو لم يفعل فسيكون من الصعب جدا تشكيل منْجان الذي يقتضي اجتماع عشرة لتأدية الشعيرة. لقد تقلصت الجماعَة إلى أقلّ من مائة يهودي، وفي حال الأشياء هذه يكون ذاك سببا وجيها لعدم المجيء إلى تِفِلا...... Tefilá. لقد دعاني إلى العشاء في بيته.

- الأكيد أن سيمي ستسعد كثيرا برؤيتكم.

استغرقتْ سيمي بعضَ الثواني ناظرةً إلينا، حتى انتبهتْ إلى أننا أبناء خالها.

- لقد كبرتم كثيرا! -كانت أكبر من أخينا الأكبر، فورتو، وكانت بالنسبة إلينا، دوْما، ابنة الخالة الكبرى، تقريبا في سن الأخوال-. جئتم جميعا! يا للمُفاجأة! أُدخُلوا، أدخلوا. -كانت لا تزال مندهشة عند باب بيتها.

- نأمل ألا نكون قد أزعجناك، فقد حللْنا هكذا بغتة.

- يا لهذا الصنف من الوُدِّ؟ بالتأكيد أنكم لا تزعجونني، سنضيف أربع حبات بطاطس أكثر، وهكذا سيكون لنا عشاء للجميع، كيف ستكونون مزعجين؟ ... وماذا جلبَكم إلى تطوان؟ ليس لأن الأسباب تَنْقُص، فمنذ حوالي سنة جاء حتى العمّ صاموْيل، لم أتصوَّر أبدا أني سأعود إلى رؤيته، لديه سِتٌّ وثمانون سنة، لكنَّ هنالك سببا دوْما...

- مات أبي و...

- أصحيح؟ -شرعتْ سيمي تبكي-. آه، يا خالي العزيز...

- أجل، لكن ليس لذاك السبب جئنا، فقد طلب منا أن نعثر على فاطمة، فاطمة خادمة أبويْه، فاطمة البازَ، حسِبْنا أنكِ أنتِ ربما يُمكنكِ أنْ تقولي لنا أين يمكننا العثور عليها.

- إسحاق، أنت تتذكر فاطمة، فاطمات كثيراتٌ كنَّ يشتغلن مع اليهود، تتذكّر، منذ حوالي عشرين سنة أو أكثر، ماذا يمكن أن يكون قد حدث؟ ذهبتْ إلى العمل عند أسرة أزَنْكوط أو بِنَكوط، ما اسم تلك

العائلة؟

- لقد ترك لها خالُكِ إرثا، هل يُمكنُكِ أن تُصدِّقي ذلك؟

- كان خالي العزيز حساسا كثيرا.

- نعم، هو ذاك، حساس كبير -قال إسحاق في تهكم.

- أجل، أتذكّر الآن، أسرة بنَكوط هي التي انتقلت إلى طنجة، بعد أنْ أُغْلقت مدرسة البعثة ها هنا، كان لديْهم ثلاثة أطفال صغار، فذهبت الأسرَة بسبب المدرسة، كان الأب يبيع الثياب والملابس المستوردة والمصدَّرَة، وكذلك بعض الجلود، هل تتذكرهم؟

- نعم، بالطبع، أتذكّر، عاش في طنجة إلى سنة 1990، وبعد ذلك ذهب إلى الدار البيضاء، كنتُ أراه أحيانا في المجزرة عندما كنت أذهب إلى طنجة لاقتناء لحم كاشير. إنه يحيا حاليا في الدار البيضاء.

- يُمكننا أن نُنادي على مرْثيدس كُوهين، ابنة خالتنا، وأنْ نسألَها عن رقم هاتف أسرة بنَكوط، لَكنْ يُمكِنُنا أنَ نأكل قبل ذلك...

- إذا لم يُزعجْك الأمر -قالت سيلبيا-. نحن متوتّرون قليلا بسبب هذا الموضوَع، ويهمُّنا على الأقل أنْ نعرف إنْ كانتْ هذه المرأة قيد الحياة.

- طيّب، نأمَل ألا تكون هنالك مشاكل، أحيانا نحتاج إلى أيام كي نتكلّم مع الدار البيضاء.

وبسرعة لافتة تكلّمتْ مع ابنة الخالة، التي أعطتْها رقم بِنَكُوط. فتكلّمتْ سيلبيا معها.

- السيدة بنكوط، لستُ أدري إنْ كُنا قد تعارفْنا... أنا سيلْبيَا بنْزمْرَا، وأهاتفك من تطوان، لأننا نبحث عن خادمتنا فاطمة، اسمها فَاطمة الباز، لَقدَ تُوفي والدي وعليْنا أن نعثر عليها... كانت مريضة... المسكينة... في قريتها... أين قريتُها؟... هل لديْك رقم هاتفها؟... طيب، إذن، شكرا جزيلا، أعتقدُ أنه يُمكننا العثور علَيها.

- إنها في شفشاون، في قرية قريبة من هنا.

- شفشاون هي الشاون، ذهبت مرَّةً إلى هناك مع أبي -قال إسحاق-. مكان جميل جدا، جبل أخضر وفي وسطها مقهى ضخمة، جميع الناس يشربون الشاي هنالك، وفيها كثير من النحل. هنالك بُحيرة، لا، بل نهر، المكان بارد جدا، بارد جدا وجدا، حتى في الصيف، والماء ينزل من الجبل.

- نعم، قرأتُ عن ذلك، هل تعرفون الشيءَ الأكثر الذي قرأته عن الشاون؟ أنها كانت منذ حوالي ثلاثمائة سنة منطقة يهودية مستقلة، كان بها يهود بأسلحة وبكل شيء، وأنْ لا أحد كان يقترب منهم.

- هذا ما لم نسمعْ به أبدا من قبل -قالتْ سيمي.

- هنالك كثير من الأماكن القصية في المغرب يُحكى أنها عرفتْ هذا النوع من الخرافات. الأكيد أن مناطق يهودية كانت موجودة، وهنالك وِديان كثيرة بين جبال المغرب التي لا يمكن لأحد الوصول إليها.

- إنها تعاني السُّكريّ -قالت سيلبيا-. غادرتْ أسرةَ بنَكُّوط لأنَّ ساقَها اليُمنى بُترِتْ، وهي تكاد تكون عمياء، مضتْ سَنة 1995، وتقول السيدة بَنكوط إن لديها ابنةً، وأنها جاءتْ في طلَبِها، وذهبتْ بها إلى شفشاونَ.

- نذهب غدا إليها.

- لِنَمُرّ إلى المائدة -قالت سيلبيا.

الشاون

أفطرْنا في الصباح التالي في لاكَمْبَانَا، وهو محلُّ حلويّات كنا نشتري منه حلويات لأجلِ يوم السبت، يوم الجمعة بعد صلاة أرْبيتْ عشاءً. تغيَّر المحل، لكن الجوّ نفسَه يُحَسُّ. وعوض الحلويات الفرنسية، كانت هنالك كثير من بقْلاوات، وهي حلويَات مليئة بالعنبر والعسل. لم نأكلِ الحلويات. اقترحتْ سيلبيا أنْ نأكل الإسفنج الإسباني المعروف بالشُّورُوس، لكننا قرَّرنا أن نُرجئ ذلك إلى المساء، أو إلى اليوم التالي.

- هيَّا نركب طاكسي يأخُذنا إلى رؤية المرأة -قال فورتو-، علينا أن نواجه هذا في أقرب وقت.

أنهيْنا شرب القهوة بالحليب، التي لم تكن جيّدة، وخرجنا في طلب الطاكسي.

وبعد قليل من المساومة، اتفقنا على الثمن وعلى انتِظار السائق إيَّانا برهةً كي نعود معه. كل ذلك مقابل مائتي درهم. تكلَّمنا قليلا في الطريق. كانت الطريق مليئة بالأشجار، وكانت تبدو شبيهة بطريق سنة 1974. ولم تكن الطريق، حتى في سنة 1974، في حال جيدة.

الشاون مدينة تقع وسط جَبل، تتألَّف من عشرات المنازل، التي لا تتجاوز المائة، وتقع في وسطها مقهى للشاي كبيرة محاطة بالأشجار. شيء شبيه بشارع رئيس يحوي بعض محلات الخضروات والفواكه. اتجهنا مباشرة إلى المقهى وسألنا عن فاطمة الباز. سأل صاحب المحل أحد النُّدُل، الذي لم يكن يعرف أيَّ شيء. شرحْنا له أنها كانت امرأة مريضة، وأنها جاءت من الدار البيضاء.

- آه، نعم! -قال المالك-. أعرف منْ تكون. إنها ابنة حبيبة.

- وأين تعيش؟

- ألا ترغبون في شرب شاي قبل الذهاب إلى رؤيتها؟، إنها مريضة

جدا، وربما كان من الأفضل أن ترتاحوا قليلا.

– أعتقد أنه من الأفضل أن نشرب الشاي بعد ذلك، فلن تكون الزيارة طويلة.

– طيب. المكان ليس بعيدا، تابعوا المسير حتى نهاية هذه الطريق، وبعد ذلك اتجهوا يمينا، بعد ذلك تنتهي الطريق المرصوفة، واصلوا السير قليلا بعد ذلك، وستجدون منزلها على اليمين.

صعدنا في الطاكسي، واتجهنا مباشرة إلى بيت فاطمة وأمّها.

– والآن، ماذا سنقول لها؟ إنّ لديها ابنا وإنّ لديها الحق في إرث. أهكذا؟ أم كيف؟ يُمكننا أن نقول لها إن أبانا قد ترك لها ألفي دولار هديّة، وأننا جئنا لهذا السبب. ماذا ترون؟

لم يرد أيّ أحد، فوصلنا إلى باب بيتها. طرقنا الباب، ففتحت لنا عجوز ذات بشرة مجعَّدة كثيرا.

– مرحبا، دارُنا دارُكم –قالت–، اُدخُلوا، فليستْ لديَّ زياراتٌ كثيرة هاهنا.

لم ندخل، بقينا عند الباب، وقال إسحاق:

– إننا نبحث عن فاطمة، كانتْ تشتغل في بيتنا، منذ سنوات.

– وأيُّ عائلةٌ أنتم؟

– بِنْزِمْرا.

– آه... بنزِمْرا التطوانيُّون، أناس طيّبون، أبَواكم، لم يكونا يقولون إلا الشيءَ الحسَن عنكم، أناس طيّبون.

– هل فاطمة بخير؟

– ليست على أحسن ما يُرام، إنها مريضة جدا، وتَعِبة جدا، سأقول لها إنكم هنا، إنها في السرير، في حال سيئة.

عادتْ بعد خمس دقائق، وقالتْ لنا أن ننتظر قليلا ثم ندخل بعد ذلك، فقد طلبتْ فاطمة من أمها أن تُزيِّنها قبل اللقاء.

*

- متى سيظهر النسر الكبير؟
- سيأتي على حصان أبيض.
- وما اسمُ الحصان؟
- يُسمّى محمدا.
- وما اسم النسر؟
- اسمُه داود.
- سيُحلّقان فوق الأرض على سحابة من خشب.
- سيَمنحان النور للبيت والجبال العالية وسيستنشقان الهواءَ نفسَه.
- ومتى سيَظْهران؟
- إنهما الآن هناك.
- أين؟
- عند منْعَطف لم يطأْهُ أيُّ إنسان. في المغارة التي لم يرَها أحدٌ.

- إنها سعيدة جدا بمجيئكم لرؤيتها.

كانت المنازل المجاورة تنم عن جوّ من الفقر، وهي لم تكن منازل، هي بالأحرى أكواخٌ، كان جزء من المنزل من الآجور، والجزء الآخر كان قطعا من الخشب والأشجار آيلة إلي السقوط، وكانت شجرة زيتون خلف البيت، مما كان يُعطي انطباعا بأنه حقل بطاطس أو خضروات أخرى.

دخلْنا إلى حجرة فاطمة. لم تستطع رؤيتنا، فقد كانت عمياء، ومتمدِّدة في فراشها.

- من تكون أنت؟

- إسحاق.

- إسحاق، كبرت كثيرا! -قالتْ وقبَّلتْه.

وبعد ذلك، قبَّلتنا جميعا. كان يُمكنُ أن يُتبيَّن أن لها رجلا مبتورة يُخفيها اللحاف، بسبب السّكريّ الذي تعانيه.

- كيف حالك؟

- أنا الآن بخير. الحمد لله، خرجْتُ من المستشفى. إذا ما خرجَ المرء من مستشفى طنجة ذاك فإنّ ذلك أمر حسن، إذ لا أحد يخرج من ذلك المستشفى.

أثناءَ ذلك، أحضرتْ لنا الأم بعض الحلويات والشاي. كانت بالبيت رائحة العطن والفقر. كنا جميعا نجلس في الغرفة، ولم نكن نعرف كيف ندخل في الموضوع الذي جئنا من أجله.

- وكيف حال ابنك؟ -سألها فورتو.

- ابنتي الزهرة بخير، إنها ترسل إلينا أحيانا بعض المال، فهي لا تملك منه الكثير.

- وأين تعيش؟

- في باريس، تدرس الطِّب.

- أليس لديك ابنٌ آخر كذلك؟

- ابن، أبدا، ابنة فقط، وبعد ذلك سَدَّ الله بطني، واحدة فقط.

- وتدرس في باريس...

- بنتٌ مَرْضِيَّة، مرضيّة، إنها تأتي أحيانا لزيارتنا.

أفهمني إسحاق أنه كان يُسجِّل الحوار بجهاز والْكَمان كان بين يديْه.

- أأنت متأكِّدة أن لا ابْنَ لديك؟

- بالطَبع، متأكّدة. ابنة. لماذا تسألونني كثيرا؟ ابنة واحدة، ربما اختلط الأمر عليكم فحسبتموني فاطمة أخرى، كانت هنالك فاطمة تشتغل لديكم، ثلاثة سنوات قبل ذهابي، ولماذا ذهبتم؟ كيف الأحوال هنالك، ما الذي كان سيئا في تطوان، لماذا رحل أبواكم عنها؟ أتعرفون لماذا؟ الآن، لا يهود في تطوان، مافيش، والو، هناك بعض العجزة، من قَبْلُ كان هنالك كثيرون، أناس طيِّبون، جميعُهم كانوا يدفعون لنا أجرا جيدا، ولم يكونوا يضربوننا مثل المغاربة، الذين كانوا يضربون خادماتهم دائما، أناس مُرهَفون، كان أبوك رجلا طيّبا جدا، طيبا جدا، فَلْتعرف ذلك.

- نعم، مفرط الطيبوبة -همهم فورتو.

- هاك، نَتْرُكُ لكِ هنا ظرفا فيه آلاف الدراهم.

وخرجَْنا من جو الغرفة المختنق.

- ألا تعتقد أنه يجب علينا أن نُحضر مُوثِّقا كي يأخذ اعترافا مُوَقَّعا؟ -سألتُ-. هكذا تكون لدينا وثيقة قَانونية. لربما كان لديْها ولدٌ ماتَ وهي تنكره. وبعد ذلك أنجبت بنتا.

يبدو أن والدة فاطمة قد سمعت ما كنا نتحدث في شأنه، فاقتربتْ منا وقالت لنا:

- إنها لا تتذكَّر أشياءَ كثيرة، وهي مصابة ببعض الجنون، كان

لديْها ولدٌ تُوفِّي في عامه الأوّل، بل أقلّ من عام، ولم تتحدَّث أبدا عنه. أتذكرُه لما كان صغيرا جدا، وبعد ذلك جاءت ابنتُها. مات الولد، وقد بكتْهُ كثيرا.

- كان لديْها ولد، والآن لديها بنتٌ -كانت تغني-، تأتي البنت لزيارتنا في شهر رمضان، وأحيانا تبقى معنا لأيّام

- ماذا كان اسم الولد؟

- يوسف، كان اسمُه يوسف.

- وهل مات؟

- ذهب، لديها بنت، الزهرة، جميلة جدا، ذكيَّة جدا، إنها طبيبة.

عدنا إلى بيت الشَّاي. كان إسحاق وفورتو يرغبان في الجلوس ورؤية الوادي انطلاقا من هناك، مثلما فعلا وهما صغيران.

- ماذا نفعل؟ -سأل إسحاق.

- أعتقدُ أن الأشياءَ واضحة، علينا أن نأخذ اعترفا مُوقَّعا من قبَل مُوثِّق من الاثنتين، ندفع أتعابَ الموثِّق، وهذا كاف، وحسب ما يبدو فإنّ أخانا تُوفّي لما كان صغيرا.

- نعم، هو ذاك، وحينئذ يحل ذاك كل المشاكل... ربما كان شيئا بسيطا جدا، مات وانتهى، هنالك أطفال يموتون في العام الأول من حياتهم، وربما لم تعرفْ ما تفعل به، فسلمته لتتبناه عائلة أخرى، ولربما اخْتُطف، فإنَّ الأطفالَ يُختَطفون هنا، أتَعْلَم ذلك، أتتذكَّرون الخوف الذيَ كان يتملَّكنا من أن نُخْتَطف؟

- كل شيء ممكن، لكنْ إذا كان الأمر هكذا فإننا لا يُمكننا أن نَعْرفه، لا يمكننا أن نعثر عليه إلا عبر الأم. إذا كان يعيش مع عائلةَ أخرى أو اختُطف أو يعيش في القمر، فإننا لا نستطيع العثور عليه. وحسب الوصيةَ، يلزَمُنا أن نقوم بما يمكن القيام به للعثور عليه، أعثرنا عليه أم لم نعثر. ذاك ما قاله المحامي.

- لا أقول لك العكس، لكنَّ شيئا ما هنا يبدو لي غريبا. يلزَمُنا

العثورُ على الزهرة، أختِه، وأن نتكلم معها.

- يمكن أن يكون الحديث معها مهما، لكنني أعتقد أن الأهم هو أن نعود إلى القدس بالشريط المسجَّل والاعتراف، وأن نأخذ المال، وبعد ذلك نبحث عنها في باريس.

- أتصور أنه بإمكاننا أن نعود إلى بيتِها، وأن نطلب عنوان البنت. سأعود في الطاكسي. فورتو، أنتَ، تعال معي، وأنتما يمكنكما انتظارنا هنا، ثم نقرر بعد ذلك.

عادا إلى المنزل، وقالت لهما الأم إنَّ فاطمة تنام.

- هل تعلمين أين تعيش ابنتُها؟

- في باريس، تعيش في باريس.

- هل لديك عنوانها؟ أو رسالة منها؟

- هنا لديَّ رسالة تعود إلى وقت طويل، كثيرا ما نتكلّم عبر الهاتف، ها هو الظرف، وصورة، جميلة جدا، الزهرة جميلة جدا.

كان العنوان في الظَّرف شبه مَمْحُوّ، يُرى احتمالا أنها من الدائرة VI بباريس. كان رقم الشارع هو 77، لكنّ اسمَ الشارع يُمكنُ أنْ يُقرَأ.

- طيّب -قالت سيلبيا لفورتو-. بذاك الاسم؛ الزهرة الباز، يُمكنني أن أعثر عليها في المِينِيتِيل، لا أعتقد أن كثيرات منها يوجدن في باريس.

✷

- إلى أين مضيتَ، يا أبي؟
- إلى حيث مضتْ بي أمواج البحر.
- ولِمَ لَمْ تتعرَّفني، يا أبي؟
- لقَد وزَّعنا بُرجُ بابل لغات وشعوبا.
- ومتى يُمكننا أنْ نعيش مجدَّدًا في العالم نفسه؟
- عندما نقول «كوكَبنا» وليس «شعبي» أو «بلدي».
- ومتى سيَحْدُث ذاك؟
- عندما نشاهد دَمارَه؟
- وأين أنتَ الآن؟
- في مكان لا رياحَ فيه.
- هل تسقط الثلوج هناك؟
- عليَّ ربما، تحتي، بكل تأكيد.
- ومتى ستعود؟
- قد عُدْتُ وما عدْتُ أرغَبُ في العودة.
- ومتى ستنتهي عودتي، يا أبي؟
- عندما تنتهي فكرة العودة. نحن دائما بين ذهاب وإياب.

باريس

وصلتْ الزهرة في الوقت المناسب كي تستقلّ آخرَ مترْو عند انتهاء نوبتها. كانت مُستثارَة جدا، بَعْدَ أنْ توصَّلت بكشوفَ العلاجات التي كانت قد خضعتْ لها في طفولتها. كان الضجيج الذي يشق رأسَها في تلك اللحظة يخْلق لديْها رغبات كبيرة في الإحساس بعضو مارسيل داخل جسدها. كان وَركها يلتهب ويرقص بشكل منعكس. كانت تخشى أن يُحسّ أحدٌ ما في مترْو خطّ كريطيْل هياجَها، ولهذا لم تكن تنظر إلى أيٍّ من الرُّكّاب القلائل، الذين كانوا يُسافرون متأخرين جدا. كانت تنظر في تؤدةٍ إلى المقاعد الزرقاء. «يُفترَض ان الأزرق سيُهدئني، إنه اللون الذي يُسكنني.» كانت تنتظر أن تجد مارسيل مستيقظا، لكنها لم تكن تقدر أنْ تتخيّل كيف ستحكي له ما تَعْرفه الآن، فهي كانت دوْما تحسّ أن شيئا غريبا يَحْدث لها. لكنْ كيف يُمكن للمرء أن يعرف أن أفكاره غريبة، وهل يمكن للمرء أنْ يعرف كيف أو بمَ يُفكر الآخرون؟ إننا لا نعرف حتى الأقربين، أعلنَ السائق أنها المحطةَ الأخيرة.

خمس دقائق تفصل المحطة النهائية عن الشقة المستأجَرة من قِبل مارسيل. وكانت الزهرة تخشى دوْما أن تُغتَصبَ في الدقائق الخمسة تلك. لقد تقاسمتْ هذه الأفكار مع خطيبها، لكنّه لم يُعرها أهميّة كبيرة أبدا. «لا يُمكن لرَجُل، حتى في غضون ألِف سنة، أنْ يفهم ما يكون الاغتصابُ أو الخوف من الاغتصاب -فكرتْ-. ولا مدعاةَ للإلحاح والشرح، لأنه يُخيفنا كثيرا مع الإذلال الذي يُسبِّب.» اغتُصبتِ الزهرة مرَّة واحدة، لما كانت في سنتها السابعة عشرة، يومًا بعد أن تخلى عنها خطيبُها، لمّا اقترح عليها أحدُهم أنْ يحملها في أوطوسْطوب، وبعد أن شربا معًا ذهب بها إلى مَخْزن، وأجبرَها على أن تضاجعه. لقد كرهتْه. بعدَ ذلك طلب منها العفو، وبكى ندما على ما اقترف، ورافقهَا إلى بيتها. صرختْ فيها أمُّها، ونعتَها زوجُ أمِّها بالعاهرة، وهي نفسُها

أحسَّتْ بأنها وَسخة ومُتَّهَمة، لأن ذاك الغبِيّ أفسَدَها. كثيرا ما تُفكِّر فيه وهي تمارس الحبّ. لكنَّها هذه المرة أمْكنَها أنْ تُزيح تلك الأفكار، هذه المره، كانتْ ترغب في مارسيل وحدَه.

وصلتْ سريعا إلى بيتها، كما لو أنَّ ليس رِجْلاها فقط كانتا تمشيان، كما لو أن رحمها كبُر فيه رِجْلان، وأنهما استبقتا الخطى. كانت تَشعُر بمارسيل داخلَها قبل أنْ يلجَها. لمّا وصلتْ كان هو ينام. ذهبتْ لكي تستحمّ، ذلك أن حماما ساخنا عادة ما يُحسِّن المضاجعة، بينما كان مارسيل يُفضِّل الاستحمام بعد المضاجعة. خرجتْ من الحمام عارية، ومضتْ إلى السرير، والتصقتْ به. كان ينام عاريا، لكنَّ جسدها الطريّ لم يُوقظه. «أحتاجُكَ اليومَ -فكرتْ-، أحتاجُكَ اليومَ أكثر من أيِّ وقت مضى، لا يُمكنُني أن أتنازل.» أمسكتْ قضيبَه الذي كان مُرْتخيا، فصيَّرتْه في أصْلبَ وأقوى حال ممكنة. كان هو يوليها ظهرَه ويشخر قليلا، فمدَّدتْه على ظهره، وركبتْ فوقه، ثم دخلتْ في قضيبه، كان وركها يتحرَّك من اليمين إلى اليسار، كانت تخرج وتدخل، وكان مارسيلَ لا يزال نائما، الآن ما عادتْ تحاول إيقاظه، وهكذا كانت فوقه نصفَ ساعة تقريبا إلى أن نالتْ نشوتَها. كانت تحسُّه في كل جسدها، على جلدها، وداخل كل أعضائها. خرجَتْ منه دون أن يقذفَ فيها، وتصوَّرَتْ أنه أفضل جماع كان بينهما. عليهما أن يُعيداه. أن يتناكحا نائميْن. نامتْ إلى جانبه، هو أولاها الظَّهرَ، وهي نامت، استيقظا في الصباح معا، ومارسا الحبَّ مجدَّدا.

- هل تتذكر ما حدث الليلة؟ -سألتْه.

- عشْتُ حلما رائعا.

عانقتْه مجدَّدا وأحسَّتْ بحبِّه. كما لو أنهما التقيا أمس. «ربما يتركُني اليوم -تصوَّرتْ-، من يدري، بعد أن أحكي له ذاك.»

- لا عملَ لديَّ اليومَ، سأذهب لإحضار بعضِ الهلاليات، لنشرب القهوة معا.

- لديّ شيء مهم عليّ أن أحكيه لك.

- نعم، ذاك ما أرى -قال مارسيل، بينما كان يغمز مُفهِمًا إيّاها أنه يُشاطرها مشاعرَها.

- سأشغِّل الموسيقى بهدوء.

شغَّل قرصا لِبْراسنْسْ، وخرج من البيت، بينما كان يستمع إلى أنْ لا غراميات سَعيدَة.

لّما عاد، كانت الزهرة لا تزال شبْه نائمة في السرير. أعدَّ قهوة أمريكية وأحضرَ القهوة مع الهلاليات إلى السرير.

- أريدُكَ مرَّة أخرى، قبل القهوة.

- لا أعتقد أن لديَّ القوة. ربما في المساء.

- تعال، تعال، ضعِ القهوة على المائدة.

- ستبرد.

-وماذا؟

تعانقا مرَّة أخرى. لكن مارسيل لم يكن مركِّزا كثيرا. هي ابتسمت من جديد وهو أحضر القهوة.

- وماذا كنتِ ترغبين في أن تقوليه لي؟ -سألها بصيغة ملموسة.

- انتظر قليلا، لنَمُرَّ إلى مائدة الصالون. هل يُمكنُكَ أن تحضر لي بعضا من المربَّى؟ مرَبَّى الكرز الموجود في الثلاجة جيد جدا.

جلب المربى بينما كانت هي ترتدي غلالة من الحرير الأبيض.

جلسا إلى المائدة.

- أجل، كان يُمكنُني ألَّا أقول لكِ ما اكتشفْتُ، لكن بُرجي القوس، وأعتقدُ أنَّ عليَّ أن أقول كل شيء يتعلق بنا. عليْكَ أن تعرف الحقيقة.

- نعم، لقد انتبهْتُ إلى هذا الشيء -قال وهو يرسم ابتسامة ساخرة. كانت لديْها عادةُ قولِ كل شيء، دونَ أيّ كياسة. كان ذاك أكثرَ ما يُعجبُه فيها. كانت مختلفة عن مراوغات النساء الأخريات اللواتي تعرَّفهن.

- طيب، إذن... ما اكتشفتُه هو... التالي، كنت أريد أن أعرف لِمَ استُؤصِل رحمي، ولماذا لا يُمكنني أن أنجبَ أولادا. لذلك بَعَثَ مدير المستشفى الذي أدْرُس فيه تخصُّصي رسالَة إلى عيادة الطبيب فلمون بطنجة، وطلب منه كل الوثائق الطبية التي تخص حالي، ووصَلتِ الوثائق أمسِ، فأطلعني عليها، و...

- هل أصبْتِ بسرطان في الرَّحِم عندما كنت طفلة...

- لا، بل أفظع، أو أفضل. حسب النَّظر إلى الأشياء. لمَّا وُلِدتُ كنتُ طِفلا.

- ماذا؟

- ليس الرَّحم، وأنا اعتقدْتُ أني أتناول الهرمونات لعدم توافري على مبيضيْن، لكِنَّ ذلك لم يكن هو السبب، لقد أُعْطيتُ هرمونات منذ الصِّغر كي أحوَّل إلى امرأة، ما حدث هو أني لمَّا خُتنْتُ، وقد قام بذلك حاخام يهودي يُدعى كوهن، إذ كان يَحْدُث أن يطلب المسلمون من حاخام أن يقوم بذلك، في السَنة الأولى، أو قبل ذلك، لكن الحاخام لم يقم بذلك جيدا، ولم يكن بالإمكان إنقاذ قضيبي، فقرر الأطباء أن أفضل شيء بالنسبة إلي هو تحويلي إلي امرأة. ذاك هو المكتوب في ملفي. لا يُصدَّق، أليس كذلك؟ لم تتحدّث أمي عن ذلك أبدا، أتعرف، في العشرين من عُمري زُرِع لي نهدان من السليكون، لأن نهديَّ كان صغيري الحجم جدا، ولم ينتبه أيُّ طبيب إلى ذلك، أمْرٌ لا يُصدَّق، لكنَّ للأشياءَ الآن معنى آخر.

- لم تُحسّي أبدا بشيء غريب؟

- غريب -شرعتْ حياتها بشكل مختلف جدا، كل شيء في ماضيها بدأ يتَّخذ دلالة مختلفة-. لما كانت الفتيات الأخريات يتحدَّثن عن العادة الشهرية وأنا لا أعرف ذلك، كان الأمر يبدو لي غريبا، عندئذ اخترعْتُ عاداتِي الخاصة، فكنت أشتري كل ثمانية وعشرين يوما فوطات، وكنت أبرزُها لصديقاتي، بل حتى إنه كانت لي دوخاتي الشهرية، وآلام الرَّأس، كانت لديَّ كل العلامات، لقد قالت لي

الطبيبة إنني لن أعرف العادة الشهرية، وعليّ الاستمتاع بذلك، قالت لي، ذاك على الأقل -طفقتْ الزهرة تدندن بأغنية بْراسانْس العاصفة La Tempête-. أجل، كانت هنالك أشياء غريبة -واصلت الزهرة-. كان يعجبني أن ألعب كرة القدم، لكنّ فتيات أخريات كَان يُعجبهن لعب كرة القدم أيضا، لم أكن الوحيدة، في المدرسة الإعدادية بطنجة، لستُ أدري لماذا أرسلتني أمي إلى المدرسة الإعدادية، كانتْ تشتغل في بيوت يهود، وكانت أفضل مدرسة في طنجة، لكنْ هل تعرف شيئا، لقد لفتت النساءُ انتباهي فيما مضى، وقد ضاجعت بعض النساء، لكنني لم أحسَّ أبدا أني سحاقية. كان بوسعي أن أكون مع النساء، وكنتُ أحسَ أن طريقتي في النظر إلى الرجال كانت مختلفة عن باقي النساء. إنني لن يُمكنني أن أخلف لهم نسْلا.

- لست الوحيدة -حاول مارسيل هضم خبر الزهرة الجديد.

- الاختلاف لا يكمن في هذا، الاختلاف هو أنني أريد أن أصير الرَّجُلَ الذي أكون صُحبته، ليس أنْ يستميلني، أنْ يلجَني، كأن فرجي يستطيع أن يلج داخل قضيب الرَّجل الذي أكون معه.

- أجل، هذا الشيء الذي يبدو لي معقَّدا. -شرعتْ بعض أشعة الشمس تدخل عبر نافذة الصالون ودفَّأته.

- هو ذاك إذن، ربما أحتاج مساعدة، ربما يُمكنني أن أصير رجُلا، لكنْ بعد كثير من الهرمونات لا أعتقد أن ذلك ممكن.

- قولي لي شيئا، هل يبدو لك جيدا من وجهة حِرفيَّة تغيير جنس طفل في العام الأول، بسبب ختان سيئ الإنجاز.

- حِرَفيًّا؟ لا تزال أشياءُ تُعمَل هكذا، يَجبُ التفكير في معاناة رجُل دونَ قضيب، في سن مبكرةٍ جدا، ذاكَ ما يُفعَل، يُغيَّر الجنس على افتراض أن معاناته ستكون أقل. اليومَ يمكن وضع رمامة عوَض القضيب، وهو شيء كان موجودا في تلكِ الحقبة، وهو ينتَفخ مثلَ آلة، ولستُ أدري إن كان رجُلا؛ يُمكنني أن أفْهَم هذه العمليَّة انطلاقا من وجهة نظر علم أمراض النساء، لكن من منظور علم أمراض النساء

لستُ أدري إن كان جيدا جدا. طيِّب، الأشياء تمَّت، والوضعية هي ما عليه، وأنا منْ أنا.

– طيّب، طيِّب، أجل كان شيئا مهما، لم أكن أنتظره، لم أكن أنتظر أن تقولي لي ما حدَّثتني عنه، كنت أعتقد أنك ستقولين لي إنّك قرَّرت الزواجَ بي، وأنّني مرَّة أخرى سيكون عليَّ أن أشرح لك لماذا لا أرغبَ في الزواج، لكني الآن ربما أريد الزواجَ بك بالتأكيد، كي لا تفلتي مني، لستُ أدري ما علاقة هذا بما حكيْته لي قبل قليل، لكنْ ربما كان ذلك ما ينبغي فعله الآن.

– سيُصاب والداكَ بنوبة، لو تزوَّجْتَ بمسلمة –قلَّدتْ شكل أمِّه في التَّحدُّث.

– أنا لا يهمني في شيء، وللإضافة، لا يزال لديك الوقت لكي تكتشفي أنِ أمَّك يهوديَّة انقلبتْ إلى الإسلام كي تتزوَّج من جنرال مسلم توفي في حرب أكتوبر في مرتفعات الجولان، أو شيء من النوع نفسه...

– مارسيل، ليس الأمر مزحة، لا يُمكِنني الحديث عن زواج على الأقل بعد عام، إنه انطباع كبير بالنسبةِ إلي، إنه شيء يُغيِّر كل ماضيّ، يغيِّرُني أنا ذاتي، يُغيِّر حياتي، أرى كلَّ شيء بشكل مختلف منذ أنْ وصلتْ تلك الأوراق من طنجة.

الجزء الثاني

العودة إلى البيت

*

- أنا ذاهب.
- لكنَّك لا تقول وداعا.
- سأبقى.
- وتقول وداعا.
- لا يُمكن للمرء أبدا أنْ يرحل عن أيِّ مكان سبق له أن كان فيه.
- تقول وداعا ولا تذهب أو ترحل دون أن تذهب.
- ها قد عدتُ.
- أجل، عدْتَ لأنك لم ترحلْ أبدا.

فُورْتو

عثرت على كل الذَّرائع التي تسمح لي بأن أكون الأوَّل الذي يُغادر تطوان. عليَّ العودة إلى البيت، فابنتي مريضة، وهناك مرضى ينتظرونني، لا يُمكنني أن آخذ أيام عطلة أكثر مما أخذت. عليَّ أن أعود، لا يتفهَّم الإسبان أيام هابيل السبعة عشر، إنهم ينتظرون منك أن تعود إلى العمل في غضون ثلاثة أيام، أو قبل ذلك، يوما بعد الدَّفن. شرعوا يعتقدون في أن لديَّ مشكلا نفسيًّا. الآن لا تحتاجون إليَّ هنا. لقد رأينا أمَّ يوسف... وكل الأسباب، ها هي منفصلةً ومركَّبة، كي يُمكنني أن أعود إلى مدريد. لكن في اللحظة التي خرجْتُ من هناك -وأقول هناك كما لو كان شيئا دَنسًا، شيئا ينتمي إلى حياة أخرى، حياة غلط، حياة مخيفة، حياة منْسيَّة الأفضل عدم تذكرها، أقول هناك، كأني بقول هناك ألغي وجودَ هنا، كما لو أنَّ هذيْن العالميْن لا يُمكنهما أن يتعايشا. لما وصلتُ من تطوان إلى سبتة وجدْتُ فجأةً أن لديَّ وقتا لنفسي. قرَّرت أن أمكث يوما أكثر في سبتة، وأن أنام ليلة. أنْ أتجوَّل عبر الشارع الرئيس دون القيام بأي شيء، آكل المازَّة، ومزيدا من المازَّات، وأن أشرب قدح جعة أخرى، وأن أنظر المحلات بأسماء أليفة جدا، بنْطاطا، وهاشول، وبنْعَرُّوش، عددا لا نهائيا من محلات ذات أسماء يَهوديّة، والمدينةَ برُمَّتها مليئة بالمغاربة، إلى هنا تصل نسوة من القرى، ويَعُدن مُحمَّلات بالبضائع سيبعْنَها في تطوان، أو طنجة، أو الشاون، أو العرائش. يَخُضن الطريق نفسَه كل يوم. أحيانا يمتطين الحمير، وأحيانا إذا توافرْن على المال يأتين في طاكسيات يدفعن ثمن المقاعد، التي يجلس فيها سبعة أشخاص مُتزاحمين عوَض خمسة. كل شيء يُباع دون ضرائب، مشغل أسطوانات، وساعات، وأطقم موسيقية، وأحذية نايْك، ونْيُوبَلانْس، وأكثر من نصف الساكنة هم مسلمون مغاربة. يعيش كثير من اليهود هنا، ولديهم تجارة جيدة، لقد فتح أحدُهم متجرا

في الحدود بالضبط، وهو نوع من المتاجر المعفاة من الضرائب دَاتي فري duty free، يبيع كل شيء وبثمن أرخص، كل ما يُمكن شراؤه: بمَا في ذلك رغيف ماتزوت الإسرائيلي، لأن المسلمين يقولون إن تلك الأشياء هي الماتزوت الحقيقي، لكني آمل في أن ألتقط شيئا هنا، شيئا أضعْتُه منذ سنوات كثيرة. أتذكر الرحلات مع العائلة إلى سبتة، لاقتناء أشياء لم تكن لدينا في حقبة فرانكو، أتذكر كيف أن أبي التقى مع جنرال سابق كان قد عقد معه صفقات تجارية في الماضي، فأمضيا اليوم يشربان وعاد إلى البيت نصف سكران، يكاد لا يقدر على السياقة، وقد تقيَّأ طيلة السفر، لكنه كان يبدو فرحًا جدا لعثوره على ذلك السيد. سافرتُ إلى جبل طارق انطلاقا من هنا، لكي اشتري ساعات ولكي أرى ما يفعله أبي هناك، كان يشتري ثيابا ويبيعها في المغرب، أو كل ما يُمكن أن يَجْلب مالا. وأنا جالس في الحانة، رأيْتُ شخصا أعرفه.

- خوصي! -ناديْتُ عليه.

- فورْتو! -وتعانقنا.

- أنتَ؟ أتعيش هنا؟

- تقريبا، في الحقيقة أعيش في برشلونة، لكنَّ أبي حوَّل تجارته إلى هنا، ولهذا فأنا في زيارة؛ حسب ما يبدو، سأشتغل معه أشْهُرا، يُريد أنْ يُبرمج معلوماتيًا كل التجارة، أنا أشتري حواسيب وأخْلق له برنامجا محاسَباتيًا.

- أنا، طيب، أجل، كنت في سفر إلى تطوان، كنت هناك لأيام، وسأعود إلى مدريد -قلتُ مجيبا عن سؤال كان هو سيطرحه عليَّ أو يُفكر فيه.

- يعودون جميعا، الذين يريدون والذين لا يريدون، في النهاية يعودون جميعا. هنالك شيء دوْما. أعرف أحدَهم كان جدُّه قد رحل عن تطوان إلى وهران منذ مائة وخمسين سنة، وعاد إلى رؤية قبره، شخص يُدْعى بنْزمرا، مثلك أنتَ، كان اسمُه العائلي بِنْزِمْرا... أيها النادل، من فضلَكَ، هات مزيدا من المازَّة وقدَحيْ جعَّة.

- سمك صغير، وبَلَم، وبطاطس، وأشياء أخرى نباتيّة. دون حبّار، أموافق؟

- أتأكل كاشير؟

- لا، ليس ذاك تحديدا. لكنّ أبي مات منذ شهر، ومنذ ذلك الوقت وأنا آكل كاشير، لا أشرب نبيذ نسخ، -قال فورتو.

- آه... وإذن لهذا عُدْتَ... يموت الأب، نريد أن نَفْهم شيئا، هل تتذكّر أستاذ العبريَّة الذي كان عندنا، السيد ليفي، أتتذكَّرُه؟

- بالطبع، وأراه بين الفينة والفينة في صلاة الظهر تفلا بمدريد.

- أعتقد أنه تزوَّج من غُويًا.

- تزوَّج ثم طلَّقها. أعتقد أن له ابنًا.

- أصحيح؟ لم أكن أعلم أنه طلَّق، أذْكُره لأنك ذات مرَّة صرخْتَ فيه في القسم بأن عليه ألا يضرب الأطفال بالعصا، هل تتذكَّر ذاك؟ كان عُمُرك سبعة أعوام أو نحو ذلك، وواجهْتَ المُعلم وصرخْتَ فيه.

- لا، لست أذكر كل ذلك بتاتا. لا أتذكَّر ذاك.

- كلُّنا في القسم شعرنا بأننا فخورون بك، لستُ أدري لماذا، لكنّي فكَّرْتُ في ذاك هذا الأسبوع. أنتَ طبيب، أليس كذلك؟

- هيَّا بنا إلى المائدة، لنجلسْ هناك، الساعة الثانية تقريبا.

- لا، انتظرْ، أدعوك إلى مطعم جيد، مطعم سمك، سمك لذيذ، يُؤتى به من المغرب، سمك طريّ، أفضل بكثير مما تأكله في إسبانيا.

- نعم، أنا طبيب عائلات، وماذا تشتغل أنتَ، يا خوصي؟ -لم أتخلَّ عن إظهار إعجابي باسمه، لأني عثرْتُ بين جميع أصدقائي على علي واحد اسمُه يوسف. أيكون أخي؟ لربما أخطأ أبي بصدد تاريخ الولادة. لا يُمكن ذلك، كيف لا؟ هو لديه أبوان يهوديّان، خوصي، يوسف...

- حواسيب، تجارة، عندي متْجران للحواسيب في برشلونة،

لكنْ مثلما قلْتُ لك جئتُ للمتاجرة مع أبي، صعبٌ قليلا إقناع المسنين كي ينتقلوا إلى استعمال الحاسوب، لكنْ حسبما يبدو ليس أمامه من حل...

- سعيد جدا برؤيتك، كنتَ دائما الأوَّل في قسم الرياضيات، أتذكَّر أنّك كنتَ دائما تحصل على الجائزة الأولى. كان شيئا من قبيل الفضيحة، ثلاثة كُتُب للجائزة الأولى، وكتابان للثانية، وكتاب للثالثة، أنا كنت الثاني دوما، أو الثالث.

- وهل تتذكَّر الكُتب؟ رُوبِنْسُون كرُوزُو برسوم، بغلاف لونُه أبيض وأحمر، أو ورديّ.

- كان فضيحة بمعنى الكلمة، لكنّنا كنا نشعر بأننا فخورون جدا بالفوز بالجوائز، وبنيل ذلك الكتاب الذي لم يكن من أحد يقرأه، كان الكتاب لإبرازه لأبوينا فقط، وأنا كانا يقولان لي: «ولماذا لستَ الأول، مثل أخيك إسحاق»، كما لو أنَّ رتبتك الثانية من بين ثلاثين تلميذا لم تكن كافية، هكذا كانت أمي... سأعود إلى مدريد غدا، لم آت إلى سبتة منذ سنوات، وقرَّرتُ أن أنام هنا الليلةَ هذه، إنها اليومَ مدينة حديثة جدا. أتذكر الأسفار رفقة أمي، والسيارةَ الأمريكية والسائق. أيّ سيارة كانت؟ فورْد، أو شيفروليت، لست أتذكّر، كنا نأتي إلى هنا وكانت مختلفة عن طنجة، هنا كان الخارج، كان علينا أن نخرج الجوازات في الديوانة، كانت تتحدث مع شرطيّ الحدود، وكان لزاما إعطاؤه بقشيشا، وكنا نمرّ، بينما كان الآخرون من العرب ينظرون إلينا. واليومَ، ما نحن؟ طبقة وسطى أوربية، لكنْ في تلك الأيام كنا الأغنياء الذين كان الجميع يحسدونهم...

- نعم، طيب، كثيرون يُحسون أنفسَهم هكذا، نحن لم نكن أغنياء كثيرا، وليس لديَّ ما أشكو منه في حياتي الحالية.

- وإذن، فأمور التجارة جيدة بالنسبة إليك؟

- كانت أفضل بكثير منذ سنة، بالرغم من أن الحواسيب لا تزال تُباع، لكن من 97 إلى 99 كان الوضع حُمقا، لم نكن نرضى، كان كل

شيء يُباع في اليوم نفسه.

- يُفرحني هذا.

- وأنت، كيف الحال معك طبيبا؟

- إن الأمر أجرةٌ شهرية، أجرة جيدة، لكنه ليس تجارة. لا أشتكي، عُرضتْ عليَّ مناصب أخرى كان يمكن أن أربح فيها مالا أكثر، لكنَّ المَرضى هم الذين يهمّونني، من المهم التعرّف على كل العائلة، وأن ترى كيف أنّ المشاكل تنتقل من جيل إلى جيل آخر. لقد عُرض عليَّ منصب إداريّ، أن أكون مسؤولا في وزارة الصحة على كل أطباء العائلة بمدريد، وكان أجرا جيدا جدا، لكني في الأخير لم أقبل العرْض؛ لكني لست نادما، على المرء أنْ يكون يُحس بنفسه مرتاحا في عمل من هذا النوع. لن أنصرف إلى ملء أوراق كل يوم!...

- أرى أن عندك مبادئ، ضروري أنْ يُحسّ المرء بالراحة فيما يقوم به... هو ذاك... جعّة أخرى أم نذهب إلى المطعم؟

- لقد شربتُ ما يكفي من الجعة، إذن هيّا بنا... أنا أدفع.

- لا. ماذا تفعل! أنا أدفع.

- لا، لا، فأنا كنت هنا آكل وأشرب قبل مجيئك.

- طيّب، حسن، لكنني أنا الذي أدعوك إلى المطعم -قال خوصي.

كلُّ شيء في سبتة قريب. يُمكن أنِ تجوب المدينة في نصف ساعة. كان المطعم عند الناصية الأولى، الحبَّار، هكذا يُدعى. موائد بحرية، وسماطات سماوية، وكراس عالية من الخشب كانت تعطي انطباعا بأنه مطعم غال، كانت لوازم المائدة من فضة، وكان على كل صحن منديل.

- هنا لديهم أفضل سمك موسى في العالم، حسب اعتقادي -قال خوصي.

- يُعجبني سمك موسى كثيرا، لنطلبْ سمك موسى.

بسرعة حضر الخبز والزيت، وزيتونٍ وعجينة زيتون. كان الخبز طريًا كأنه خبز البيت. طلب صحنا أوَّل سلاطة بالجبن المَانْشِيكيّ، وبعد ذلك طلبنا نحن الاثنيْن سمك موسى.

- هل ترغبان في نبيذ أيها السيدان؟

- لا، نرغب في ماء معدني بالغاز لكليْنا.

- هل تتذكر سِيمِيطَا، التي كانت تدرس معنا؟ ما كان اسمها العائلي؟

- بِنْصَدون؟...

- نعم، يمكن أن يكون ذاك، ربما،قيلَ لي بأنها ماتتْ في حادثة سير، كانت تعيش في الولايات المتحدة، في ميامي، هل تتذكر كيف كنا جميعا مغرمين بها، كل رجال القسم...

- أنا لا -قلتُ.

- أجل، هو ذاك، أنتَ لم تُغرَم بها؟ كانت الأجمل في القسم، تقول ذلك الآن، أنْتَ أيضا كنت مغرَما بها.

- الأجمل، لكنها الآن ميتة، في حادثة، للأسف... قل لي، هل أنتَ متزوِّج؟

- نعم، ولديَّ بنت، أجل، متزوج... نعم... طيب، ليس تماما، لم نعد نعيش معا، ربما... -وقبل أن أواصل الحديث أحسسْتُ أنّني لستِ كذلك، لم يكن ذاك ما أريد، لم أكن أرغبْ في أن أطلق، يمكن أن أتكلَّم معها مرَّة أخرى، يمكننا أن نعود، أن نحاول مرة أخرى، حتى لو يكن لأجل البنت فقط، لأجل الماضي الذي كان بيننا، ما أدراني؟ لم يعد للماضي معنى، خمس سنوات من عمرك لا معنى لها، للماضي أهميته أيضا، إنه سبب لمواصلة العيش معا...-. وأنتَ، هل أنتَ متزوِّج؟

- امرأة ثانية. عندي ولدان من الأولى. كانت الأولى يهوديّة، والثانية ليست كذلك. أيُّ أهمية لذلك؟

- لست أدري إنْ كان يهم أو لا يهم. ربما كان يهم، إذا لم يكن

حيًّا كبيرا فإنه يهم، من الصعب جدا العيش مع امرأة من ديانة أخرى، تفكر بشكل مختلف.

- لكن، يا رجُل، لا تحدِّثني عن العقليات... لكن ذلك الأمر صحيح، جميعُنا نرغب في أن نتزوَّج من امرأة من تطوان أو طنجة، لقد صادف ابنُ عميّ في زواجه الثاني امرأة من تطوان، أنا أغبطه، فجأةً يغدو مهما جدا أنْ تتفهَّمَك إحداهنّ دون أن تحتاج إلى شرح كثير، أن تفهَم ذلك الحزن العميق...

شعرْتُ ذاتَ لحظة أنني لا أصل إلى عمق ذلك الإنسان، فما كان يهم خوصي هو صفقاته التجارية وماله، ولم يكن بالإمكان أن نرتقي درجةَ سُلم ضمن حوارنا ذلك اليوم. أنا كنتُ أبحث عن أجوبة، وليس عن حسابات الربح والخسارة. بدا لي أن زيجاته كانت صفقات أبرمَتْ. بعد الغذاء، وبعد سمك موسى الذي كان لذيذا، أعطيْتُه رقم تليَفوني في مدريد، وقلتُ له إنني سأهاتفه في حال مروري ببرشلونة. أجل، سيروقني أن أتناول معه بعض المازّة في مناسبة أخرى، لكن اليومَ أنا أفضِّل الذهاب إلى البحر وأنْ أفكر. في المساء، تعبْتُ من المدينة، وفكرْتُ في أن أسافر تلك الليلة نفسها، وألا أنتظر إلى اليوم التالي. لكنني التقيْتُ سارةَ، في الطريق إلى الفندق، التي تعرَّفتها في مدريد.

- ماذا تفعلين هنا؟

- وأنتَ، ماذا تفعل هنا، يا فورتو؟

غيَّرتُ البرنامج مباشرة. بدا في ذلك اليوم أنّ أهل تطوان جميعهم كانوا يتجوَّلون في سبتة. جميعهم بين جيئة وذهاب، يُمارسون تجارتهم.

- أُنظرْ... أنا عُدتُ من تطوان.

- جميعا يعودون من تطوان. -افترَّتْ عن ابسامتها الطفولية، التي لم تتغيَّر منذ اليوم الذي تعرَّفتها في مخيم المصيف، لمّا كان عمرها خمسة عشر عاما.

- هيّا بنا لنشرب شيئا.

- أنا هنا في زيارة عائلية. وكذلك أهتمّ ببعض البيوت التي للعائلة. لم نلتق منذ وقت طويل؟ عشر سنوات، ونحن نعيش قريبا في مدريد، لا تفصل الواحد منا عن الآخر سوى ثلاثة شوارع.

- لكن لن نشرِب جعة، فقد عَبَبْتُ منها ما يكفي اليومَ، هيا بنا لنشرب قهوة في لاكامْبَانَا.

- أجل، طيب، فأنا في فندق لارسيدِنْثيَا.

- أنا أيضا، لكن ذلك لا يُفاجئني، فهو الفندق الوحيد العادي تقريبا الموجود هنا.

- مرَّتْ سنوات كثيرة، هل تتذكَّر؟ كنتَ مُغْرَما بي، وكنتَ تكتب لي رسائل غرامية، جميلة جدا. لكنني كنتُ في عالَم آخر.

- الآن أيضا أنتِ في عالَم آخر، لم تكوني في العالَم نفسه أبدا.

دخلنا المقهى، التي تُعدّ من أجمل مقاهي المدينة، ووجدناها مليئة بحلويات القشدة. كلانا طلبنا قهوة.

- شيء غريب نوعا ما، لقاءان من الماضي في اليوم نفسه، وربما لم يكن أمرا غريبا جدا، ذاك هو ما يحدث في هذه المدينة.

- أعثر دوما على معارف هنا، أعثر على مدريديّين هنا أكثر مما ألتقيهم في مدريد.

- طيبِ، كل شيء صغير هنا، فإذا ما كان أحدٌ تعرفه هنا وأنتَ تتجوَّل، فإنَّ الأرجح أن تلتقيه.

- هل تعرف أني قد طلَّقتُ.

- نعم، شيء من هذا القبيل سمعتُه من غراثْيا، الجميع يُطلِّق هذه الأيام، لم يعد يبدو شيئا غريبا، لقد تحوَّل إلى شيء أكثر اعتيادا من مواصلة الزواج. أنا لا أزال متزوّجا، لكنني منفصل.

- ذلك أنه كان مستحيلا، كان يُمكن أن أتحمَّل أمر العشيقات، لكنّه لم يكن يظهر في البيت أبدا. طيلة عامينْ كنت أراه في البيت ربع

ساعة، أحيانا كان يعود في الثالثة صباحا، وكان يمضي في السابعة، و لم تكن من علاقة فيما بيننا.

- كنا نعتقد أنه إنْ تحدَّثْنا فإنه كان يُمكن أن نحلَّ أي مشكل، ولكن يَصل يوم لا تستطيع أن تتحدَّث فيه عن أيّ شيء، فكل جملة تقولها تُفْهَم خطأ، كل شيء يتحطم في العالم.

- ربما لا يتحطم، أتعرف، ربما كان شيئا حسنا، أُحسُّ أنني أفضل كثيرا منذ أنْ طلقت، ربما كان شيئا حسنا أنْ يكون بإمكَاننا العثور على حياة جديدة، بعد انتهاء علاقة.

- لا أحد وُجد لأجل ذلك. ربما لم نكن قد وُجِدْنا لنتزوج، وذاك هو سبب كل المشاكل.

- ما أَعْلَمه جيدا هو أنني أرغب في العودة إليها، لكنَّ ما أُحبُّه هو الماضي، أحبّ ذكرياتي، أريد أن أعيش عشر سنوات خلتْ.

- ذاك لا وجود له.

وفجأةً أحسستُ برغبةٍ كبيرة في أكل حلوى، حلوى مليئة بكثير من القشدة وكثيرٍ من السُّكر، وهو شيء لم أفعله منذ سنوات، شعرتُ بحاجة إلى السُّكر.

- لا. لا تأكل حلويات.

طلبْتُ أكبر حلوى كانت لديْهم.

هو ذاك، العودة إلى الماضي. هل تتذكّر؟ كنت تأكل ثلاث قطع حلويات في اليوم. لم آكل حلويات في محل حلويات منذ وقتٍ طويل. منذ حوالي عشر سنوات.

- تحتاج إلى سُكّر.

- أي مصادفة أن أعثر عليك هنا بعد مرور أعوام كثير على عدم التقائنا!

- أجل. لكن عليَّ الذهاب، فلديَّ موعد مع ابن خالة.

- للأسف.

- ربما نلتقي في الفندق.

أيقظتْ سارة شيئا فيَّ، وكما العادة، فإنها اختفت في تلك اللحظة. يبدو أن السنوات لا تمر، وأننا نظل نحن دوما. كنت أحتاج إلى دفء، حنان، شيء. هي أجبرتني على الإحساس بذلك في تلك اللحظة. لم أحسَّ بيدي امرأة منذ وقت طويل. وفجأةً رأيْتُ امرأةً أمامي ترتدي الأسْود، كانت تحاول أن تُفسِّر بالفرنسية وقليل من الإسبانية ما تريده من النادلة.

- أتكلَّمُ الفرنسية، إذا ما رغبْت فبوسعي أن أترجم لك -قلتُ بعد أنْ استغرقْتُ وقتا كثيرا في التفكير فيما إذا كنت سأتكلم معها أم لا. كان الأمر مثل مواصلة الحديث مع سارة. ترجمْتُ لها ما ترغب فيه، كانت ترغبُ في مشطور بالجبن، لكن دون لحم خنزير، هكذا قالت.

- ما اسمُكِ؟

- فاطمة.

- هل أنتِ من تطوان؟

- وُلدتُ في طنجة لكني أعيش في باريس. سأذهب لزيارة والدتي المريضة. قيل لي إنها مريضة جدا، في غيبوبة. أعتقد أن الأمر خطير.

- مهم، أنا وُلدتُ في تطوان وأعيش في مدريد. اسمي إلِي. -ليست لديَّ أدنى فكرة عن سبب ذكري لها اسمي الحقيقيّ.

نظرْتُ طويلا في عينيها، بدتا معروفتيْن، مألوفتيْن، كما لو تعلَّق الأمر بشخص من عائلتي، لكنه كان شيئا مستحيلا. فاطمة اسمٌ مُسلم، ولا وجود ليهوديات بهذا الاسم.

- يلزم أن تكون يهوديا.

- وأنتِ مسلمة.

- يصعب عليَّ أن أتكلَّم مع اليهود منذ أن شرعوا في قتل أطفال

فلسطينيين -قالت، لكن لغة جسدها كانت تقول العكس.

- وأنا يصعب عليَّ منذ وُلِدتُ. -ابتسمْتُ ثانية كي لا أدخل في نقاش سياسي.

- لستُ أدري ما يحدث لي، فخطيبي مارسيل منذ ثلاث سنوات يهودي، وأفضل صديقة لي في الجامعة يهودية، وهي تُسمّى مارسيل، ومدير مستشفاي يهودي، ولا يُردُّ ذلك إلى قلة المسلمين في باريس، لكنَّ ذلك ما يحدث لي دائما، أنا أسعى إلى الإفلات من اليهود، ربما لأجل ذلك أعثر عليهم... معذرة...

- لا داعي لكي تطلبي المعذرة -قلتُ بينما شرعتْ بعض الدموع تنهمر من عينيْها.

- كانت أياما صعبة، أمي وأشياء أخرى كثيرة، رسائل... كيف يمكن أن يُقال، حسن، أنتَ غريب.

- تخلَّيْتِ عن خطيبك؟ حسن، أنا أيضا انفصلْتُ عن زوجتي، ليس سهلا.

- لا، ليس بالتحديد، قلتُ له إنَّ عليَّ أن أفكِّر، حقيقة، إن عليَّ أن أفكِّر. أحيانا يكون علينا أن نُفكر.

وبصيغة ما، في فضاء زمني لا يُمكنني أن أحسبه، كانت يدي في يدها، وشرعْنا نتبادل القُبَل.

- عليَّ أن أصل إلى المغرب اليوم، كي أرى أُمّي. -لكنْ وقتذاك كُنا في الشارع باتجاه الفندق.

قال لي موظَّف الاستقبال: «مرحبا، سيدي بِنْزِمْرا».

- ماذا قال؟ -سألتْ فاطمة.

- حيَّاني ببساطة.

- حسنا، لا يهم، آمل ألا يتصور أني عاهرة.

- أعتقد أنه خلال اليوم يُمكنُكِ أن تصعدي إلى غرفتي، وعدا هذا

لا يهمُّني فيما يُفكر.

دخلنا الغرفةَ، ودون أن نقول نصف كلمة شرعنا نتقابَل. خلعنا الملابس واستلقينا على السرير. لست أدري كم وقتا استغرقه تضاجعنا، لكنه كان قصيرا جدا، بالتأكيد أنه كان أقل من خمس دقائق، لكننا نحن الاثنيْن أنهيناه معا وشعرتُ برضى عميق وكليّ، وهو شيء لم يحدث معي أبدا. كان كما لو أننا كنا نتعارف منذ قرون. كما لو كان كل واحد منا يعرف كل موضع من جسد الآخر.

- كان شيئا مذهلا. اتركي لي رقم هاتفك. -كنت متعَبا جدا، وبعد الانتهاء كدت يُغمى عليَّ، كان شيئا أكثر من النوم. يقتضي الأمر أن أكون قد استمررتُ على تلك الحال خمس عشرة دقيقة أو عشرين قبل أن أفتح عينِيّ، وحينئذ رأيْتُ أنها قد تركتْ لي ملحوظة. «رومانتيكي جدا»، فكرتُ. «إلي، كان شيئا رائعا جدا حتى إنه من الأفضل ألا نسعى إلى أنْ نلتقيَ مجدَّدا.» هكذا كتبَتْها، وبالإسبانية، هؤلاء الفرنسيات، الآن لن أفكر في شيء آخر عداها، سأبحث عنها في باريس كاملة، سأذهب للعيش في باريس، ذاك ما فكرتُ فيه، كيف يُمكن أن يحدث ذاك، كنتُ متزوِّجا عشرة أعوام، أكثر من عشرة أعوام، ولم يحدُثْ لي أبدا شيء مثل ذاك، نمْتُ، ولما استيْقظت في السادسة صباحا تصوَّرت أنها لربما كانت علىَ حق، وأن الأفضل أن يظلّ كل هذا ذكرى رائعة وغير مُفسَّرة.

استيقظتُ باكرا جدا، وفي السادسة كنت في الأسفل حاملا حقيبتي. دفعْتُ الحساب، وخرجْتُ باحثا عن طاكسي يوصلني إلى الميناء. فجأةً عدْتُ إلى خدمة الاستقبال بالفندق سائلا إن كان أحد ما قد ترك لي رسالة، قلتُ لربما غَيَّرتْ فاطمة رأيَها فتركتْ لي رقم هاتفها. وفيما لو أنها تركتْهُ لي، فماذا سأفعل؟ هل يُمكن حقيقة أنْ أغرَم بها؟ يهودي ومسلمة؟ قد يمكن أنْ نبدع علاقة بين الاثنيْن؟ ربما يكون ذلك ممكنا مع مسيحية، لكنْ ليس مع مسلمة. لم أر أيَّ طاكسي في الشارع في تلك الساعة، فقرَّرتُ الذهاب إلى الميناء راجلا. دام السير عشرين دقيقة. المدينة برمَّتها تُرى في عشرين دقيقة مَشْيا. رأيتُ أثناء الطريق

المقاهي التي شرعتْ تفتح أبوابها. تُفتَحُ الأبوابُ مثل أناس مُتْعبين، بالكاد يمكن أن يفتحوا عيونهم، قَبل أن يشرع الناس في الانقضاض على القهوة والهلاليات، والإكسبريسو والكابوشينو. مررْتُ بمقهى كان مفتوحا، فشربْتُ قهوة. قال لي صاحب المقهى إنه بقي لي عشر دقائق مشيا فأصل إلى الميناء، وأن باخرة سريعة تخرج في السابعة.

- ستصل قبل الثامنة، وأنا سأبقى في إفريقيا.

- ربما أستقلّ الباخرة الأبطأ، لست في عجلة، وأحبُّ أن أشعر بالطريق.

- حسن، حسن جدا، هنالك أناس يُعجبُهم العيش على الماء، وهناك آخرون يُعجِبُهم أن يمشوا فوق الماء، أَنَا أفضل أن أكون على الأرض.

لمّا وصلتُ قيلَ لي إنّ البواخر السريعة تبدأ في العاشرة فقط، هكذا ركبْتُ باخرة السابعة. كان البحر ساكنا جدا. فكرت في السفر إلى إشَبيلية وأن ألتقي بزميلي في الدراسة، بيدْرُو إنْريكيث، المهندس والشاعر. قدَّرتُ أني سأصل إلى إشبيلية قَبل منتَصَفَ النهار، وأنه يمكنني أن أبقى هنالك إلى الليل، وأنْ أركب آخر قطار طالْغُو، وهكذا أصل إلى مدريد قبل الثانية عشرة.

صعدت في الحافلة التي كانت في الميناء بالجزيرة الخضراء، وتتجه إلى إشبيلية، وفي المقعد الأمامي رأيتُ كتابا بالفرنسية. كان كتابا لفِليب رُوثْ كنتُ قد قرأتُه بالإسبانية، فتحتُه وقرأتُ الإهداء:

إلى الزهرة A Zohra

الحب والحرية Amour et liberté

الحب والحنان Amour et tendresse

مارسيل Marcel

إسحاق

يومان بعد ذلك، سافرنا إلى طنجة حيث امتطينا الطائرة معا إلى باريس، وبعدها أواصل في اتجاه نيويورك. هي ستذهب إلى بيتها. أنا سأمضي إلى مكان تحت الشمس. لقد عشت في مدريد، وباريس، والقدس، ولندن، والآن في نيويورك. لا أعرف أين يوجد بيتي. لا أعرف حتى الشوارع التي تحيط بي. طيلة أعوامٍ في نيويورك كنتُ أسأل عن شارع بالقرب من بيتي، ولم أكن أعلمُ أين يوجد. كنتُ أعرف أين يوجد شارع يهوذا، ونَفتالي، ودان، وشارعان آخران، وبعدها أضيع مع الأسماء، الشيء نفسُه في مدريد، بالمسْ، ولاكَسْتيّانا، ولاغْران بيّا، وبعض الشوارع الرئيسة. كنتُ أعرفَ كيف أصلَ إلى بيتي، وكانت الشوارع الأخرى تبقى أسماء مجهولة، أو لا يُمكنني أن أحددَ مَوْقعَها بيُسْر. ما تكون أسماء الشوارع؟ لقد سمعتُ عن جزيرة لا أسماءَ لشوارعها، عليَّ أن أذهب للعيش فيها، باريس، فوبُورْغ سَان-أنوري، وشارع طِرْنس، وبرير، هنالك عشْتُ بعض الشهور، كابُوسين، وأوبرا، وشانْ إلزي، ولَندن، ريجنْت، وبارْك كريسَانْت، وهنْدُون، وأوكسفورد، وطَيْشيرا، وأرنْسي، وبْرينْسيبي دي برْغارا، كما لو أني في كل الأماكن التي عشْتُ فيها كنتُ سائحا. في نيويورك من السهل تذكر الأرقام، شوارع بأرقام، سيكون ذلك أكثر منطقيّة، بُوري، وكانال. كما لو أنني في كل الأماكن كنت في فندق فقط في الشارع الرئيس؛ وبعد ذلك لم أعد أبدا، مانهاتن، مَرْكز العالَم، أنا مركز العالَم، سائحٌ دوما في كل الأنحاء، غدا تضعني في الدار البيضاء وسيكون الشيء نفسُه، وفي إشبيلية، وفي تل أبيب، أرى أشخاصا حسبُ، بين ذهاب وإياب، يجرون، إنهم مطرودون من بلدانهم، يغزون بلدانا أخرى، يُحاربون، يموتون، ويغتنون، ويخسرون ثرواتهم، أو يواصلون الاغتناء أكثر، أو لا يكون لديهم ما يشترون به رغيفا، أو

يأكلون زيادة عن اللزوم، لكن لا أحد منهم يعرف ما يفعله هنا، باستثناء الصوفي، الذي يرغب في الذهاب إلى عالم آخر، إنه على الأقل يعرف أن عليه الرحيل إلى مكان آخر، لا أحدَ يفهم حقيقةً ماذا يفعل هنا، واليهود، على اليهود أنْ يُفسّروا ذاك للآخرين، أيّ معنى لكل هذا، وأعتقد أن اليهود يرغبون في تفسير هذا لكل العالم، لكنّهم تعبوا من تقديم التفسيرات، تعبُوا من استهدافهم بالاغتيال، مِن اغتيالهَم ومن أن يكونوا هم أنفسهَم سبب قتلهم، مرّة أخرى فكرنا في أن الأمر سينتهي، وأنه إنْ توصّلنا إلى امتلاك بلد فإنّ كل هذا سينتهي، وأنه سيُتخلى عن قتلنا، لكن ذلك لم يكن كافيا. بعد ذلك فكروا: سنربح الحرب، سيموت الذين سيموتون، لكنهم لم يتوقّفوا هناك. اعتقدنا أنه لو امتلكنا القنبلة الذريّة فإنه سيُتخلى عن قتلنا، لكن حتى ذاكَ لم يُساعدْنا، قلنا: حسن، الآن، سنلجأ إلى السلام، بأي وسيلة، وإذا حققّنا السلام فإنهم لن يقتلوننا، لكن منذ أنْ أبرمنا اتفاقيات السلام قتلوا منا ألفًا. ماذا هذا؟ أهي حربُ السلام؟ وبعد أن يستتب السلام سيكون هنالك سببٌ آخر لقتلنا، وربما يكون كل هذا بسبب أن الفائزين تصرَّفوا باعتبارهم خاسرين. سيقتلوننا لأننا نَظهر متراخين، أو لأي سبب آخر، سيواصلون قتْلنا دوْما، حتى آخر الزمان، ولا داعي لوجود أيّ سبب، نحن كبش الفداء، ودَم الرَّب، وزيت المذبَح التي نحر فيه الرَّب قرابينه، لأنه حسبما يبدو فإنّ الرَّب كانت تُعجبه القرابين، خصوصا البشريَّةَ منها، نطلب منك يا ربُّ، ليس كثيرا، ليس جيلا تلو جيل، جيل حالات قتل غريبة، دون محرقة، دون حافلات تنفجر، دون أبناء يعودون مبتوري الأرجل والأذرع، يا رب، نطلب منك جيلا لا يُقتل فيه إنسانٌ لأنه يهوديّ، أن يُقتَل دون سبب، أو لأنهم يرغبون في سرقة شيء، لكن ليس من أجل أنه يهودي، يا ربّ، هل يمكن أن نطلب منك ذاك؟ أو أنه شيء مُبالغ فيه بعد كثير من الأعوام من الملاحقات، أربعين سنة، أربعين سنة، وبعد ذلك يُمكن أن تأتي بكل مُتطلّباتك، هل يبدو لك الأمر جيدا؟ بعد ذلك طالبْنا باحترام كل قوانينك، مَن أسهلها إلى أصعبِها، حتى أكثرها استعصاء على الفهم، لأن قوانينك تنتمي لعالم

آخر، إنها غريبة، وليست إنسانية، حقيقةً، وهذا السفر، لا أعتقد في أي شيء، كيف يُمكن أن يكون قد مات وأنّ أبي لم يعلم بذلك، هذا مستحيل، أعتقد أنه لم يوجد.

– سيلبيا، أتعرفين؟ لقد سخِر منا، إنه ليس ابنه. لو كان ابنه لعرف أنه قد مات، كان بوسعه أن يكلمها بالتليفون، أو أن يأتي إلى هنا، أو أن يسأل، لقد كان غير ما مرّة في سبتة في مهمات تجارية، كان يُمكنُه أن يبحث الأمر، ألا تعتقدين...

– ماذا تريد أن تقول؟ هل يكون بعثنا سُدى؟

– ليس بالتحديد. رغبَ في أن نفهم شيئا، إنه سفر كي نتعلّم شيئا، ربما أراد أن نتفهَّم كلّ اليهود الذين تحوَّلوا إلى الإسلام، هنا، الذين لا أحد يتحدَّث عنهم، آلاف، مئات الآلاف تحوَّلوا إلى الإسلام لأنهم أُجْبروا على ذلك، أو لسبب أغبى، أو ربما أكثر طبيعية، كي لا يدفعوا جزيَة الذمّيّ، وهي ضريبة خاصة باليهود، أنه لم يكن لديهم مال. أتفهمين؟ أراد أن نفهم ذاك، أنا درسْتُ الكابَالا، وأرادنا أنْ نذهب لنُنْقذ النّتْسُوسُوتْ، شرارات كلّ المرتدّين الذين يصرخون انطلاقا من الأرض.

– ما النّتْسُوسُوتْ؟ لا أفهم أيّ شيء من ذاك؟

– إنها أجزاءٌ من النِّشامى، من الروح، التي تبقى عالقة بكل واحد، لأن اليهود وحدَهم يكونون على صلة بالنِّشامى، أتعلمين، ولذلكِ حين يرتدون فإنَّ أرواحهم تصرخ، وتلك معاناة قوية جدا، وكل العالَم يسمع تلك الصرخات، ذاك هو الصراخ الذي يسمعه كثيرون، إنّ عشرين في المائة من الناس يسمعون ذلك الصراخ، والصفير، والدندنة، والصّافرات، والصفارات، والفرقعات، هل تعرفين أنه في 1600 أُجْبِر كل يهود فاس على الارتداد، وإلى اليوم يُعرَف من هم المنحدرون من أولئك المرتدِّين، إنهم يُسمَّوْن حَمُو، وحمُّو، وبنحمّو، وبِنْطاطو، والباز، والصَّبّاغ، إنها أسماء عائلية ليهود ومُسلمين، جميعُهم يعرفون ممَّن ينحدرون، لكن في هذا البلد لا أحد يتحدَّث عن شيء، كل شيءٍ

يمرُّ تحت الكلمات. الأشياء في المغرب لا تخرج، لكني التقيْت بيهود سابقين من الأخيرين في نيويوركِ، حيث يُمكنُهم أنْ يعودوا للحديث، أو بما في ذلك باريس، إنه العالم الجديد، ونيويورك هي نَفَس العالم الجديد، عالم حيث يُمكن لكل شيء أنْ يُقال، كل ما يُمكن قوله. إن مركز الولايات المتحدة هو نيويورك، ومن نيويورك تخرج الحريَّةُ إلى كل البلد، وحينئذ يقولون لك ذلك، يوقد جدي أو أمي شموعا يوم الجمعة، يمكن لمسلم من المغربِ أن يقول لك ذاك، وحينما يقول ذاك يُنْجز تيكون؛ أي إصلاح العالم. ويتحرَّر النِّتْسُوسُوتْ ويُمكنُهم أن يتنفسوا، بعد سنوات من القمع، وهنالك، بعيدا عن البلد الذي وُلدنا فيه، نكون إخوانا، مسلمون، ويهود، وعرب، ومسيحيون، لكنَّنا هنا أعداء، كنا أعداء دوْما، ولا اعتبار لما يُقال في الجامعات، لأنه من قبيل الموضة الآن القول بأن اليهود والمسلمين كانوا يعيشون في انسجام تام.

- في باريس أيضا هنالك كثيرون مِمَّن يقولون ذاك. وحسب ما يبدو فإنهم لم يعيشوا معنا.

- نعم، لأنهم هناك، بعيدا عن هذا المكان، بعيدا عن الشرق الأوسط يُمكن أن نرى المشترك بيننا، لكن هنا أو في إسرائيل نرى ما يفصل بيننا ويُباعد الشقة. ربما كان ذلك ما رغب أبونا في أن نفهَمَه، أرادنا أن نرى العرب بشكل آخر، صحيحٌ أننا لم نتكلم عن ذاك؟ يوسُفنا عربيّ، أليس كذلك؟

- نصف يهودي.

- ليس تماما، إذ حسب اليهودية، هو مسلم، لأن أمه مسلمة. وحسب الإسلام، هو يهودي لأن أباه يهودي، إنْ كان قد وُجد، ربما ببساطة لما كانتْ حاملا، أراد أبونا أنْ يُساعدها وأن يُساعد الابن، كان رحيما بها، اليهود ورعون وأبناءُ ورِعين، والآن، رغبَ بعد موته، أنْ يهتمَّ بهما، وربما كانَ يرى ذلك شكلا يشكر به البَلد الذي وُلد فيه وسكَانه. لستُ أدري، لكني لا أعتقد أنه كان ابنَه، لأنه لو كَانَ ابنَه لكان يعرف كل شيء عنه، ولكان قد بعث بحاثةً خاصًّا ليعرف كلّ

شيء عن ابنه.

- ربما كان ما يَودُّه هو أن نزور فاطمة، وأنْ نتذكَّر أنها قد ربَّتنا، هذا ممكن أيضا، لا أعتقد أننا كنا سنعود إلى المغرب لو لم يكن بسبب الوصية الغريبة التي تركها لنا. أليس كذلك؟

- أنا الوحيد الذي عدْتُ إلى تطوان منذ سنوات، ولا أعتقد أني سأعود مرَّة أخرى، لا شيء هنا، عندما تعود تجد أن الشيء الوحيد الموجود هنا هو غيابك، ترى أنَّك قد اختفيْت. ما تكون مدينة؟ المدينة هي مجتمعك، وفي اللحظة التي يختفي فيها مجتمعك تختفي المدينة. المسلمون هم أيضا يُحسون ذلك، إنهم يعيشون في مدينة لا يهود فيها، في بلد ليس هو البلد نفسُه، مغرب لا يهود فيه، وبالرغم من ذلك، فلا يزال في المغرب بضعة آلاف في الدار البيضاء، لكن في الجزائر لم يبق أي واحد، آلاف السنوات من الحياة اليهودية اختفت، الشيء نفسُه حدث في العراق، وفي إسبانيا، وهذه البلدان تسقط لأنها تفتقد فجأةً شيئا كان موجودا دوْما، لستُ أدري إنْ كان شيئا جوهريا، لكنه كان شيئا من الحياة، كما لو أن كل عرب إسرائيل اختفوا فجأة، ماذا سنفعل؟ هل ترغبُ الأرض فيهم مرَّة أخرى؟

- لستُ متأكِّدة من ذاك، أعتقد أننا قد نكون أفضل دونهم.

- ها أنت ترين، ذاك هو معنى هذا الرحلة، أنْ تفهمي أنَّ الشيء ليس كذلك، فإسبانيا بعد مرور خمسمائة سنة لا تزال تشعر بافتقاد يهودها ومسلميها، خمسمائة سنة، جميع هذه البلدان تصوَّرت أنها ستدبِّرها بصيغة أفضل دون يهود، لكن الأمر ليس كذلك.

- ما أعتقدُه هو أن لديك أفكارا خرقاء، إنها مهمة، لكنْ لا معنى لها.

سأكتب كتابا عن هذه الرحلة. أصحيح أن ألبرطو وحدَه الذي يمكنه أن يؤلِّف كتبا عن العائلة؟ أكِيد أنه سيشرع في التحدُّث عن النقاش السخيف الذي دار بيننا. سأؤلف كتابا. يَلزَم كل إنسان أنْ يكتب كتابا عن حياته.

على الأقل واحدا. سيكون عن هذه الرحلة، الجزء الأول سيكون عن الرحلة إلى تطوان، والجزء الثاني سيكون عمّا حدث في تطوان، وبعد ذلك الخلاصات، والعودة، وكل ما حدث لنا الآن في طريقنا إلى الطائرة، أثناء العودة إلى نيويورك، وكيف يُحس كل واحد منا بعد كل ما حدث. أعتقد أن هذا يُفسّر لماذا قرَّر أبونا الذهاب إلى إسرائيل. سأضع كلَّ شيء باسم كاتبِ أسرتنا، ألبرطو، الذي يتساءل دوما لماذا هاجر أبونا إلى إسرائيل، ويتصوَّر أنه لهذا السبب دُمِّرتْ حياتُه، إنه يشتكي دوما من أنه لا إنجازات له، جميع الكتّاب يشتكون دوْما إلى العالم كله، إنه يتَّهِم إسرائيل، ويتهم أباه الذي جاء به استقدمه إلى إسرائيل قبل أنْ يتمكن هو نفسُه من اتخاذ قرارات تلقاءَ ذاته.

- اُنظُر -سيقول ألبرطو-، فالإخوة الثلاثة الموجودون خارج إسرائيل أمورُهم جيّدة، واحد في مدريد، وآخر في نيويورك، والثالثة في باريس، لكن الإخوة الثلاثة الموجودين في إسرائيل أمورُهم ليست على ما يُرام، أنا كاتب فاشل، وأختي آلة إنجاب للأطفال، والأخير، الأصغر، هو الذي حقق أكبر الانتصارات، لقدْ مات في الحرب. أيّ روعة، مات في الحرب، الضحية الكبرى. عندما نموت في الحرب فإننا نكون متساوين، فالأشكنازيم يروْننا أبطال حرب، وأيّ بطل، إنْ كان قد مات أثناء انتفاضة حجارة قام بها طفل، والجيش من شدة خجله يُعلمنا أنه مات في لبنان نتيجة عملية إرهابية. هذه الحجارة بدأت في المَغرب، لما كنا نخرج من المدرسة، والتَقطتْه في إسرائيل عشرين سنة بعد ذلك، أترين، عشرون سنة من الحجارة، الحجارة مادّةٌ إنسانية، وeben بالعبرية هي أب وابن، تمرّ من الأب إلى الابن، المغاربة أنفسُهم، والحجارةُ نفسُها. أنا متأكد أننا لو كنا قد ذهبنا إلى إسبانيا، لكنْتُ قد غدوت كاتبا أشْهر، لكنت أشهر كاتب في إسبانيا. -يقول الابن هذه الكلمات في المقبرة، أسبوعا بعد وفاة أبيه، قبل أن يكون قد قرأ الوصية، وقبل أن يعرف عن أمر الابن السِّرّيِّ. بعد ذلك يقول-: لماذا جئتَ بنا إلى هذا البلد؟ لا أفهَم ذلك، كان لديْك من المال ما يُمكننا من أن نذهب إلى

أيّ بلد في العالم، وجئتَ بنا إلى مارستان الأشكنازيم هذا، الأشكنازيم الذين، كانوا شبه مجانين، أو شبه عقلاء، ذهبوا إلى الولايات المتحدة، وبعثوا إلى إسرائيل المجانين، والفقراء، أولئك الذين لم يتمكنوا من أن يتعافوا من المحرقة، والذين لم يكونوا يساوون شيئا، إنهم المساكين Nebej، وأنّى لنا أن نتواجه معهم، فقد قرّروا أننا أعداؤهم، وأنّنا أكبر أعداء العرب، نحن لم نكن أعداءَ العرب في المغرب، كنا أصدقاءَهم.

لا شك في أنه ستكون في الكتاب أمْثلَةٌ للعلاقات بين اليهود والعرب غير متناسبة، فقد تنوسيت الاعتداءات، اعتداءات العربي وهو يضرب جحشَه ويصيح فيه. آه يا ولد اليهود! كي يتحرَّك الجحش، ذاك ما يفعله المغاربة في إسرائيل، إنهم يشتكون من العرب، ويُؤمثلون علاقاتهم بهم في الماضي، ولا يتوقّفون عن التشكي من الأشكنازيم، يتحمل الأشكنازيم مسؤولية كل شيء، الحروب، وفقرهم، وتحوّل أختي إلى امرأة متديِّنة تُنجب ولدا كل عام، أن تغدوَ مَصْنعَ أولاد. وبعد ذلك تصل إلى باريسَ وتحسُد حُسْنَ حال أختها هنالك. «ولماذا لا تذهب؟» وفي الحقيقة يتساءل المرءُ لماذا لا يذهبَ، يشتكي دائما، إنه يكتب بالعبرية، ولا يمكنه أن ينتقل إلى الكتابة بلغة أخرى، لا يمكن أن يبدأ الكتابةَ بالفرنسية، أو الإسبانية، أو الإنجليزية، هو ذاك، إننا عُدنا إلى المغاربة الإسرائيليين، تقع المسؤولية عليهم جميعا، وليس عليهم بأن يقوموا بأي مجهود.

سيكون كتابي شيئا رائعا.

- سأؤلِّف كتابا عن رحلتنا -أقول لسيلبيا.

- أنتَ أيضا؟ ألا يكفينا أخوك الذي لا يتوقف عن كتابة حماقاتِ عن العائلة؟ إنه يكتب، مثلا، أننا عربٌ يهود. أنا؟ عربية؟ أأبدو لكَ عربية؟ ألديَّ وجهُ مسلمة؟ إنه شرقيٌّ mizraji، ألا يبدو لك أن صفة سفاردي كافية، إنه يقول إنّ السفارديّ شَرقيّ لم يتطوّر بعْد، ويرغبُ فَي أنْ يتشبّه بالعالمِ العربي، هل تنتبه إلى ذلك؟ يُريد أن يصير أحدَ غرباءِ قصبة دِمشق.

- إنَّك لا تَفْهمين ذاكِ، ذاك ما يفعلُه في إسرائيل كل المغاربة، ما يقومون به هو إتهام كل العالم وإتهام أنفسهم ذاتها، كما لو أن كل شيء في فرنسا سهْل، وإذن كيف نفسِّر أن كَثيرا منَ اليهود الموجودين في فرنسا ينجحون بينما قلة منهم هم الذين يُحققون ذلك، في إسرائيل، لقد تعلمُوا هنالك من الأشكنازيم اتهامَ كل العالِم، إنه شيء يُمكن أنْ يُجنِّنَك، ذاك البلد، يكفيك أسبوعٌ هناك كي تُجنَّي، يحكي لكَ كل واحدٍ إلى ما سيؤول إليه الوطن، كيف أنه سيختفي في غضون سنوات، إنها لذَّة إسرائيليةٌ، أنْ تحكي لكل العالم هواجسَك المفزعة، هل تفهمين، إنه نوع من الاسْتِريبْتيز، فعوَض التَّعرِّي أمامَك، هم يُظَهرون لك جميعَ مخاوفهم. الناس في فرَنسا يتملكهم الخوف أيضا، لكنهم عندما يلتقونَ فإنهم يُحاولون قضاء وقت طيب مع الناس الذين يُحيطون بهم، إنها السادية-المازوشية ذات المستوى الأعلى، هل تفهمين؟... أنا لا أقول لك إنَّك لست على صواب، لكن الأكيد هو أنه يصعب على المرء أن يَكون مغربياً في إسرائيل منه في فرنسا أو في نيويورك أو في أي بلد آخر؛ لقد مضيت بزوجك إلى باريس، لم يكنْ يفعل أيَّ شيء في إسرائيل، وهو في فرنَسا يربح مَالا كثيرا. هل تعتقدين أنه يمكنُه أن يربح مالا في إسرائيل؟

- ليست لديَّ أدنى فكرة، لكني متأكِّدة من أن الأشياء لم تكن يسيرة، هل تذكر لما أوقف أبي بسبب قصة ضرائب، سنة 66، تقريبا، وأمضى ثلاثة أيام في السَجن، لأنهم كانوا يرغبون في المال، ولأنه كان لديه سيارة، وكان يشتري سيارة أمريكية جديدة كل سنة؟ وبما أنه كان لديه سائق فقد كان ضروريا أنْ يُستخْلص مال منه، كان كل فقراء المدينة يقصدونه طلبا للمال، لقد وُضع في السّجن مع لصوص عرب؛ منْ ذلَه صرخ في العُمدة، ورئيس الشرطة، الذي وصَله من ماله فأطلقه.

- وهل تعلمين ما كتب ألبيرطو؟ إنَّ اللوم يقع عليه لأنه كان غنيًّا، ولأنه كان يقهر العرب بماله، لأنهم كانوا يشتغلون كثيرا وكان يدفع لهم قليلا، أتدركْ؟ ذنبُه أنه كان غنيًّا، ذاك ما يفعله بنا كل الأغيار، إنهم يُجبرون على أنْ نصير أغنياء كي نستمر في الحياة، وكي نرشو، وكي

نفتدي المختطفين، لهذا يغدو المال مهما كثيرا، وبعد ذلك يتهموننا أننا نستغل الأغيار بمالنا. لأجل هذا وُلدنا، يا سيلبيا، ذاك هو المصير اليهودي، جيلًا بعد جيل، الذي يأتي دائما من الرَّجل الذي لا يُتوقع منه ذاك، هيتلر، مَنْ كانِ هيتلير ذاك؟ مُسيِّر منظمَّة تافهة. كيف تجنّد لاستئصالنا؟ صحيحٌ ما كتب، إنه مصير لا مفر منه، إننا شعبُ الضربات.

- آمل أن يكون هذا بصدد التَّغيّر، ألا ترى ذلك؟ أتعتقد أن أوربا يُمكن أنْ تعود إلى تكرار ذاك؟

- لن يُفاجئني. هل فُكِّر في إمكان حدوث ذلك في ألمانيا؟ مَن كان يستطيع تخيُّل نظير ذلك الشيء؟ يمكن أن يكون عمَّال رومانيّون، من يدري، هم الذين سيضربوننا بقنبلة نووية، أو بوباء، ما لا يمكن أن يخطر ببال، أو العرب، أو ذاك الشعب الذي لم نكن نعرف عنه شيئا، مثلما تقول التوراة، سيكون شعبا جديدا لا تعرفينه، سينهض كي يُدمِّرك، أو الفرنسيون، أو الولايات المتحدة، لا يمكن أن أثق في أحد، لا يمكَن أن أسمح لنفسي بأن أثق في أي كان، أتفهميني؟ كلما قرأت مِن التاريخ اليهودي، إلا ورغبت في معرفة القليل، أن تصيري مثل الطفل الذي يكتشف العالم، دونَ أنْ يعرف أنَّ قصة كانت موجودة قبل ولادته، دون أنْ يعرف أنه يحمل معه مسؤولية لشعب، أو لأشياء أخرى.

- أري أنَّك تؤلّف الكتاب، لكنَّك إنْ واصلت هكذا فسيكون شديد التفلسف، أنا لا تُعجبُني الكُتبِ شديدة التفلسف؛ دعِ الشخصيَّات تتكلّم...

- أجل، الحق معك، أنا أفكر بصوت مرتفع فقط، لسْتُ أدري كيف لي ان أهْضم هذه الرِّحلة، إنها شيء فوق طاقتي بالنسبة إلي، إنّ رحلة واحدة كانت كافية، ما كان لي أن آتي مرَّة أخرى برفقتكم.

- أنا أعرف ما عليَّ أن أفعل، سأبحث عن ابنة فاطمة، في باريس، سأبحث حتى العثور عليها، أريد أن أعرف ما يُمكن أنْ تحكيه لي عن أخي. لو كان قد مات حقيقة، من يدري، لربما تبنَّته عائلة يهودية، لا، هذا لا يمكن أن يكون... ولما تقول هاتان المرأتان؛ فاطمة وأمُّها، إنه قد

مات، وهو ما ترغبان في أن تقولاه لنا... لا لم تقولا لنا أين يوجد القبر، هذا إذا ما كان هنالك قبر، ما تقولانه هو أنه اختفى من حياتهما، ربما أنهما لا ترغبان في أن تقولا إنه قد مات.

- أنا لا أعتقد أن واجبنا أن نبحث أكثر، إنْ كانت الأم قد قالت بأنه مات، أليس كذلك؟

- لا أتحدَّث عن الإرث، ليس ذاك ما يهمني، أريد أن أعرف أكثر، فاطمة هي المرأة التي ربَّتنا، طيلة أعوام، إنها مهمة في حياتي، وابنتُها هي أيضا مهمة.

- بالنسبة إليَّ لا أهمية لها، إن ابنتها هي التي تهمني، لقد نسيت فاطمة التي في آخر أيامها، لقد كانت الخادمات مثل الظلال، كن يوجدن ولا يوجدن، كن المهمةَ التي ينهضن بها، لم يكن أشخاصا حقيقيين.

- كانت بالنسبة إليَّ بالغة الأهمية، كنتُ أحبُّها كثيرا، وقد آلمني كثيرا أن أراها في حال سيئة جدا.

- أعتقد أنك تُضْفين مأساوية على الوضعية.

- أنت لا تستطيع أن تفهم أني كنتُ أحبُّها! لماذا؟ ألأنها كانت عربية؟ ألذلك لا يمكن أن يكون حقيقةً حبي إياها؟ ليس لديك أيُّ إحساس.

- إنهم يُنادوننا، علينا أن نصعد إلى الطائرة. وداعا، يا مغرب...

سيلبيا

أرغب في أن أبكي الموتى قبل رحيلي، موتاي، أن أبكي أخي إسرائيل، الذي كان يحب إسرائيل أكثر من الجميع.

«إسرائيل اسمي ونحن شيء واحد»، كان يقول في خضم النقاشات عن حرب لبنان، وعن حريق شارون، وعن صبْرا وشتيلا، وأنت ضحية رحلة يهودية جديدة. أتكون الرحلة الأخيرة؟ وأريد أن أبكَي لأجل الأخً الذي لم أعرفه، لأجل يوسف، الذي لا أعرف مثواه، والذي لم يسأل عنه أيٌّ منا، كما لو كان يُمنَع أن نعرف أكثر.

- لماذا تبكين؟

- أبكي لأجل الموتى.

- عليْكِ أن تشربي إغْناتيا.

- أجل، أنتَ، أنتَ تحلّ كل المشاكل بأقراصك، لكني لا أحبُّ التوقُّف عن البكاء، أنا أعشق معاناتي، أن أكابد لأجل موت أبي، ولأجل أخي إسرائيل، ولأجل أخي الذي لم أتعرَّفْه، أنا أحبُّ دموعي.

- وإذن، هذا يعني أن إغْناتيا هو دواؤك، هو لديّ هنا، في المحفظة، العلبة مع الأدوِية الاستعجالَية، إغْناتيا 7CH، خذي هذا، لا تناقشيني كثيرا، لن يُزيل عنك دموعك، لكنه سَيُساعدك على مواجهتها. لو كان لدي 200D لكان أفضل بكثير، لكنّ هذا ايضا سيُساعدُك.

- لا سبيل إلى النقاش معك ولا مع أخيك الأكبر؛ أكيد أنه كان سيُعطيني فَليُوم أو بْروزاك، أو أي دواء جديد، كما لو أن البكاء كانَ مرَضا، البكاء والإحساس بالشفقة، حتى إشفاق الإنسان على ذاته؛ الشخص الذي على حق هي أختنا الصغيرة، التي تقول إنه الشيء الذي يُنقذ العالم، الشفقة، أتصوَّر أحيانا أنها أذكانا جميعا. ولو أننا جميعا نضحك من كونها حاملا دوما.

- طبعا، ليس الحزن مرضا، ولست مطالبة بتناول إغْناتيا؛ دعيه إذا لم ترغبي فيه، أنا أخذته من قبل، انظري، إنه لأمر صعبٌ خبرُ الأخ المفقود، لا أحد منا يعرف كيف يهضم هذا.

- لماذا تقول هَضم؟ قد يُقدِّم لك لاكان محاضرةً جيدة عن الهضم، وأكْل وضعيّة وعدم استطاعتك هضمها.

- لا تبدئي بهذا أنتِ أيضا، إنها صيغة للتحدُّث، ذاك كل ما في الأمر.

- لا وجود لصيغ في التحدث، فعلى سبيل المثال في الفرنسية، يُعبَّر عنْ إلقاء نظرة بعبارة jeter un coup d'oeil، إلقاء ضربة عين، تجد هنا قوةً وسلطة. أهي مصادفة؟ هل تعلم بوجود قرية في إسبانيا اسمُها قاتل اليهود Matajudíos؟ وهل تعلم ما يعني قتل يهودي؟، أن تشربَ كأس نبيذ، لكن، ماذا يُفيد هذا عن الإسبان وعن لغتهم ولماذا يُسمون الفاصولية يهوديات judías؟

- بلزم أن يكون ممنوعا استعمال هذه الكلمات، كما الأمر في الفرنسية عند تسمية البخيل باليهودي، ألقي نظرةً على قاموس لاروس وستعثرين على كثير من الأشياء الغريبة يُمكن أن تعنيها كلمة يهودي، إن الفرنسيين يَعُون لغتَهم جيدا ويعون دلالة تلك الكلمات.

- إلى الطائرة، فالرحلة إلى باريس تكاد تنطلق.

ألْبِرطو

لدى وصولي إلى سبتة، غمرتني رغبة فظيعة في أكل الحَبَّار. أكلت سبعة صحونٍ في أقل من ساعتيْن، أيها النادل! هات صحنا آخر من فضلك، وفكرْتُ في الصيغة التي تُمكنني من تحويل هذا الرحلة إلى حكاية، ربما سيكون من الأفضل الحديث عن الأشجار وعن المناظر الطبيعية والتقليل من أمر الوصية والطفل الذي توفي لما كان عمره سنة. انطلاقا من منظور أدبي، يكون من المستحيل أن يموت طفل في سنته الأولى، إنه شيء مستحيل، عليَّ أن أختلق شيئا، أن يكون قد تُبُنّي، أو ألا يكون قد وُجد أصلا، أو أنه لم يكن الابن الذي كان الأب يعتقد أنه كان ابنه، لكنه كان ابنَ رجل آخر، ذاك ما اعتقده لأنه ضاجعها، لكنها كان لها عشيق آخر، وتساءلتُ، إذا كان ذاك قد حدث مرَّة واحدة، أو أنه كانت له علاقة بفاطمة استمرَّتْ سنوات كثيرة، أو شهورا، فإنَّ كل هذا لا يصنع كتابا، إذ لا وجود لحكاية. علي أنِ أحكي شيئا. قد يُمكنني أن أجعلها مغربية الصبغة، أنْ أتحدَّث عن المذكرات، والحنين، والألم، لكنّ كل ما أحسستُه في تطوان كان رغبة في الذهاب عن المدينة، أن أغادرها في أقرب وقت، مع فورْتو الذي هرب على وجه السرعة، في حين مكثنا ثلاثة أيام إضافية، لكن كل يوم كان أصعب من سالفه.

كنتُ أرغب في أن أرحل فقط، لقد ضقت ذرعا بالأزبال في الشوارع، ومن المتسولين يستجدون مالا في الشوارع، ومن سؤال كل شخص يعرف ثلاث كلمات بالإسبانية إن كانتْ لدينا رغبة في دليل، كل واحد يسعى إلى أن يستخلص منك عشرة دراهم، والتي تدفعها في الأخير لأحدهم كي تتمكن من مواصلة المشي. قل لي. هل عن هذا الفردوس كتبتَ طيلة حياتي؟ ربما كانت هذه هي الحكاية التي يلزمني أن أقُصَّها، أن يكون أبي قد اختلق الحكايةَ برمَّتها كي نُسافر إلى تطوان، وكي نرى أننا لم نفقدْ أيَّ شيء. بعث بنا إليها كي يُفسِّر

لنا ما لم يستطع تفسيره قبل موته، لأني لم أتخلَّ طيلة عشرة أعوام عن الحديث عن المغرب، وربما كان الأمر عكس ذلك، ربما لم يكن يوسف هذا ولده الوحيد، وإنما لديه عشرة أطفال آخرون يعيشون في أرجاء المغرب، أبناء من فاطمة ومن نسوة أخريات، لستُ أدري كيف يُمكننا أن نعرف ذلك أو أنْ نكتشفه، لكنه كان يُحدِّثنا عن المغرب الذي تركه خلفه؛ من ناحية أخرى، يُمكن لفكرة الابن الميت أن تكون رمزا لعقم اللقاء اليهودي-المسلم في المغرب، فحينما أنجب اليهودي والمسلمة ولدًا يموت الولد، وحدها العصور الوسطى عرفت علاقة مثمرة بين اليهود والمسلمين. وفي ما يخص الماضي القريب، فإنَّ التعايش لا يوجد إلا في ذهن بعض الأساتذة في باريس، وفي نيويورك. مثلما التقارب الذي كان يُحسُّه اليهود والألمان، كما قال جرْشون شوليم، والذي كان يوجد في ذهن اليهود وحدهم. وإذن، ماذا تخفي الأكمة؟ أين يكون الخيط الرابط في هذه الحكاية؟ ما الذي لا يتناسب هنا؟ ما الذي يجعل كل هذه الحكاية غير أدبية؟ ما الذي ينبغي ابتكاره لخلق حكاية يعتقد القراء في صحَّتها؟ إنهم لن يعتقدوا بأننا قد قمنا بهذه الرحلة، نحن الأربعة، كي لا نعثر على أخ خامس لا وجود له، وأن نحصل على مئة ألف دولار.

لا جواب لديَّ، وواجبي أن أواصلِ تسجيل الملاحظات، وفي كل الأحوال فإنَّ النقاد يقولون في الأخير إنَّ كتبي ليستْ سوى ملاحظات لكتابة رواية، تسجيل ملاحظات، هنا في لاسْ كمْباناس، في سبتة، وأنتظر أن تَعنَّ لي فكرة، لا تروقني كل هذه الملاحظات، إنها قطع لشيء لا أراه، وكم يُعجبني أنْ يُصبَّ كتابٌ تلقاء ذاته في الصفحة، مثلما في شهر باريسي، أو كلبٌ بلا مالك، لكني ليس شأن مفاتيح تطوان التي تأخرت في كتابتها ثلاث سنوات، أو مدريد كابوس، التي استغرقتْ مني كتابتها أكثر من سنة، تُعجبُني الكتب والحكايات التي تُكتَبُ في شهر، أو شهريْن، ثلاث عشرة ساعة يوميا، دون توقف، بتركيز. لوثنَا أو تَفَكر، لقدِ استغرقتْ كل واحدة منهما خمس سنوات، شيءٌ لا يُصَدَّق بالنسبة إليَّ، وكان يُمكن أن أستمرّ باحثا عن حلول لآلاف المشاكل لو

أني لم أعثر لي على ناشر. لكن هذا الإرث، وهذه الوصية، مهما أكن متفائلا، فإنه شيء لا أرى كيف سيتحوّل إلى كتاب، كنتُ أنتظر شيئا أكبر، كنت أظن أن وصيّة مثل هذه كانت قبلةً طيّبة، لكنّ كل هذا سينتهي إلى فسوة صغيرة صامتة...

مباشرةً بعد نزولي من السفينة في الجزيرة الخضراء صعدْتُ الحافلة باتجاه مالقة، ومن مالقة سأركب طائرةً إلى إسرائيل، هكذا انتهت المسألة. رأيْتُ في الحافلة قريبا من المكان الذي كنت أجلس فيه، ولا أحد بجانبه، لم أفلح في تفادي الدنو من الكتاب وفي أنْ أرى أنه عمليّة شيْلوك، لفيليبْ رُوثْ، سمعتُ الحديث عنه لما صدر، لكنني كنت في المَرحلة بعيَدًا عن رُوثْ، ما كان يهمني هو الزُّوهار والقبّالة اليهودية، أتذكّر أني قرأتُ لبُورْتنويْ نهايةَ سنوات السبعينيات، وحياتي باعتباري رجُلا، وها هنا يوجد هذا الكِتاب عن أشْكنازيّ أحمق يعتقد أنَّ على اليهود العودة إلى بولونيا. أبَعد أنْ جِيءَ بنا؟ أنْ بعْدَ أنْ خُلق هذا المشكل؟ ليمكث الآنَ هنا بقصد حل كل المشكلات! ماذا ترَيدون؟ أسيتركوننا هنا كي نحلّ المشكل الذي خلقوه؟ ...إنها مؤامرة أخرى من قِبل حكماء صهيون.

قرأتُ الكتابَ كيلومترا تلو كيلومتر، متوغلا فيه أكثر فأكثر، المزاجُ الشاذ نفسُه الذي أتذكره، وأيضا التغيّرات التي لا تُطاق نفسُها، أوراق وأوراق من النقاشات الثقافية وتقدير الذات الوقح الذي يجعل من روث كاتبا جيدا جدا، لكنْ ليس عبقريًا. هناك عباقرة قليلون، قليلون جدا، ولستُ منهم، طيّب، ربما كانت بعض القصائد التي كتبتُها رائعة، لكن ليس النثر، هكذا حينما يُقال لي إن شعري أفضل من نثري أرى أن ذلك إطراءٌ؛ لكِنْ، منذ أسبوعين، لما ذهبْتُ إلى القدس للأكل في مطعم صُهيون أكطن، وصادفتُ في المسبح شخصا معرفتي به قليلة، وسألني: «أيّ كتاب ألفتَ؟» قلت له إنّ عنوان الرواية هو مفاتيح تطوان، أجابني: «لكن! هذا الكتاب كلاسيكي».

ما كنتُ أرغب فيه هو أنْ أجيب: «لتسمعك السماء»، لكن ما قلته له هو: «لا تبالغ»، لأنه لم تُبع منه حتى خمسمائة نسخة، كيف يمكن

أن يغدو كلاسيكيا، أو أن يتصوَّرك شخص واحد على الأقل كذلك، إنها مفاجأة، يصدر كتاب روث أثناء الانتفاضة الأولى، التي نُسيتْ كثيرا، منذ أوسلو، ما عُدْنا نتذكر مدريد، كل شيء يحدث هنا سريعا جدا، مسيحيا، لكنْ ما يروقني في الكتاب هو أنه يتحدث عن المصير اليهودي بطريقة خرقاء، تماما، مُضحكة، وذاك هو ما لا أعثر عليه في الأدب الإسرائيلي. بالطبع، هنالك بعض الاستثناءات، لكنه على العموم أدب يهتم بكلِ شيء، لكنْ ليس باليهود، وهذا الكتابُ يُدشّن عندي حوارا، مناقشةً مع روث، وحدَهم اليهود الأشكنازيم سيعودون إلى بولونْيا، وكذلك السِّفارديم إلى إسبانيا، والمغاربة سيعودون إلى المغرب، والعراقيون إلى العراق، لكنْ ما لا يفهمه روث هو أن اليهود، باعتبارهم شعبا، لم يُهاجروا أبدا إلى أيّ مكان بمحض إرادتهم، لقد قاموا بذلك دوما بسبب ظروف لم يُقرِّروها. كانت هنالك مذابح ونهب في روسيا، فذهبوا إلى الولايات المتحدة، وكانتْ هنالك مشاكل في المغرب، فذهبوا إلى الجزائر. وحدَها إلى إسرائيل قَدم اليهود بمحض إرادتهم، ليسوا جميعا، لكنْ جزء منهم، وبعضهم اَختار بين الولايات المتحدة وإسرائيل فاختاروا إسرائيل. من هنا يمكن أنْ يُقرِّروا الذهاب إلى لندن أو باريس إنْ عثروا على عمل أفضل. لكنْ انطلاقا من إسرائيل فقط يُمكن أن يُقرِّروا الهجرة بمحض إرادتهم. لم أعرف أنه كان صهيونيا صِرْفا إلى أن قمت بهذه الرحلة إلى المغرب. يفاجئني. بعدَ كتاب رُوثَ هذا تغمرني رغبة في أنْ أصرخ في كلِ يهود العالم بأن يأتوا إلى إسرائيل، فحياتكم في خطر، وإنْ أجابوني بأنّه في إسرائيل أيضا تطون حياتهم في خطر، فسأقول أجل، وأكثر من كل ناحية، لكن ألفيْ سنة علّمتْنا أنه كان من الأفضل عدم الرَّحيلِ عن إسرائيل أبدا مهما كان الثمن، لأن الشتات أسوأ من الانقراض، ألفَا سنة من الجنون الكليّ، ليس جنوننا وحدنا، وإنما جنون كل العالم، ثم إنَّ الصيغة التي يَنْظر من خلالها العالم إليْنا تفقدنا توازننا تماما، مثلما أننا نُصيِّرهم مجانين. ثلاث ساعات مسافرا ومُسمَّرا في هذا الكتاب: مفكرا في المغرب، لا وجود لتطوان، إنها لم توجد قط، إنها جملة قد يقولها أحد الإخوة

في الكتاب: «حينما لا نكون في تطوان، لا يكون لتطوان وجودٍ، وهي أيضا لا توجد عندما لا نعيشِ فيها». أو شيء من هذا القبيل. لما يمشي عبر تطوان، فإن ما يُحسُّه أكثر من كل شيء هو غيابه عن المدينة، مثلما كتبتُ في إحدى قصائدي، يحسُّ غيابَه والسنوات التي لم يَجُبْ خلالها شوارعَها. أيُحسُّ البولونيُّون الشيءَ ذاتَه؟ الأغيارَ واليهود؟

لا أعتقد ذلك، وأعتقد أنه في أوربا على الخصوصِ يشعر برائحة المحرقات، جميعُ اليهود والأغيار، يشعرون بذلك كل يوم، إنه شيء شبيه بالحياة إلى جوار بُركان كان قد انفجر منذ خمسين سنة، تكون اللافَا لا تزال تضطرم، إنها أصوات الموتى، لا دور للتعويضات سوى مضاعفاتِ رائحة الحريقِ؛ إننا لا نشعر ها هنا بأنّا في وضع سيئ جدا، لكن، حياةً طيبة، حياةٌ طيبة مثل التي وصفْتُ في المغرب هو القمر لم توجدْ أبدا، حاولْتُ أنْ أتفهَّم أسبابَ كلّ الأشياء السلبيَّة، الأطفال الذين كانوا يرموننا بالحجارة، اليهودي الذي كان يُطعن كلّ سنتيْن في السوق بسكين مغربي كان يُقال عنه بعد ذلك إنه مجنون، كنتُ أنظر بمنطق أن ذاك يحدث في كل النواحي، فهناك في كل الأنحاء من يقتل آخرين لأتفه سبب، لكن كل ذلك ليس صحيحا، إنهم قتلوهم هنا لأنهم كانوا يهودا، ولا يهم في شيء السُّوءُ الذي نكابده مع الأشكنازيم. كانتْ توجد في البلاد العربية مناهضة للسامية، لقد فاجأني ما قرأتُ في كتاب للطاهر بنجلون من أنَّ اليهود كانوا يعيشون في تناغم مع المسلمين، كنتُ أعتقد أنَّ تلك الأمْثلة كانت يهوديَّة محضِة، لكنِ في فاس، مدينة بنجلون، سنة 1600، قُتل مئات من اليهود، وأجْبر نصفهم على التحوُّل إلى الإسلام، وفي بدايةَ القرن العشرين كان نهب ومجازر مات أثناءها مئات اليهود.

فاس هي المدينة التي لها أوفر حظ من الضحايا. لكنْ في كل مدن المغرب الكبرى كان هنالك ضحايا. ليست المحرقة، بالطبع، لكن لا شيء من التعايشِ أيضا، لم يكن شيئا ليُتَغنّى به. لسنا الوحيدين هنا، في إسرائيل، مَنْ نُؤمثل ماضيا لم يوجَد قَط، كذلك يفعل المسلمون لإحساسهم بفداحة غيابنا. في الحالَيْن معا فُقِدتْ الموضوعية برمَّتها،

إذن، لماذا رحلنا لو كانت الوضعية حسنة جدا؟ يقتضي الأمر أن تكون الأشياءُ ليست على ما يُرام، ما لم نكن نَعْلمُه هو أن الأشياء هنا كانت أسوأ بكثير، وأنّ الأفضل أن يكون المرءُ يهوديا في المغرب منه يهوديا في أشْكناز، في إسرائيل. لكن، إنها أخرى، لكنْ تلموذية، هنا تدافع عن وطَننا وعن مكانِنا في العالم، وليس عن بني جلدتنا، مثلما كان يحْدث في الشتات. إنَّ الكفاح من أجل المساواة هو كفاح مهم، لكنْ ليس من أجل ذلك ينبغي أن نُشوّه نظرتنا إلى الماضي.

وصلنا إلى مالقة. يُبرز بِيكْ بِيكْ أيْرَه لفيليب روثْ في عملية شِيْلوك.

بينما كنتُ أنتظر الطائرة، التي أقلعتْ بتأخر ملحوظ، أتْممتُ قراءة كتاب روث. لقد أغاظتني المقدّمة كفايةً، و لم أقرأ الكتابَ كاملا، قفزْتُ على كل مَقَاطع دمْينْيوك، ووالفقرات الفلسفية الرديئة، وكل هذا إلامَ سيمضي بنا... إلَيْنَا، إلى تاريخ اليهود المغاربة، واحدة في باريس، وآخر في مدريد، وآخر في نيويورك، وأخرى انقلبتْ متديِّنة، والكاتب الفاشل، ذاك ما سيُقال عن أي كتاب أكتُبه ولو قلتُ آلاف المرات إني لستُ فاشلا، فإنّهم سيقولون لي إني فاشل، في كل الاستجوابات، أنا أتكلّم عن اليهود الذين أعرفهم فقط، وهُمْ يتحدَّثون عن الأشكنازيم، وعن الأكاذيب التي حُكيتْ لهم كي يأتوا إلى إسرائيل، وعن المال الذي نُهبَ منهم، لو كان لهم مال، لا أفهم، ماذا يُريدون، أيريدونني أن أتكلّم عن يهود لا أعرفهم، عن يهود أوكرانيا، وروسيا، وبولونيا. لماذا لا تكتُب عن أشياء أخرى؟ لكني لم أعرف أبدا عن أيّ أشياءَ أخرى يتكلمون، حينما لا أكتب عن المغرب لا أحد يعلم بكتاباتي، وحينما أكتب عن المغرب يُقال لي إني أكتب عن المغرب فقطَ، وعندما أتساءل عن سبب وجود كُتُب سفاردية قليلة في إسرائيل، فإنَّ ثلاثة أسماء أو أربعة تُذكر لي: هي شيمون بَلاس، ودوريتْ مَطالون، ويتْشاك غورْمتْنو، وإرزْ بيطون، لكني إذّاك أقول لهم إنّ تلك هي حجة المَشكلة التي أتحدّث عنها، لا أحد يُمكن أن يُحصيَ عدد الكتّاب الأشْكنازيم، لكنْ بكلتا يديَّ يُمكنني أنْ أحصيَ الكتّاب السِّفارديين.

كيف يَحْدث أنَّ دور النَّشرِ تنشر لكُتاب أشكنازيم فقط، وأنَّ لكلِّ دار كاتبَها السِّفارديّ كي لا تُتَّهم بالتَمييز، لكنْ ذاك هو المشكل، إنَّ المشكل هو السؤال، ذلك أنّ السؤال يُمكن أنْ يُسأل، ولا يهمّ كثيرا أيّ جواب يُمكن أن يُقدّم. ها أنا، مرّة أخرى، أتورَّط في هذا، الآن نعود إلى يوسف، ولنقل إنّه لم يمتْ، وأنه ذهب إلى الدار البيضاء، وأنَّ شرطيًا رماه برصاصة هناك وعمرُه سبع عشرة سنة. تعثر العائلة على أصدقائها، جميعُهم مدمنون، يفوحون كوكايين، شبه ميِّتين في العشرين من عمرهم، ويحكون عنه أنَّه كان مُسيِّر الجميعَ، كان مُسيِّر منطقة بكاملها في السادس عشرة، لقد قتِله الشرطي لأنه حاول أن يسرق مخزنا، وأنه فرَّ من الشرطة، لا أحد تمكن من إلقاء القبض عليه، لأنه كان أسرع من الجميع. أو لربما ذهب إلى فرنسا، إلى باريس، وهناك تحوَّل إلى قوّاد، لديه سبعَ عشرة مومسا يشتغلن لديه، يعثر عليه أحدُ الإخوة في باريس، ويجلس معه في مقهى متواضع، ويقول له: انظرْ، أبوك يهوديّ، وهو يردُّ:«هل تسخر مني»، ويرميه برصاصة، تُلاحقه الشرطة وتقتُله. عند النهاية يقول: «لا تقولوا لأمي إني أحبُّها!» إنها نهاية جيدة لفيلم أمريكي. سينتقل إلى باريس، وسَط المدينة، أو إلى أمستردام، أو برلين، أو بروكسيل، لكنه آنئذ سيكون مغربيًا بما فيه الكفاية، ولماذا لا ينتقل إلى نيويورك، بينما الأخ الذي في نيويورك يمرّ بسيَّارته ويقول شيئا سيئا في حق هؤلاء المجرمين الذين يُكدِّرون عيْش الناس. لا بأس بهذِه الفكِرة، وينقلب إلى مسلم متطرِّف، أكبر مسلم متطرِّف في العالم، ويُنظم عمليّات إرهابية ضد يهود، ويموت أحد إخوته في عمليَّة إرهابية قام هو ببرمجتها، في باريس أو إسرائيل،؛ ذاك أيضا يمكن أن يحدث.

ستتأخرَّ الطائرة ساعةً أخرى، مشاكل أمنية، يريدون أن يروا كل الحقائب مرة أخرى، وأثناء ذلك نبحث نحن عن دور آخر للسيِّد يوسف يكون مُقنعا في كتابنا، سيداتي سادتي: ماذا يفعل السيد يوسف الباز؟ وبماذا كل أفكاري دراميَّة جدا وممتلئة جدا برواسم، لماذا أرى أنا المغربيَّ في صورة سلبية جدا، وقحا، متطرِّفا، مُدمنا، ربما تكون عائلةٌ غنيَّة جدا قد ربَّته، وذهب ليدرس الحقوق في عَاصمة أوربية،

حيث يُقدِّم محاضرات ضدّ إسرائيل. إننا لا يُمكننا أن نتخيَّل مسلما في العالم يتكلَّم لصالح إسرائيل أو ضدَّ العرب، ألَن يكون أهَمَّ. يقول إن الصهيونية مُبرَّرة، وأن العرب لم يفهموا أيَّ شيء من تاريخ القرن العشرين، وأن بلدا يهوديًا هو أفضل ما يمكن أن يكون قد حدث لهم. لكنْ منْ سيعتقد في شيء من هذا القبيل؟ يمكن للمرء أن يتخيَّل مئات الأساتذة اليهود ضد الصهيونية، لكنْ ولا حتى مسلما واحدا ضدَّها، حتى أنا نفسي لا أعتقد ذلك. نحن اليهودَ نحن الأكثر انتقادا لشعبنا أمام الأغيار، وأمام نفسنا، ونعتقد أننا إن كنَّا انتقاديّين فسنحظى بتقدير الآخرين، لكن ما يحدث في الأخير هو أنَّنا نحظى بدعوات للمشاركة في لقاءات مناهضة للسامية باعتبارنا دليلا على السوء الذي نحن عليه، لقد بدأ كل شيءٍ مع عيسى، وقبل ذلك، مع الأنبياء، ها أنا أعود إلى الموضوع اليهوديّ، أحتاج على عجل إلى فكرة منطقية ليوسف هذا، ربما قد يكتشف أنه يهودي، يعود ليرى أمَّه قبل وفاتها، فتحكي هي له أنَّ أباه كان يهوديا، وفجأة يُحسّ أنه لا يستطيع تحمُّل الحياة أكثر في الدار البيضاء، فيقرِّر الهجرة إلى إسرائيلِ، ويصير قائدا في البحريَّة الإسرائيلية؛ وما أتساءل بصدده هو كم عدَدُ هؤلاء، كم عددُ أنصاف اليهود يوجدون في المغربِ، كم عدد المنحدرين من اليهود؛ يتحوَّلون بالجملة، وإلا كيف غدوا قلة قليلة، أو لربما يكون المسلمون قد استأصلوا جاليات برمَّتها، مثلما حدث في وادي دَرْعَة، حيث يُقال إنَّ مملكة يهودية وُجدتْ هناك، وأنها دُمِّرت. أو لربما يكون قد مات ببساطة، ولا شيء أكثر، لا أحد منَّا رغب في ان يرى القبر، وربما حتى الأمُّ والجدَّة تعلمان مكان قبر طفل كان عمرُه سنة، أو لم يكن لديهما المال كي تدفعا تكاليف الدَّفن، وهو الآن في مقبرة عمومية، إنْ كانَتْ توجد في المغرب. طيِّب، لنقل شيئا عن تطوان، شيئا عن العائلة واليهود، لكنَّ كل شيء محفورَ في رأسي، لديَّ كل ذلك داخل الرَّأس، أحسُّه، أحسُّ بالكِتاب، منذ طرد اليهود من إسبانيا، بدءً منْ جَرَّة جدتي التي تخرج كلَّ عيد فصْح والذي يعود إلي وجودنا في قشتالة، ومن تلك الجرة كنا نشرب النبيذ. يُمكنني أن أتذكر كيف نحن، ومن يكون أولئك

المنعوتون بنَحْن، شربنا الجرَّة نفسَها في إسبانيا، مع الخوف من أنْ لا تخرج مرَّة أخرى حكايةُ طفل مسيحي شربْنا دَمَه، صلَّيْنا كي لا يموتِ أيُّ طفل مسيحِّي ذلك الأسبوع، وصلَّينا لأجل أطفال أعدائنا، أتذكر كل شيءٍ، أتذكر كيف مضينا إلى لشبونة، والسنوات السَّهلةَ نوعا ما باللغة اللاَّدنيّة والبرتغالية، والرِّحلة إلى طنجة، والفرار إلى تطوان، أنا أنجزتُ تلكَ الرِّحلات، كل ذلك رحلات، إلى وهران، وكل الرحلات أنا، رحلاتٌ إلى البرازيل، وإلى فينيزويلا، وإلى إسرائيل، وإلى طانطاَ، وإلى مدريد، جميعُ تلك الرحلات أنا أنجزتها، وهي موجودة في ناحية ما من وجودي ومن فكري. لكن، ما شأن تلك الرحلة إلى إسرائيل؟ من خطرتْ على باله تلك الرحلة؟ من أمْكنَه أن يتصوَّر أن أحوالنا ستكون أفضل في إسرائيل؟ أنْ يكون بإمكاننا أن نواصل الأربعمائة سنة من الحياة الكئيبة بعد الطرد من سفاراد؟

ولمَّا بدأنا أخيرا في التغلُّب على ذلك الطَّرد، جاءتْ الصهيونية وأسقطتنا بالضربة القاضية، ضربة إن نواجه عالما مُختلفا جدا عنا، وأنْ نَفهَم أن لا قوة لديْنا اليومَ لكي نَكون الشَّعب اليهودَيّ، وأنّه بدءً من الآن يكونُ الأشكنازيم هم الذين يُعرِّفون بهويّتنا. لكنْ لماذا نواصِل الاستسلام، لماذا نواصل ذلك بعد أنْ سَرَقوا منا أبناءَنا وتاريخَنا ومالَنا؟ ألا يُمكننا أن نتصرَّف بصيغة أخرى؟ ألا يمكننا أن نُفكر في أن نتمرَّد؟ أليست وحدة الشعب اليهودي هي الأهمّ عندنا حتى إننا نكون دوما مستعدِّين لأنْ ندفعَ ثمنَ تلك الوحدة؟ أكلما طلب منا إصبعٌ نُقدمه حتى إننا غدوْنا في الأخير دون أصابع كي نقولَ إننا موجودن هنا، حتى غدوْنا خُرْسا؟ ألمْ تُبْتَرْ منا ذاكرتُنا وعلى الخصوص ذاكرةُ أبنائنا؟ وإذن، ماذا يُمثِّل يوسف؟ إنه يمثِّل هذه الوحدة بين اليهود والمسلمين؟ لقد مات في عامه الأول، وماذا سنقول عن ذلك الأستاذ الذي سيُحلل ما أقول انطلاقا من وجهة نظر سيكولوجية، أو سوسيولوجية، لكنَّه لن يستطيع أنْ يرى في هذه الكتابات أيَّ قيمة أدبية مثلما حدث مع مفاتيح تطوان، أخيرا ما سيُعجبه أكثر من أي شيء هو شهرٌ باريسي لأنك آنذاك برهنتَ على أنكَ تعرف كيف تكتب جيدا، والآن ما

تعرف، لماذا تواصل الحديث عن المغرب، ألَنْ يُدرِّسوا أعمالي في شعب الآداب، لكن الأكيد أن ذلك يحدث، فقد جاءتني فتاة تهيئ أطروحة كي تحاورني حول الكتّاب السفارديين، هي رسالة في السوسيولوجية، إنهم يُحللون الهنود، الأكيد أنّك نجحتَ، كيف تحس بذاتك، أتشعر بالتميز، لكني أحسُّني حَسَنا، أكثر مما يُنْتَظر، أمْ أنَّ نشر قصائد في كل العالم ليس له قيمةَ، ربّما أكثر من أيِّ شاعر إسرائيلي آخر، ربما أنا أتحوَّل إلى الشاعر الإسرائيلي الأشهر منذ أميخاي، لدرجة أني تُرْجمتُ إلى الصينيّة والأوردو. لقد نُشرَ لي في باكستانَ! شيء لاَ يُصدَّق، إذن هذا هَوَس، يَلزَم إرسالك إلى طَبيب نفسي، تبدو لي الفكرة جيِّدة، إرسال كل كاتب إسرائيلي أصدر أكثر من ثلاثة كتب إلى كيبوتز إلى طبيب نفسي، ويوجد كثيرون، لكنَّكم لا تزالون مندهشين من الحديث عن الأشكنازيم والسفارديين، أنا على سبيل المثال أتحدَّث عن ذاك خمس مرَّات في الأسبوع، منذ أن بدأت الانتفاضة الثانية والأشكنازيم يتحدَّثون في التلفاز وحْدَهم، ووحْدَهم يتحدَّثون في الجرائد، الآن تحدُث أشياء مهمة، وعليه يلزَمُ أنْ نترُك الحديثَ لمن لهم القيمة. لكنْ، لكنْ، ما أرغبُ فيه هو قصة أو حكاية، والمشكلة هي أنني لا أراها هنا، لا أرى حبكة، أليس يكفي ما لديَّ، ربما كانت هذه هي الحقيقة، لكنْ بالحقيقة وحدَها لا يُمكن تأليف كتاب، ليس كافيا، ألبرْطو، عليكَ أن تنتظر أنْ يَحْدُث شيء كي يُمكنَكَ أن تؤلف الكتاب، ربما في غضون خمس سنوات، شيءٌ ينكشفَ، دَعْهُ جانبا، لكنْ عليَّ أن أكتبَ الآن بينما الأشياء تضطرم، لا يُمكنني أن أنتظر خمس سنوات، أحسُّ أنّ عليَّ أنْ أفعل ذلك الآن، ألَّا أنتظرَ. أخيرا صعدنا إلى الطائرةَ، وسأواصل هنالك.

أتساءل في الطائرة لماذا عليَّ أن أكتب عن حياتي لماذا عليَّ أن أحكي قصة الإرث، بإمكاني أن أكتب شيئا أكثر تخييلا، لماذا هذا الهوَس بالكتابة عن كل ما يحدث داخل عائلتي، «سيدي، من فضلك، أطفئ الحاسوب إلى أن ننتهي من الإقلاع»، تقول لي المضيفة فأواصل الكتَابة بالقلم، ذلك أني أحاول القبض على شيء لا أراه، وأنْ أفهم

أنها ليستْ مصادفة، ليست مصادفة أنْ أعيش في القدس وليس في مدريد، وليس في باريس، وبالصيغة نفسها ليستْ مصادفة أنّ سيلبيا تحيا في باريس، ربما توجد مُهمّةٌ عليَّ أنْ أنجزها. لا،بما عليَّ أنْ أكتُبَ شيئا لا أكتُبهُ، ربما تكون قصيدة ستُنقذني من كل الجنون الذي يُجَنّ داخل رأسي. لماذا أسجِّل رؤوس اقلامَ دون توقف، حتى في المغاسل، وفي مقاهي عواصمَ أوربية، كانت إلى وقت ليس بالبعيد مليئةً يهودا، وهُمْ اليومَ قليلون جدا، ماذا يحدث عندما أكتب قصيدة بالعبرية في مالقة أو في غرناطة، أو عندما أكتُبُ قصيدة بالإسبانية بينما أتمشى في الحيّ اليهودي بإشبيلية؟ هل أنقذ العالَم؟ يُقال لنا في التلمود إن العالَم يتوقف على كتابة حرف أو عدَم كتابته.

أتساءل إنْ كانتْ روايةٌ تتسع لكل هذه الأفكار، أو إنْ كانتْ بالأحرى تصلح لمقالة، أو إنْ كانتْ مهمة، ربما لم تكنْ لها أيّ أهمية، يتحمل الورق كل شيء، لكنّ القارئ يتحمَّل القليل جدا، تقريبا لا يتحمَّل أيّ كتاب، حتى إنَّ الأشْهَرين ينتهون طيَّ النسيان، هناك كُتب تُباع بملايين النُّسخ لكنَّها لا تُقرَأ، أو إنَّ أجزاءَ منها فقط هي التي تُقرَأ، تتحمَّل الورقةُ كل شيء، لكنْ حسبما يبدو يكون القارئ أذكى، قلةٌ هم أولئك الذين يخرجون وَسَط عرض فيلم أو عرض مسرحية، لكَنْ من اليسير أنْ تترك كتابا في وسطه، وذلك بنية العودة إليه ذات يوم، لكنَّ العودة إليه لا تتم أبدا.

إذن، إذا لم تكن من حبكة، فلن تكون من حبكة حقيقة، أو ربما نعم، ربما كانت حكاية يوسف ستشرع في الاتضاح على قدر معرفتنا الجيدة بالعائلة، ولربما أنا نفسي سأترُك هذا الكتاب يرتاح عامينْ، وستأتي فكرةُ كيفيةِ كتابة نهاية أكثر منطقية وأكْمل.

إسرائيل

أحيا في المطارات، أبحث عن سبب موتي، أنتقل من أُورلي إلى نيويورك، ومن باراخاس إلى هونغ كونغ، ومن طنجة إلى لود، أحلق فوق الطائرات، أحميها من السقوط، أوقفها لأسأل المسافرين إنْ كانوا مُتعَبين، أحرِّرُهم، وأراهُ هناك، أرى اليَهودي الجديد التائه، يحيا في مطارات، إنه مُتديِّن متطرِّف، لائكي، متنصِّر، لكنّك تعرف أنه يهودي، بحاسوبه المحمول ونظرته إلى إعلانات إقلاع الطائرات، كما لو أنه ينظر إلى دولاب هخال، وألواح القانون، بحثا عن الوجهة القادمة، المكان القادم الذي َستطأه. سيبيع برتقالا أو بطاطس مقليَّة. سيبيع دلَّاحا، أو زهورا، أو قمصانا، أو قمصانا تحتانيّة، أو أفكارا، لكنه يعلم جيِّدا أن ذلك ليس هو سبب رحلاته، إنه يسافر لأن عليه أن يصل بين أجزاء هائلة من العالم، وبين كلِ أصناف النِّيتْزوزوس، وكل أصناف الخطوط المتوازية التي تصون العالم. منذ أعوام وهو يقوم بذلك، متنقلا بين مدن وبلدان، وقد دفع ثمنا لذلك دَمَه، لقد دفع ثمنا لذلك موتَ أبنائه، ودفع ثمنَه بفقدانه لعائلته. دفع ثمنا لذلك بعودته إلى مدن لا يهودَ فيها، لكنّ ذلك كان واجبَه ولا يزال كذلك للآن.

أرى إخوتي يسافرون إلى المغرب، رحلةٌ يقوم بها أربعةُ أشخاص وعشرون مطارا، ولا يعرفون أنَّ حكاية نصفَ الأخ هي نصفُ اختراع، وأنَّ عليهم السفر إلى تطوان كي يُصلحوا شيئا ما في نفوسهم، ذلك ما قاله رَابي ناخمان، كل رحلة هي إصلاحٌ للعالم-تيكونْ، وأنت تُسافر إلى أماكن حيث يكون عليكَ أن تُصلح شيئا، ونحن فيما يبدو قد تركنا أشياءَ كي تُصلح في كلِ العالم، وفي كل أسفارنا، وقد عدنا إلى أرض إسرائيل كي نُصلحَ، إذ كل رحلةٍ تكون صوبَ أرض إسرائيل، إلى هنالك أمضي، من مطار إلى آخر.

إسحاق، الذي يُعالج المرضى بالمعادن، وقطع من الثمار، وشرارات من عوالمَ اندثرتْ، معادن انفجرتْ في قارة أطلانتيد وغرقتْ في قعر البحر والهواء، تعود في شكل قطرات ذائبة، وأحجار، وعظام حيوانات، والخيال البشري الذي يعتقد أن هنالك أشياءَ يُمكن أن تُعالِجَ.

فورطو يُحاول أنْ يُعالج أشخاصا من الألم، يُعطيهم أدوية تُدمِّر الأمراض، منذ سنواتٍ كان هؤلاء الأطباء ملاحَقين من قبل سُلطات أطلانتيد، ومن قِبل كُهان كانوا يستعملون منتوجات طبيعية فقط والطِّبّ التجانسي... اليوم يحدث العكس، على الواحد منهم أن يتعلم من الآخر كي يتكاملا. أخي ألبرطو هو ساحر القبيلة، يرغب في أن يُعالِج بالكلمات، لكنّ المرضى لا يعلمون أنهم في حال سيِّئة، ولا بأي علّة هم مرضى، إنهم مرضى بسبب عدم قراءتهم قصائد كثيرة، ولعدم قراءتهم المزامير، أو نشيد الإنشاد، وأن الذين يقرأون لا يتعمَّقون في الشعر الذي يقرأونه، وأن النساء يُعالجن العالم لما يأتين بأطفالٍ، ولا يحتجن إلى شيء أكثر من ذلك. لكنَّهن يرغبن في أن يمنحن العالم شيئا أكثر من أطفال، إنَّ تأثيرهن يغدو أقوى، وهذا شيءٍ حسن جدا. من هنا، انطلاقا من مسافة سنوات من الموت، أرى العالم بصيغة أخرى، والآن لا أغتاظ، ولا أغضب على أولئك الذين أرسلوني إلى الموت ولا على من قتلوني، أطفال بحجارة، يسعون إلى عقد الصلة بالحجارة التي نسيَها آباؤهم قبل أن يحترق البيت حجرا حجرا، أنا طريح تحت الحجارة، بسبب حجارة رُميتُ بها. لستُ غضبان على العالم، ولا على معاناته، ولا على إصلاح العالم، لأن كل شيءٍ يقود إلى إصلاح العالم. أسافر من مطار إلى آخر، وحين يصعدون أباركهم، وأرسلهم إلى الطريق، إلى بناء قناطر بين الرجال، وأنهار تحت الجسور.

تساءلتُ طيلة سنوات كثيرة عمّا حدث لأبي، عمَّا ذهب يبحث عنه في إسرائيل في الرابعة والخمسين من عمره، عمَّا يمكنه أنْ يعثر عليه هناك، لأجل أنْ يكتشف بأنَّ أولاده لم يأتوا خَلفه، أو أنهم يمضون واحدا تلو آخر، وأخيرا عثر على عزائه في رُوط. كانوا جميعا يسخرون منها، ومن تديُّنها، ومِن عيشها في حارْ نوف، ومن زوجها المتديِّن المتطرِّف. لكنها

هي التي كانتْ عزاءَه، وأبناءَ روطْ، وأحفاده الذين كانوا يلعبون حوله ويُجنّونه، ربما أحسَّ آنئذ أنه يعود إلى شيء سرّيّ لم يُحسَّه حتى في طفولته، على تناسُخ آخرَ لتطوان ومَلاحِها، إلى القرن الثامن عشر، لما كان الناس يولدون ويموتون في البيت ذاته، لما كان الأغيار هم الذين كانوا هناك، وكانت الحياة اليهودية تعاش داخل ذاتِها، داخل الفقر والضنك، لكن داخل دفء من يعرفون ويتذكرون للآن ألم سفاراد، داخل دفء من يعرفون أن عليهم الثقة بألم اليهودي الآخر فقط. أحيانا كان يقول لي إن الغني يفصل بين الأشخاص، لقد أبْعَده المال عن بني عمومته، وعن أبيه أيضا، وكنتُ أنا شابا، ولم أكن أفهم عن أيّ شيء يتحدَّث، انْظر، يكمن الشيء الحسنُ في أنْ تكون غنيا في أنْ تذهبَ إلى لعب التِّنس، حينما قلة قليلة تستطيع أن تحظى بمزاولة مثل هذه الرِّياضة الباهظة جدا، وأنْ تُسافر إلى الخارج في الوقت الذي لم يكن من أحد يستطيع السفر أثناء العطلة، وأنْ ترى العالم، كان يقول له، ذاك هو الأهم.

واليوم يمكنني أن أرى العالَم برمَّته في ثانية، وكل الشوارع الجميلة والمترفة، الشهيرة والقذرة، شارع فينيطو في روما، وشوارع بومباي، والاستقلال في مصر، وبْرُودْواي، وأوكسفورد، وفي كل الأماكن، ماذا أرى؟ أناسا يجرون من مكان إلى آخر، يُحرِّكون أشياء من مكان لآخر، وينْقلون أجسادَهم من مكان لآخر، وينقلون العالَم دون توقُّف، لأنَّ لا شيء يوجد في مكانه، لكنَّ المرءَ يُحرِّك الثِّقل جهةَ الناحية المناسبة، لكنَّ آخر يأتي ويُغيِّر له الوضع، وبعد ذلك آخر، وآخر، الذي لا يَعْلم شيئا الاثنيْن الأوَّليْن، لأنه يشعر أنه مُجبَر على الخروج من المكتب ليشرب قهوة، ولأنه على العكس لا يستطيع تحمُّل الحال أكثر، لكنّه بالتأكيد يُمكن أنْ يتحمَّله لو أن الجميع يمكثون في أماكنهم ساعةً واحدة في السنة في اليوم نفسه، حينئذ يكون بوسعي أنْ أعودَ إلى العالم. ماذا تعني العودة؟ أنا هنا، أنا هنا دوْما، لكنْ، أيها الناس، لو تتوقفون ثانيةً واحدةً لأمْكنَكم أنْ تَروْني وأنْ تروا كلَّ عائلاتكم، إننا هنا، قريبا منكم، لكنَّ الخوف يتملككم، ربما لخوْفكم من أنْ نطلب منكم مالا، الآن لا حاجة لنا إلى المال، تخافون من أنَ نراكم هنا في المطارات، وأنْ

نرى ما تفعلون وما به تُفكّرون، وأنتم تُفكّرون في الكيفية التي تسرقون بها مالا ومزيدا من المال، لكنْ، يا إخوتي، أنا لا أحاكمكم، ولا أرغبُ في أيِّ نصيب من الإرث، لا أحتاجُه، ليس لديَّ ما أفعله بالمال، أريد التحدّث قليلا فحسب، أنْ أقول بضع كلمات، أنْ أوضِّح قليلا أمورا تخصُّني، أنْ أطْلُبَ الصَّفح لو كنت قد أهنتكم، أن أتحدث قليلا عن ألعاب طفولتنا، عن الشّقة التي فوق حيث كنا نلعب، هل تتذكرون؟ مَنْ منّا الذي عثر على مفتاح تلك الشّقة التي لم يكن أبي يُؤجِّرها والتي كنا ندخُلها كي نلهو؟

كنا نجري داخل البيت، كان البيتَ الممنوع، هل تتذكّر، يا إسحاق، كنتَ تضمُّني هناك، لأني كنت أخاف، وفي يديْك، يا سيلبيا، كنت أشعر بالأمان، آمنا مئة في المئة، كنتُ أعلَمُ أني بينكما أنتما الاثنيْن لا يمكن لأي شيء أنْ يُصيبني، ولمّا كنتُ أُرمى بالحجارة في المدرسة كنتُ أعلمُ أنكما كنتما في ناحية ما، حتى في غزَّة، حتى في غزَّة كنتُ أحسُّكما قريبيْن مني وأن لا شيءَ يُمكن أنْ يَحْدث لي، لا حجر يمكن أنْ يمسَّني، لكن الأكيد أنَّ ذلك الحجَر هاجمني وقتلني بالتأكيد ذلك الحجر، لا أفهمِ كيف أنَّ رجلا لا يزال في العشرين يُمكنه أنْ يُحسَّ بعناق أخويْه، وأنْ يتصوَّر أنَّ ذلك الإحساس يُمكن أنْ يُنقذه. لكن جنديًا إسرائيليًا قويا في العشرين من عمره يَحْمل في داخله الطفلَ الذي كان وما أحسَّه باعتباره طفلا.

لستُ متأكّدا من أنَّ ما حدث كان يَلْزَم أن يحدث، لكنَّها حياتي، وعندما أرى الجميع يجرون من ناحية لأخرى أعْلَمُ أنه كانتْ لديَّ حياةٌ حافلة حياةً. عشرون عاما هي أعوام كثيرة، وفي الحقيقة ما يكون الزمان، لا اختلاف كبير بين عشرين عاما وثمانين عاما، لماذا نقوم بالمستحيل كي نُطيل في حيواتنا، لماذا، يسكننا الخوف من الموت، ذاك هو السبب، يَشُلنا الموتُ، نحن عبيد ذاك الخوف، ولذلك عوَض أن نحيا حياتنا كاملة، وعوض أن نعتني بالفقير والعاجز، نَصرفَ طائل أموالنا في محاولة إبعاد الموت، وليس من أجل إنقاذ الحياة، لأنّ الحياة علينا إنقاذها وهي لا تزال حياة. وليس من أجل إبعاد الموت.

*

- احترسي، أختاه، إني أرى حجارة تأتي ناحيتَك.

- تلاحقنا الحجارةُ منذ ما قبل الولادة.

- تأتي إلى مدينة الأنوار، إنها حجارةٍ تقتفي يهودا، حجارة من رمل، حجارة من مرمر، وحجارة مقدَّسة. اخرجي من المدينة الشريرة.

- ذاك ما أفعله منذ أنْ وصلتُ، أخرجُ وأترُكُ المدينة كلَّ يوم. أنا كلّ يوم في شروع لمغادرة المدينة.

- اذْهبي إلىً المدينة حيث السلام يكون بعيدا عنها شأنَ الحجارة عن الحياَة.

- أنا أذهب منذ آلاف السنين، يا أخي، أذهبُ لكني لا أطيق التخلّي عن المدينة.

- إن حجارة لاحقتني طيلةَ حياتي، والآن يرقد جسدي تحت حجر، يأتي أقربائي ويضعون حجارة صغيرة على قبري، وأنا لا أحبّ حجرا، أحبُّ ابْنا، أن أصيرَ أبا، أن أغدو أبا لابن.

الزهرة

كان ذاك يومَ انقلبْتُ إلى طبيبة نساء. هاتفْتُ أمي كي أخبرها بذلك، فأخبرتْني جدَّتي أنها كانتْ في حالة سيئة جدا.

- ولماذا لم تهاتفاني منْ قبل؟! -سألْتُ، لكنني تذكَّرت أنها لا تعرف كيف تستعمل الهاتف. كانتْ أمي في حال غيبوبة أغلب الوقت، ذاك ما فسَّرته لي جدّتي، وأنا، ابنتُها، الطبيبة، لم يكن بمقدوري مساعدتها. كان الوقت العاشرة صباحا فهاتفتُ مارسيل. لم نلتق منذ أسابيع لكنَّنا واصلْنا الاتصال فيما بيننا عبر الهاتف. قلتُ له إني ذاهبة لكي أرى أمي التي كانت مريضة، فقال لي فجأة:

- أنتِ لن تعودي.

- ولماذا تقول ذاك؟

- لأنَّ ذاك ما أُحسُّه، أنت ستمكثين في المغرب، ستبقيْن هناك للعمل طبيبة، أعرفُكِ بعض الشيَء وذاك ما أحِسُّ.

- ماذا تقول! -كانت ردة فعلي الأولى-. لن يكون ذلك!، لقد قلتُ لك من قبل أني عائدةٌ إليك، إنها مسألة وقت.

- إنَّ الوقتَ يُبعد والوقتَ يُقرّب، يُنجز الشيئيْن معا.

- طيّب، عليَّ أنْ أسرع، أحبّك، سأهاتفُك، أريد الذهابَ في القطار، سأرى كيف يُمكن أنْ أقوم بذلك في أسرع وقت. أنتَ تعرف مدى فزعي من الطائرات، وإذا أخذنا بعين الاعتبار كل الحوادث التي حدثتْ مؤخَّرا فإنّ الأمر يغدو أحَدَّ. سأذهب في القطار.

ودَّعتُ الممرّضات، وقالت لي إحداهنَّ، وكانت مغربية، بأنَّ هنالك حافلة تذهب من باريس إلى الجزيرة الخضراء.

- تخرج من محطَّة الشمال، وأعتقد أنَّ هنالك حافلة تخرج على

الساعة الرابعة.

هاتفتُ الشركة الوطنية للسكك الحديدية، فقيل لي إنه للوصول إلى الجزيرة الخضراء عليَّ أن أغيِّر القطار ستّ مرات لوْ خرجْتُ في الثانية، لكنْ هناك قطار ليليّ يخرج إلى مدريد في الثامنة، ويصل في الخامسة، ويُمكنني من هناك أن أركب قطار طالْغو إلى إشبيلية، ومن هناك إلى الجزيرة الخضراء؛ هاتفْتُ شركة الحافلات، فقيل لي إنّ هنالك مكانا في حافلة الجزيرة الخضراء، إنها تخرج في الثانية، وستصل الجزيرة الخضراء في الرابعة من اليوم اللاحق، مع أخذ حركة المواصلات بعين الاعتبار، في الماضي كانت هذه الحافلة نفسُها تصِل حتى طنجة، لكنَّها تقف في الجزيرة الخضراء. حجزْتُ المكان. أتذكرُ أني وصلْتُ إلى باريس في الحافلات لأنها كانتْ أرخص، وإنْ كان الفارق بين الأثمنة لا يهمني في شيء الآن. عدوْتُ إلى البيت، هيَّأت الحقيبة، وضعْتُ فيها أشياء قليلة، الأشياء القليلة التي لديَّ، منذ كنت لا أزال طالبة، لكنَّني الآن طبيبة، وقد اقتُرِحَ عليَّ أنْ أشتغل في المستشفى الذي أتْممتُ فيه تداريبي.

لمَّا وصلْتُ إلى الحافلة، رأيتُ أن مسافرين بداخلها؛ كانت الحافلة قادمة من لندن، ومن هناك كانت تصل حتى الجزيرة الخضراء، ثلاثة أيام أو أربعة من السفر.

يُحَسُّ عند الدخولِ برائحة مَنْ كانوا داخله، رائحة الكحول، لكنَّ الصمتَ التُزِم طيلة كل السفر، ولم يُظهر الإنجليز شهرتَهم باعتبراهم ضوضائيِّين.

أخبرنا السائق بأنَّ المحطة القادمة ستكون بُورْدو، وبعد ذلك سنواصل إلى سَانْ سيبَسْتيَان، فبورْغُوس، ومدريد، ومالقة، ثم الجزيرة الخضراء. كانت الحافلة مريحة جدا، وكان لديّ حظّ أنْ لم يجلس أحد إلى جانبي، كان لديَّ المقعد الثنائي بكامله. حملْتُ معي كتابا سميكا بما فيه الكفاية كي أقرأه أثناء السفر، كان كتابا لفيليبْ رُوثْ، عمليَّة شيلوك، الذي كان مارسيل قد أهدانيه. انتبهتُ إلى أنَّ كل الكتَّاب تقريبا الذين يروقني أنْ أقرأهم كانوا يهودا، مُوديانو، وجابيسْ،

وباشفيس سينْغرْ، لكن الطاهر بنجلون أيضا كان يُعجبني كثيرا. أحيانا كنتُ أتساءل إنْ لمْ يكن يهوديا. هنالك شيء ما يهوديّ في كُتبه، يبدو أنه يتحدَّث عن الأكل اليهودي عند حديثه عن الأكل، يبدو لي مغاربتُه يهودا دوْما، مثل كل المغاربة الذي أرى في مارْشي أو بُوسْ يوم الأحد، الذين يأكلونَ نقانق مرْغيز واحدة تلو الأخرى، ويتكلمون فرنسية ممزوجة بالعربية المغربَيةَ. مغاربة وتونسيون وأيضا بعضَ الجزائريِّين من مدن صغيرة مثل تلمسان وعين تيموشنْت، لكنْ ليس من الجزائر العاصمة، فهؤلاء أشخاص من العاصَمة ولن يأكلوا أبدا في مطاعم شعبيّة جدا، إنهم يأكلون في مطاعم فرنسية ذات قيمة، ومثل كل اليهود على امتداد التاريخ هم أكثر فرنسيَّةً من الفرنسيين.

«كُتابٌ أحمق»، هكذا وصف مارسيل الكتاب. أتذكَّر أني قرأتُ بعضَ كُتبه في الماضي. كانت كُتُبا مُسلية، لكنْ كانت فيها أجزاءٌ تتعبني أيضا.

استلقيْتُ في المقعد والتففت في اللحاف الخفيفة التي جلبتها معي. تركز كلّ فكري على كلمات مارسيل التي ذهبت إلى أني لن أعود، قالها كما لو أنه يَعلم شيئا لا أعلمه. أو لربما أعلمه، لكنني كنتُ أريد أنا التي تُعْلن الخبر لمَّا تحلّ اللحظة. هنالك تحتاجني النساء، وهنا توجد آلاف من طبيبات النساء، سأكون هنا واحدة من بينهن براتب جيِّد، وهنالك يُمكنني أنْ أساعد نساء شعبي، نساء يحتجن إلى مساعدتي، سيكون الرَّاتب أقل بكثير، لكن ما يحْدُث هو أن كل الأطباء الذين يأتون من إفريقيا للدراسة يمكثون هنا بدل العودة إلى أوطانهم، وفي الأخير يبقى المغرب دون المواطنين الذين يحتاجهم أكثر. ليس لأن الأمر سهل، وليس لأني أحاكم أحدا أيضا. لكن إذا تعذَّر عليَّ أن أكون أمًّا فعلى الأقل يُمكنني أن أساعد نساء شعبي كي يصرن أمهات، إنه شيء أهمُّ من الراتب ومن كل العيش الرغيد الذي بوسعي أن أتوافر عليه في باريس. وعدا ذلك، فإن باريس في الآونة الأخيرة تُقيّدني، تخنقني. إنها الآن ليست المدينة التي حللتُ بها أو ربما أني أرى الأشياء بطريقة أخرى. ليس جمال شوارعها وبناياتها التي تبدو أجزاء من متحف،

إنني أرى فجأة أكثر فأكثر وجوه الأشخاص، إنها وجوه لا شمس فيها، مثل سماء المدينة. كما لو أن كل المدينة كانتْ مليئة بالمكتئبين الذين لا يستطيعون التواصل مع العالم دون أن يستطيعوا ولو منح ابتسامة إلى الشخص الذي أمامهم. كانت نظراتُ مستعملي الميترو تغزوني، وكنت أسافر كل يوم إلى شمس مدينتيَّ طنجة والدار البيضاء، وتطوان، وشفشاون، أتذكر أن فريدا، خطيبي في الثانوية، قال لي إني سأفتقد الشمس، وحينئذ قلتِ له إن الغيوم تعجبني، تعجبني النجوم لأن هذا يجعل الأشخاص جدّيين كثيرا، بينما الشمس تجعل الجميع مُهرِّجين، مهرِّجين لا هدف لهم. أترى، إنَّ بلدان الشمس مثل المغرب هي بلدان نامية، لكن عندما تصل إلى البرد فإنَّ عليك أن تجد حلولا لكثير من المشاكل، وانْ تخترع تكنولوجيا لمواصلة العيش، وهذا يُجبرُك على التقدُّم. وأتذكر أنه قال لي: «أجل، لكن، لتُساعدْهم كل التكنولوجيا إذا لم يُفلحوا في أنْ يكونوا سعداء». عشر سنَوات من الدراسة في باريس مرَّتْ إلى أنْ فهمتُ عبارته الذكيَّة. ربما يكون قد سمعها من جدَّته، لأنها تبدو أنها حكمة قديمة. لماذا تحيا؟ لماذا تتقدَّم؟ في الأخير، تجد أن الزنوج الأفارقة هم وحدَهم من يضحكون في باريس، أو العرب، أو اليهود، ليسوا جميعا، بعضُهم، أولئك الذين لم يصيروا فرنسيين بَعْدُ، أبناؤهم سيغدون مثل الباريسيين، غائبين، تعوزُهم العبارة، ممتلئين ثقافةً وعادات، لكنهم لا يضحكون. وبعد ذلك، انتبهْتُ إلى أنَّ الرُّضَّع نادرا ما يُرَون في باريس رُفقةَ أمهاتهم، هنالك نساء ومزيد من النساء وحيدات. من يَلد الأطفال؟ رأيْتُ الولادات في المستشفى، لكنْ، ماذا يفعلون بعد ذلكَ بالأطفال، كيف يختفون، لماذا لا يُرَون؟ إنهم يُرَون يوم الأحد فقط، أمٌّ مع ولد أو اثنيْن، لا يتجاوز الرقم اثنيْن أبدا، وبعدْ أن تتبعُهما الأم لدقائق تشرَع في مطالبتهما بعدم فعل هذا ولا تفعل ذاك، وتوجيه صفعة، أحيانا يضربْنَهم، مجرَّد ضربات صغيرة، إنه عنف الأقوياء تجاه الضُعفاء، في واضحة النهار، دون أن يَهُمَّ ذلك أحدا، دون أن يتوقَّف أحد، وبعد ذلك يذهبُ من يَضربون يتوجَّهون إلى العالم أجمع، في أطبَّاء بلا حدود، يظهرون في التلفزيون ويتحدَّثون

عن الأطفال في الجزائر أو البرازيل. لا أشكُّ في أن الوضعية أسوأ في بلدان أخرى لكنني لم أرَ أبدا أمًّا تضربُ ابنَها في واضحة النهار، أمامَ كل العالم. ربَّما يُخجلهنَّ فعلٌ ذلك. سافرْت لأسبوع مع مارسيل إلى إسرائيل، ولم أرَ ولو أما واحدةً تضرب ابنَها، بل إني رأيْتُ ولدا يضرب أمَّه وهي لم تضربه. الحقيقة، لقد بدا ذلك لي نوعا ما غريبا، لكنَّهُ قيل لي إن الأطفال في إسرائيل لا يُضربون. ربما لهذا السبب يصيرون بعد ذلك جنودا يعتقدون أنَّ كل شيء مسموح لهم به، حتى أنْ يضربوا الأطفال، وأن يصيروا غزاة، وأن يشعروا بأنفسهم مُحرَّرين. الحقيقة أنَّ إسرائيل بدتْ لي بلدا ذا طابع مغربي، فرْعا متطوِّرا جدا لطنجة أو الدار البيضاء، تصوّرتُ أنَّ المغرب سيكون كذلك لو استثمر فيه بضعة مليارات من الدولارات، لكن ربما سيكون من الأفضلِ ألا يُشابه تل أبيب، ورأيْتُ أنهم يبنون عمارات أكثر فأكثر، كما لو أنَّ كل البلدَ كان مُبْتلى بجنون البناء دون توقُّف، كما لو أن مصيره سيرتهن بذاك. المشكل هو شعوري بأني في مكاني، بين دكاكين الشورمة ومعاكسات الإسرائيليين التي لا تُطاق، التي كان يوجِّهونها إليّ بالعبرية، كما لو كنت واحدةً منهم. أمكنني أن أفهم ما كانوا يقولونه لي دون أن أفهم كلمة من لغتهم. وكنتُ أعلم أنه عليَّ ألا أجيب أو ألتفت، وعلى الخصوص ألا أبتسم، فكل ابتسامة في هذه الأحوال كلَّفتني ساعات من تأنيب الضمير.

حلَّ الليل قبل موعده المنتظَر، وتصوَّرت أن باريس كانت قد بقيت خلفَنا. أحسستُني خفيفة، كما لو أنَّ حملا ثقيلا قد رُفع عني. لماذا يقبل الناس العيشَ في كابوس هكذا؟ ربما لن أعود حقيقةً، أعتقد أني لن أعود، لكني سأفكر أكثرَ في الأمر أياما أخرى.

توقَّفنا في محطة للبنزين. بالرغم من وجود مرحاض في الحافلة، فإنَّ كثيرا من المسافرين سارعوا إلى مراحيض المحطة. يبدو غيرَ مريح استعمالُ مرحاض الحافلة أثناء الرحلة. بعد ذلك ذهبت إلى المقهى، وقصدتُ طاولةً حاملة قهوتي. جلس الفتى الذي كان يتجوَّل سابقا قرب مقعدي إلى جانبي، فأحسستُ أني أكثر ارتياحا.

- لقد قرأتُ ذاك الكتاب -قال مشيرا إلى كتاب روثْ.

- أنا لم أقرأه بعْدُ، وإذن لا تحكِ لي قصته، سأقرأه أثناء الرحلة، ذاك ما آمله على الأقل.

- أنا كاتب.

- حسن جدا إذن، ويهودي كذلك بالتأكيد.

- كيف عرفت ذلك؟ ليستْ لديّ أنف يهودية. -وابتسَم.

- المسألة بسيطة جدا، إنَّ كل الأشخاص الذين يتوجَّهون إليّ بالكلام يهود. خطباء، وأصدقاء، وصديقات. هذه هي حياتي!

- ألا يُعجبك اليهود؟

- لا. لا تبدأْ بهذا، لست معادية للسامية. لا يُعجبونني، بل يُعجبونني. خطيبي، مارسيل، يهودي، وأفضل صديقة لدي يهوديَّة، لكني لا أحتمل الإسرائيليين، لا يُعجبُني ما يفعلونه بالفلسطينيين.

- أنا أعيش في إسرائيل.

- أترى، ذاك ما ينقُصُني، سأذهب لزيارة أمي المريضة، في المغرب، والتقيْتُ بإسرائيلي سيقول لي إن إطلاق الرصاص على الأطفال فعل حسن.

- لحد الآن لمْ أقل شيئا، أنا أيضا وُلدت في المغرب، والآن أسافر إلى غرناطة، سأقدِّم كتابي هنالك، وسأقرأ قصائدي، عنوان الكتاب رُكن في تطوان.

- آه، إضافةً أنتَ من تطوان، أنتَ ديَانّا، أنت منا.

- أجل، من تطوان.

- والآن ستقول لي إنَّ اسمَك العائلي بِنْزِمْرا.

- كيف عرفْتِ ذلك؟ أجل، بنزمرا كذلك، واسمي موشي بِنْزِمرا.

- نعم، لأن اسم خطيبي بنزِمرا كذلك، من طنجة، ربما كان من عائلتك أيضا.

- احتمالا. لكن ليس من العائلة القريبة جدا. أبي كان الولد

الوحيد لأسرته، وهو شيء نادر في أسرة مغربية، لأن جدَّتي لم تستطعْ أنْ تحصل على مزيد من الأبناء. وإذن، لا كثير من عائلة قريبة لديّ، وتوجد كثير من فروع بنزمرا في تطوان، إنه شيء شبيه بنُطقك اسمَ فاطمة، فكل اللواتي كن يشتغلن في بيتنا، كنا نسميهن فاطمة، باستثناء واحدة كان اسمُها حبيبة. لا، انتظري... كانت هنالك أخرى اسمُها الزهرة.

- الزهرة، اسم جميل، إنه اسمي. كانت لكل اليهود سيدات بيت اسمهنّ فاطمة، وكانت أمي إحداهن.آملٍ ألا تكوني قد اغتظت. لم يكن ذاك قصدي. وإضافةً، لو أني امتلكتُ نوعا من التفوق بامتلاكي لخادمات في بيتي، فإن وضعيتي الاقتصادية الكارثية في إسرائيل كانتْ ستنزع مني ذلك تماما. لكن بالتأكيد كانت لدينا خادمات، لستُ أدري إنْ كانَ شيئا حسنا جدا أن ينشأ المرء بين أربع خادمات في البيت، لكني نشأت كذلك، لا شيء يُمكن فعله، ولا يُمكنني أن أغيِّر الماضي، لكن بالتأكيد سيروقني لو أن المغرب كان البلد العربي الأكثر تطوُّرا في العالم، سيجعلني ذلك سعيدا، صدِّقيني.

نوديَ علينا إلى الحافلة، فابتسمَ. لم يسألني حتى إنْ كان يستطيع الجلوسَ إلى جانبي. حسب ما يبدو، فقد كنتُ عنيفة معه قليلا، و لم أشأ في أنْ أنزعج. إسرائيليّ ومغربي، ويبدو رجُلا لطيفا. ماذا يكون لدى بنزمرا هؤلاء؟ حيثما مضيْتُ ألتقيهم، ربما كان اسما عائليا شائعا بين اليهود المغاربة، لكنْ، ألهذا الحد من الكثرة؟ حاولْتُ أن أقرأ الكتاب من جديد. كانت عيناي مُتعبَتيْن. وكانت القراءة تصعب عليَّ في ضوء النور الصغير للحافلة. لم أستوعبْ عمَّ يتكلّم الكاتب. نمتُ. نمت وقتا طويلا لأني لا أتذكّر أن الحافلة توقّفت في بورْدُو. استيقظتُ في الثالثة صباحا؛ كانت كل الحافلة نائمة. واصلتُ الاستلقاء في الوضع الذي كنت عليه، لكني لم أستطع العودة إلى النوم. وصلنا في السادسة إلى سانْ سيبَسْتِيان. كانت كل المدينة نائمة.

حيَّاني الكاتب. اقترح عليَّ أنْ أمكث معه في سان سيبستيان مدّة اثنتي عشرة ساعة ثم أواصل السفر في الحافلة اللاحقة.

- عليَّ أنْ أصل على وجه السرعة، فأمي مريضة.

- لكن الحافلة للذين لديْهم الوقت الكافي. لماذا لم تُسافري في الطائرة أو القطار؟

- أخاف الطائرات، والحافلة كانت أسرع من القطار، كان عليَّ أن أنتظر القطار طويلا، ربما كان عليَّ في هذه الحال أنْ أسافر بالطائرة، وأنْ أتغلب على مخاوفي، لكني لم أفعل ذلك.

- ولربما كنتِ لا ترغبين في أنْ تريْ أمّكِ قبل وفاتها؟

- لكنْ، أيُّ سؤال ذاك؟ ماذا تعرف أنتَ عن مرضها؟ لا، لن تموت قبل أنْ أصل، عليَّ أن ألقي عليها بعض الأسئلة، أسئلة مهمة جدا.

- إذن، بالتأكيد، هي ستحيا إلى أنْ تطرحيها عليها. سفر سعيد.

مكثنا نصف ساعة في سان سيبستيان لكني لم أنزل من الحافلة، ولا أغلبية الركاب الآخرين، كان الجو باردا ومعتما، ورغبنا جميعا في أن نبقى في أماكننا.

بعد بورغوس دخلنا مدريد ومُدُنا أخرى لا أتذكَّرها، وقُرى صغيرة، عشرون دقيقة للراحة، ثلاثون دقيقة، وفي مدريد ساعة للأكل. بورغوس مدينة بنايات ذات أهمية عادية، ووصلنا إلى مالقة سريعا. وأنا أقرأ تلك الرواية الغريبة لرُوثْ عمليَّة شيلوك، ولم أصلْ إلى أن أفهم تماما عمَّا يكتب، قرأتُ مئة صفحة فقط، وفي الجزيرة الخضراء نسيت الكتاب في الحافلة. هل تعتقد حقيقة أنَّ على اليهود العودةَ إلى بولونيا؟ أم أنّها نكتة، وإذن؟ ماذا سيحدُث؟ سيعتقد الفلسطينيون أنهم سيتركون أرضَهم، ولليهود نزوع إلى قول شيء ونقيضه في الكتاب نفسه إضافةً، وإذن ياتي العربِ ويُخرجون ما يُناسبهم فيذكرون ما يَعنّ لهم، وبعد ذلك يقولون إنَّ اليهود هم هكذا أو بشكل آخر. هذا الشعب مليئ بالأفكار، وخصوصا أولئك الذين يعيشون في الشتات،

لكنه لا يُجسّد أي فكرة، يَلزَم أن تكون سنوات التلمود هي ما تقودهم إلى ذاك، الكتاب الذي يروق المعادين للسامية كثيرا، كتابٌ مخيف بالنسبة إلى من ليس يهوديا، كتاب لا أحد غير اليهودي يمكن أن يفهمه، يبدو أنه كتب مرموزا، وحدَهم من يولدون يهودا أو يتحوَّلون يُمكنهم أنْ يفهمواَ ذلك، وبالطريقة نفسها التي يكره بها اليهودُ المندمجون التلمودَ. كيف يُمكن لامرئ أنْ يتخيَّل كتابا مؤلفوه بالآلاف، حيث كل شيء فيه قابل للنقاش، وحيث كل فكرة لديها فكرةٌ تناقضها؟ لكنْ لما قرأتُ صفحات من الكتاب فهمتُ بالتأكيد عمَّا يتحدَّث، وربما بفضله يُمكن أنْ يُفهَم اليهودُ، وأنْ يُفهَم كتابٌ مثل كتاب روثْ؛ لكنْ ليس لكي يُفهَم الكتّاب الإسرائيليون، الذي هم مختلفون تماما، إنهم لا يستطيعون الكتابة بنظير تلك الحرية المتناقضة، لأن اليهودية ديانة صيغتْ في الشتات ولو أنه يُقال إن اليهودية لا معنى لها خارج إسرائيل.

لعلّه شيء شبيه نوعا ما بحال الإنسان الذي يُغيِّر جنسَه، حينما يكون رجُلا فإنه يرتدي ملابس مثل المرأة، ويعتقد الجميع أنه امرأة، إنهم يرون المرأة مجسَّدة فيه، ولكنَّه عندما يغيِّر جنسَه فإن الجميع يرون فيه الرَّجُل الذي تحوَّل إلى امرأة، أو أنه مثل عضو مبتور، حينما ترى رَجُلا دون يد فإنَّ ما تراه هي اليد الغائبة، كل ما يُرى في يهوديّ الشتات هو نقصان الأرض، لكنه الآن وقد توافر على وطن، فإنَّ أفضل ما فيهم هو ما كان لديهم في الشتات. هل سيتحدَّث روث عن ذاك؟ لستُ أدري. إنها الرابعة، وأذهب باتجاه الباخرة التي ستُقلني من الجزيرة الخضراء إلى سبتة. نصف ساعة، باخرة سريعة، آخر باخرة سريعة هذا اليوم، جلسْتُ في مقعد يُشرف على البحر، إنه لترويح عن النفس أن ترى الماء عوض الطريق الإسفلتي. لما وصلت إلى سبتة أحسست أن شيئا سيحدث، شيئا مهما، آخر مرَّة أحسست بذاك كان لمّا تواعدْت مع صديقة على اللقاء ووصل مارسيل. قبضت على الحقيبة ذات العجلات، ومضيت إلى وسط المدينة في سيارة أجرة. رغبْتُ في أن أجلس بمقهى مدَّة ساعة قبل الذهاب إلى الشَّاون، فكرتُ في أن أركب سيارة أجرة انطلاقا من الحدود حيث ينتظر سائقو تلك السيارات طيلة ساعات كي يربحوا

أكبر نصيب محتمَل طيلة النهار.

دخلْتُ لَاسْ كَامْبَانَاسْ، المقهى التي تُذكّر بكسل أسفارا أنجزتها رفقة والدتي لما كان عمري ثمانية أعوام أو تسعة. كان جالسا قُبالتي بالضبط، نظرْتُ إليه وسرتْ قُشعريرة في بدني، كانت عيناه الخضروان تخترقاني مثل شعاع لازر، أحسستُني أسيرته، ما يُسميه الفرنسيون coup de foudre، أي الحب من أوّل نظرة. لمّا حضرتِ النادلة لم تكن لي من حيلة لأنبس بكلمة واحدة من بين كثيرات أعرَفُها بالإسبانية، حاولتُ ذلك بالفرنسية وبالعربية، وهو تدخَّل فيما بيننا من محادثة، وشرح للنادلة ما أرغب فيه، بعد ذلك جلس إلى جانبي.

حاولت أن أخفي انفعالي هُياجي الغريب. كان آخر شيء ينقصني في تلك الساعة قبل أن أرى أمي، رجُل، والأكيد أنه كان يهوديا، لكن، كيف لا يُمكنه أن يكون يهوديا؟ قرَّرت ألا أسأله عن اسمه العائلي في كل الأحوال، آخر ما كان يَفْضُل هو هو أن يكون بنزمرا آخَر، يكفيني الاسم، سألني هَو الأوَّل، «فاطمة»، قلتُ، ولا أستطيع أن أفسّر لماذا لم أقل اسمي الحقيقي. كان أجنبيا لكنه كان يتهيَّأ لي شخصا أليفا، أعرفه منذ الأزل، كما لو أنّنا كنا ابني عمّ، أو زوجا وزوجة منذ سنوات.

- اسمي علي -ردّ.

حسن، ربما كان مُسلما، خمَّنتُ، أو يهوديا، عليٌّ اسم يهوديّ أيضا. لم أسألِ. لم أشأ معرفة المزيد. حكى لي أنه يعود من تطوان. ذهب لزيارة قبر جدّه، ذاك ما يمضي اليهود إلى فعله في تلك المدينة، لكني لم أسأل المزيد، أيّ أهمية لذاك، لا أهمية له، تحدَّث عن مدريد، عن حياته في مدريد، وعن رغبته في أن يعيش في مدينةٍ أصغر، مثل تطوان، لكن زوجته، التي يعيش منفصلا عنها، وابنتَه تخلتا عنه في مدريد. دعاني إلى جولة. وافقْتُ. سألْتُ النادلة إنْ كان بوسعي أن أترك الحقيبة ساعة في المقهى، وقلت لها إني بعد ذلك سأذهب إلى المغرب.

- آمل ألا يَعلَم رئيسي بذلك، أنا هنا حتى الثامنة، لا تأتي بعد ذلك لأن المسألة ستتحوَّل إلى مشكل.

تمشَّينا دقائق وفجأة كِنا عند مدخل الفندق الذي كان ينزل فيه، وبسرعة في غرفته. لا أتذكر أني وُجدتُ بين يديْ رجل في وقت سريع مثله، حتى مع مارسيل فقد طال الأمر اثنتي عشرة ساعة: تعرَّيْنا. كنت أحنّ إلى يدي مارسيل في الأسابيع الأخيرة التي لم نكن نلتقي فيها، لكنّ هاتين اليديْن لم تكونا غريبتين، كان عُضوه المختون يؤكد على فكرتي بأنه كان إمَّا يهوديا وإما مسلما، لكنني لم أسأل عن أيّ شيء، واصلت دون أسئلة. دَلك لي ظهري طويلا، وبعد ذلك مارسنا الحب، كان ذلك مثل برق، سريعا، لكن مثل شيء لم أعشه أبدا، حدَّثتْني صديقاتي عن رجل بهذا النعت، الرّجل الأول الذي جعلني أحسّ أني امرأة، ليس لأن فعل الحب كان رائعا، كان كذلك لأن كل شيء كان يُنسَّق، كل شيء كان يتكيّف بيْن الاثنيْن، بلغنا هزّة الجماع معا، بعد ذلك نام، كما لو أنه أغمي عليه، كنت سعيدة جدًا، كانَ الخوف يسكنني، لا يُمكن أن يحدث هذا، قُلت لنفسي، لا يُمكن لهذا أن يكون قد حدث، إنني أسافر لأرى أمي المريضة ويَحدُث لي مثل ذلك الشيء، أو أنه حُلم، أو التوتر القوي جدا الذي كنت أعيشه، التوتر بين الاثنيْن. لم أعرف ما أفعل، أنصرف، أترك رقم هاتفي في باريس، لكني لا أعرف حتى إنْ كنتُ سأعود، لا أعتقد، لقد عضد هذا اللقاء بصيغة ما قراري بالمكوث في المغرب. لا أعْلم أي علاقة توجد بين الأشياء، كتبت ملحوظة: «إنْ يشإ الزمان نَعُدْ إلى التلاقي، وسيكون أروع بكثير مما يُسْمح بتخيُّله». وربما نلتقي في حياة أخرى. كان الوقت السابعة والنصف، فأسرعتُ لاستلام الحقيبة في المقهى. تسلّمت الحقيبة ومُباشرة ركبت سيارة أجرة إلى الحدود، ومن هناك ركبت سيارة أجرة إلى بيت أمي.

وصلْتُ في آخر ساعات حياة أمي. في ذلك المساء قالتْ آخر كلماتها المنسجمة.

- شكرا لك على قُدومك.

- كان عليّ أن أسألك عن شيء مهم جدا، هل أُجْريتْ لي عمليّة لما كنت صغيرة، لما كان عمري سنة.

- ليس لَكِ، ليوسف.

- ومن يكون يوسف؟

- أخوك، أُجْريتُ له عمليَّة فمات، وبعد ذلك جئتِ أنتِ. منذ وقت بعيد.

- و... لم تتكلَّمي عنه أبدا.

- هنالك أشياء كثيرة لم أحدِّثك عنها أبدا.

- مثل... من يكون أبي؟

- الأفضل ألا تعرفي ذلك، لقد مات منذ شهر.

- أتعنين أنَّكِ تعرفينَ من يكون و لم تُخبريني أبدا...

- لم تسأليني أبدا.

- قُلْت إنكِ لا تعرفين مكانَه، قلتِ لي ذلك لما كنتُ في الثانية عشرة، و لم أسأل أكثر. مَنْ يكون؟

- كان يهوديا.

- اسمه.

- ذاك ما يُمكنني أن أقوله لك، كان يهوديا، ومات منذ شهر. أرسل إليَّ هديَّة، إنها هنالك في المائدة، داخل ظرف. تذكَّركِ وتذكَّرني. يُمكنُك أنْ تفعلي شيئا بذاك المال.

- أجل، هو ذاك، أن أمضي بك إلى مستشفى.

لكنها كانت مريضة جدا، و لم يكن المُضيّ بها إلى مستشفى أمرا سهلا جدا، ويُمكنِ لحالها أن تسوء لو مضيتُ بها إلى تطوان أو طنجة. حكتْ لي أمي أنّ بعضَ الناس جاءوا وسألوا عن يوسف. هي أيضا تعرف كل الحكاية و لم تقصَّها عليَّ أبدا.

- من يكون يوسف ذاك؟

- أخوك، لكنّه مات لمّا كان عمره عاما. منذ وقت بعيد.

- ومن يكون الذين جاءوا؟!

- ذاك ما لا أعرفه بالتأكيد، أعتقد أنَّ أمّك اشتغلت في بيتهم أو شيئا من هذا القبيل، وبعد ذلك جاء رجُل يرتدي بذلة، ووقعت أمُّكِ بأنّ يوسف كان قد مات.

- لكنّ يوسف لم يمت، أنا هي يوسف، أنا، الزهرة.

- ابنتي العزيزة، أفهمُ أنَّ أمّك مريضة جدا، لكنْ ها أنتِ ترَيْن جيدا بأنَّك امرأة، امرأة جميلة جدا، لا يمكن أن تكوني يوسف.

عدت إلى غرفة أمي، لكنها كانت قد دخلت في غيبوبة. لم تستطعْ أن تقول لي مَنْ كان الرَّجل الذي جاء، فأخذْتُ يَدها، وقُلتُ لها «أنا أنا، يوسف، حقيقة؟»، وهي أمسكتْ يدي بقوة أشد، كأنها تقول ذلك، ذلك ما كنتُ أرغب في ألَّا يعرفَه أحد في حياتي، والآن أنت تعرفينَه... تُوفّيتْ بعْد أسبوعيْن، امرأة عمياء، لا تملكِ شيئا، مبتورةَ، حياة معاناة. بعد الدَّفن في طنجة، ذهبْتُ حاملة الظَّرف والمال إلى المستشفى الفرنسي بطَنجة وقدَّمتُ هناك سيرتي العلمية والمهنية، فقبلني المدير فورا. قال لي إنَّ بوسِعي الشروع في العمل بدءً من اليوم اللاحق. طلبْتُ منه أسبوعا كي أرتِّب أموري. هاتفْتُ مارسيل، وقلتُ له إني سأمْكث سنةً على الأقل.

- أتعرف الجملة الأخيرةَ التي قالتْها لي أُمّي؟

فكَّرتُ في تلك الجملة أزيد من آلاف المرات في الأيام الأخيرة، ربما ذلك هو ما يُفسّر علاقتي باليهود، لكنَّ كل شيء يعيش مُكتَنَفا بالضباب، كنتُ أعلَمُ أن عليَّ البحثَ عن أبي، أبي الميِّت. كانت المسألة هي كيف ومتى فقط. وكان عليَّ أنْ أبحث عن أبنائه، ذلك أن لي إخوةً وأخوات يهودا.

- قبل أن تُواصلي، هنالك امرأة هاتفتْك، هاتفتك ببيتك، مررْتُ مصادفةً، كنت أبحث عن كتاب تركته في الشَقة، إنها امرأة تعيش قريبا من والديَّ، اسمُها بنزمرا أيضا، تقول إنّ أمّك كانت تشتغل في بيت أبويْها، وتريد أنْ تتحدَّث معك، لقد تركتْ رقم هاتفها، 45568878.

وماذا قالتْ أمُّك؟

- أمي قالتْ إنَّ أبي كان يهوديا، وأنه ماتَ قبل شهر.

- هذا يُفسِّر كل شيء.

- لا، مارسيل، لا... هذا لا يُفسِّر أي شيء، لا شيء إطلاقا...

Printed in Great Britain
by Amazon

47972423R00215